天皇は本当に
ただの象徴に堕ちたのか

変わらぬ皇統の重み

竹田恒泰
Takeda Tsuneyasu

PHP新書

まえがきにかえて

小林 節・竹田恒泰

小林 節 こばやしせつ（慶應義塾大学名誉教授・弁護士）
一九四九年、東京都生まれ。七七年、慶應義塾大学大学院法学研究科博士課程修了。ハーバード大学ロー・スクール客員研究員等を経て、八九年から二〇一四年まで慶應義塾大学教授を務めた。一四年より現職。著書に『「憲法」改正と改悪』（時事通信社）、『小林節の憲法改正試案』（宝島社新書）、『ここがおかしい！ 小林節が壊憲政治を斬る！』（七つ森書館）など多数。

「八月革命説」は正しいか

竹田 私が慶應義塾大学の法学部生だったころ、小林先生は声を掛けるのも憚《はばか》られる存在でした。慶應史上最も厳格な教授といわれており、講義中の私語はもちろん、講義後の質問すら禁止。疑問があればまず自ら考えて答えを出し、それでもなお分からなければ、私の「Teaching Assistantに聞くように」、という教えが徹底されていました。私が小林先生と直接お話ができるようになったのは、大学を卒業してからのことです。博士論文のご指導をいただいたうえ、現在このような形で対談させていただくことを光栄に感じています。

小林 よく卒業生から「大学でなぜあんなに怖かったのですか?」と聞かれますが、私にしてみれば当たり前のことです。学生が世間に出る前に、社会の作法を教えるのが教師の務めだからです。質問に答えない、というのも同じで、最近の学生は分からないことがあるとすぐ人に聞こうとします。大学が知的探究の場である以上、まず自分で考えることが大切でしょう。

学部生時代の竹田君は、私を敬して遠ざけていたようですが（笑）、卒業後に別の教え子から紹介されたときには、やはり旧皇族の血筋なのでしょう。マナーのよさと聡明さが印象に残りました。二〇〇五年に『語られなかった皇族たちの真実』（小学館）を出版する際には、二晩徹夜してゲラに朱筆を入れたこともあります。

以来、竹田君とはどんなテーマについても、忌憚《きたん》なく話し合える仲になったのですが、やがて彼が「天皇制」について強いこだわりをもっていることに気付きました。戦後日本の憲法学では、天皇というものについて真面目に論じてこなかった。われわれプロの憲法学者は、宮沢俊義先生（東京大学名誉教授）による「八月革命説」を絶対に正しいと考えてきました。思考停止していたといってもいい。

ところが竹田君は八月革命説は無理があるという。最初は驚きましたが、彼と議論を重ねるうちに、細目や用語の問題はともかく、本筋において竹田君のいうことは正しいと思うようになりました。

竹田　八月革命説によれば、連合国のポツダム宣言を受諾した日本の「国体」は変化したことになります。帝国憲法（明治憲法）下で天皇にあった主権は日本国憲法では国民に移ったとされてきたわけですが、戦前天皇は絶大な政治的権限を行使できたという見方も、現行の日本国憲法では天皇はただの象徴で政治的権限を有しない、という見方も共に事実ではありません。しかし八月革命説を疑問視する考え方は、これまで完全に異端とされていました。

小林　私が求める博士論文の水準を満たすために、竹田君は多忙な身でありながら、真剣な努力を続けた結果、完成度の高いものに仕上げてくれたと思います。憲法と天皇をめぐる問題に関する過去の論文全てを渉猟し比較、検討した上で、初めて「新しい一歩」を記すことができると伝えましたが、それを見事にやり遂げてくれました。この問題を考察する際、竹田君の論文以上に参考になる資料は無いことを私が保証します。

私自身、改憲論を語るためにいわゆる東大憲法学の学閥から異端視されてきました。ところが、自民党が二〇一二年に発表した憲法改正草案に対し、憲法の本旨に背くものとして抵抗を始めると、今度は東大閥の方から連絡を求めてくるようになった。少なくとも現在の私は、竹田君の説について学界に「聞いてあげてください」と言える立場にはあります。

ただ、竹田君が書き上げた博士論文をそのまま本にしたところで、小難しい学術書と思われるだけで、あまり世に広がらない。もう少し一般の読者が手に取りやすい形にしてみたらどうか、と提案したんです。そうしてある程度、世間の関心を喚起したうえで〝完全版〟を世に出したらどうか、と。

竹田　そこで今回〝完全版〟（二〇一八年五月出版予定）の前に、ＰＨＰ新書で本書を上梓することにしました。小林先生との出会いとご指導なくして博士論文を書き上げることはできなかったでしょうし、仮に世に出せても学界から無視されて終わりだったと思います。改めて先生に感謝を申し上げます。

天皇をめぐる議論が混乱する原因

竹田　博士論文を基にした今回の本のテーマは、日本国憲法はなぜ憲法足り得るのか、正当性の根拠を明らかにすることです。このテーマを設定したのは、皇位継承をめぐる議論の際、いつも同じ壁にぶつかってきたからです。例えば私が、民間の男子を皇室に入れた先例は歴史上無いことを説くと、「そのような伝統的な天皇の在り方は、ポツダム宣言によって消滅した」という識者がいます。彼らは平成の御代《みよ》の天皇は第百二十五代ではなく、（昭和天皇を初代とする）第二代なのだというのです。天皇をめぐる議論では、このように最初から前提が懸け離れた立場で論じ合っていることが少なくありません。到底建設的な議論にはならない、と大いなる壁を感じていました。

なぜ、このような混乱が生じてしまうのか。私なりに突き詰めて考えていった結果、正に宮沢先生の唱えた八月革命説の問題点に突き当たったのです。戦後の日本でタブー視されてきた

「八月革命説」の真偽を検証しなければ、天皇をめぐる議論の混乱は収まらないと考えたわけです。

小林　八月革命説のいう「革命」とは、旧体制と新体制の間に断絶が起きたということです。明治憲法が天皇主権という旧体制に基づくものだとすれば、日本国憲法は国民主権という新体制に基づくものであり、両者は形式的にも論理的にもつながらない。この断絶をどう説明するか。要するに一度、体制にリセットがかかったと考える他ない。したがって法学的にも政治的にも、革命（八月革命）が起きたのである……というわけです。そこから竹田君が述べたような、戦後の天皇を一代、二代と数えるような考え方が生じてくる。

さらにいえば、天皇主権から国民主権への変更という憲法改正権の限界を超えた日本国憲法は、そもそも無効であるという説もあります。その伝でいうと、論理的には明治憲法の復活しかないということになる。もっとも、そのような宣言を行なう権限が現在の総理大臣にあるのか、私は知りませんが。いずれにせよ分類上、竹田君が主張しているのは「八月革命説」でも「日本国憲法無効説」でもなく、「改正憲法説」ですね。

竹田　はい。そういうことになります。

小林　つまり明治憲法と日本国憲法は形式上、また論理的に見ても連続性があるという立場になる。

竹田　戦後の教育を受けた人は、戦前の天皇は軍も政府も自由に動かせるような絶対的な権限を有していた、と思い込んでいます。しかし、それは決して事実ではありません。たとえば行政権一つ取っても、帝国憲法下の天皇は、大臣の輔弼《ほひつ》無しに自らの意志を国策に反映させる余地は微塵《みじん》もありませんでした。

他方、戦後の日本国憲法における天皇はただの象徴であって、何の政治的権能も有していないと思われていますが、これまた事実ではありません。国会の指名に基づく内閣総理大臣の任命（六条一項）や衆議院の解散（七条三号）など、天皇の国事行為の中には、どう考えても政治的意味合いを持つものがあります。

確かに内閣総理大臣を決定するのは、天皇ではなく国会です。しかし、天皇が任命しなければ、法的には首班指名を受けた者であっても内閣総理大臣の地位に就くことはできません。そう考えると、日本国憲法が国家機関としての天皇に「国政に関する権能の行使」を要求しているのは明らかです。戦後の天皇が置かれている立場は、一般に思われている「ただの飾り」という意味での象徴ではなく、もっと積極的な価値を持つ存在なのではないでしょうか。

結論をいえば、帝国憲法から日本国憲法に切り替わった際、主権者が天皇から国民に移った、という事実は認められません。そもそも「主権とは何か」についても様々な議論がありますが、仮に憲法を制定する力、もしくは政治を動かす力だと捉えた場合、その政治的権限が戦後に天皇から国民に移された痕跡は一切見つからない。

あるいは仮に、主権とは権威のことだと捉えたとします。では戦前の権威は天皇にあったとして、戦後それが国民の側に移ったといえるのか。確かに日本国憲法の前文を読むと、権威が国民の側にあるかのように読める部分があります。しかし、日本において政治的権威というものは、最初から国民の側にあったといえる。なぜなら天皇を大切にし、守ることこそが、歴史に表れた日本国民の意志だったからです。そう考えれば、天皇の権威とはすなわち国民の権威でもあり、両者を分けること自体に意味がない。

確かに西洋的観念でいえば、君と民は根本的に対立概念とされます。だから主権が君主の側にあるのか、民の側にあるかが問われるわけです。しかし日本の歴史上、天皇と国民が対立関係に入ったことは一度としてありません。私は、西洋的な主権概念を無理やり日本に当てはめて議論してきたことが、今日の天皇と憲法をめぐる議論の混乱の元凶になっていると思います。

小林　もともとヨーロッパの王家というものは世俗的で、あまり神々しい存在ではありません。仲間うちでいちばん腕力や経済力を持つ者が、周りのライバルを殺しながら王位に就いてきた歴史がある。しかしそれではあまりに格好がつかないから、ローマ教皇に貢物をして王位に任命してもらい、権威を得たわけです。その程度の権威でしかないから、隙があれば武力で倒されてしまい、結果として何度も王朝が代わることになる。われわれ日本人の感覚からすると、今の政党政治家と同じで有り難みがない（笑）。

これに対して日本の天皇は、武家が生臭い闘争を繰り返すなかで超然としていました。南北朝時代や明治憲法期など、天皇が前面に出ていた時代もありましたが、それらはある意味で特異な時代だった。本来、天皇は常に政治権力者と国民（大衆）の葛藤の背後にいる存在であって、国民とは衝突しようがなかったわけです。

竹田　小林先生のおっしゃるとおりで、われわれ日本人は天皇と国民の歴史的な関係性をあらためて咀嚼した上で、憲法議論をやり直す時期に来ていると思います。それは日本そのものを理解する営みだともいえるでしょう。

小林　たとえば「天皇制」について賛成か、反対か、といった性急な質問をされると、私は「黙れ」といいたくなる。皇室は世界一古い王家であり、ヨーロッパとは異なり、一度も滅びずに続くだけの基盤がありました。その基盤とは、竹田君が述べたように、国民の意志に他ならない。まず歴史を見詰めて考えるべきです。

これまで憲法学者が誰もやってこなかった作業

小林　先ほど竹田君が述べたように、確かに明治憲法下で天皇は統治権の総攬者とされ、軍の統帥権も持っていたけれども、実際には国務大臣や重臣など然《しか》るべき立場の人の輔弼を受けており、自ら政治に介入しようとしたことはなかった。すなわち明治憲法下でも天皇は形式上の権威者であって、権威の背後には国民の意志があった。そういう意味では戦前から日本は国民主権であったともいえます。

そもそも元首は象徴機能があるからこそ元首なのであって、天皇が終戦によって軍服を脱ぎ大元帥ではなくなったとしても、元首としての象徴機能が失われることはなかった、と考えるべきでしょう。国民の意志やノモス（慣習、法律）に照らし合わせて考えると、明治憲法体制と日本国憲法体制で天皇の役割にそれほど変化はなかった、という点が、竹田君がもっとも訴えたかったところでしょう。

竹田　そのとおりです。帝国憲法から日本国憲法への改正にあたり、本当に八月革命説のような大転換が起きていたのか。私は旧・新両憲法間において、日本の国体は一貫している、と考えています。

小林　旧憲法と新憲法の間に革命があり、旧天皇制と新天皇制を区別する……との説に対して、恐らく竹田君は実感として、子供の頃から疑問を持ったのでしょう。それはやはり旧皇族の竹田家に生まれた出自が関係していたと思います。そこから約十年もかけて憲法に関連する歴史的文書を渉猟し、憲法学者の論点を丹念に検証してきました。

竹田　慶應義塾大学で「天皇と憲法」の講義を担当させていただくに当たっては、再び小林先生の三田と日吉キャンパスでのご講義を二年ほど聴講し、憲法学のイロハを学び直しました。

小林　そのような長い努力を続けてきた結果、旧憲法下の天皇に専制的に権力を行使していた事実はないこと、また新憲法下において天皇は国政の重要な部分で実質的権限も有していることを明らかにしました。要するに、これまで憲法学者が誰もやってこなかった作業を、一人で成し遂げたのです。

折しも安倍政権が改憲に向かおうとしていることに加え、今上天皇が譲位のご意志を示されたことで、日本人が「天皇制」について改めて考えざるをえない事態に追い込まれています。天皇に関する条文が即、改憲の対象になるとは思いませんが、憲法に天皇をどう位置付けるかに関して国民の共通理解が無かったことは、家に柱が立っていないようなものです。天皇という存在は、従来の日本国憲法をめぐる議論で最大の盲点であったといえます。そうした議論を行なう際、竹田君が今回まとめた本は全国民必読の書であるといっても大げさではないでしょう。

天皇は本当にただの象徴に堕ちたのか◎目次

第二章　実体としての政治権力の変動　73

エピローグ　二〇〇〇年続いた日本の君民共治　369

プロローグ　「八月革命説」へ新たな視点を

宮沢俊義教授の三段論法

「日本国憲法成立の法理」は、日本国憲法の正当性の根拠であり、憲法の国民主権原理や天皇に関する議論の前提としてしばしば現れる。

昭和二十一年（一九四六）十一月三日に公布された日本国憲法は、大東亜戦争が終結した直後の連合国による占領下の混乱期に、連合国軍最高司令官総司令部（ＧＨＱ）が短期間で書き上げた草案を元に日本政府案を作成し、「大日本帝国憲法改正案」として枢密院と帝国議会で審議され、若干の修正を施して成立し、天皇によって公布されたものである。草案はＧＨＱが用意したものであったが、全ての手続きは大日本帝国憲法が定める憲法改正規定及び関連法令を遵守して行われた。

日本国憲法がこのような極めて特殊な状況下で成立した経緯から、またこの問題が憲法制定権力や主権論の本質に関わるものであることから、日本国憲法成立の法理の問題は、憲法学の主要な課題の一つとして、帝国議会における審議の際から長期間に亘り、しきりに議論されてきた。

日本国憲法成立の法理は、三つの学説に収束される。すなわち、ポツダム宣言受諾により法学的意味における革命が起きたと考える「八月革命説」[01]、大日本帝国憲法を改正して日本国憲法が有効に成立したと考える「改正憲法説」[02]、そして、帝国憲法から日本国憲法への改正は法理論上不可能であるから現憲法は無効であると考える「憲法無効説」[03]の三説である。現在では、そのうちの八月革命説が、日本国憲法成立過程の矛盾を説明する論理として、圧倒的な支持を受け、多くの憲法学者によって用いられる通説となっている[04]。そして、少ないながら関連する政府見解もある[05]。政府見解は改正憲法説の立場を取っているものと思われる。またこの問題は、国体の変更の有無と密接に関係するが、日本国憲法成立の法理に関係する国体論についても多くの研究成果がある[06]。

通説である八月革命説は、「大前提」には法則的に導き出される一般的な原理を置き、「小前提」には目の前の具体的な事実を置き、そして「結論」を導き出すという、三段論法の構造になっている。三段論法の例として、例えば次のものを挙げることができる。

第一段（大前提）：全ての人間は死すべきものである。

第二段（小前提）：ソクラテスは人間である。
第三段（結　論）：ゆえにソクラテスは死すべきものである。

八月革命説の三段論法は、次のような構造になっている。

第一段（大前提）：憲法改正には限界がある。
第二段（小前提）：帝国憲法から日本国憲法への改正は、憲法改正の限界を超えるものであった。
第三段（結　論）：ポツダム宣言受諾と同時に法学的意味における革命が起きたと考えることによって、帝国憲法の改正手続による形式をとった新憲法が違法でないとされ得る。

これを段ごとに説明すると次のようになる。八月革命説の代表論者である宮沢俊義教授は、第一段（大前提）として、憲法改正限界説を主張する。すなわち「元来、憲法そのものの前提ともなり、根柢ともなっている根本建前というものは、その改正手続によって改正されうるかぎりでない。そうした改正手続そのものが、憲法の根本建前によって、その効力の基礎を与えられているのであるから、その手続きでその建前を改正するということは、理論的にいっても不可能とされざるをえないからである」とし、「明治憲法の定める改正手続きで、その根本建前を変更するというのは、論理的な自殺を意味し、法律的不能だとされなくてはならない[07]」と述べる。

続けて宮沢教授は、この議論の小前提として、昭和二十一年の帝国憲法の改正は、第一段の大前提でいう憲法改正の限界を超えるものであると主張する。すなわち、連合国は日本に対して「最終的ノ日本国ノ政府ノ形態ハ『ポツダム』宣言ニ遵ヒ日本国国民ノ自由ニ表明スル意思ニ依リ決定セラルヘキモノトス[08]」と通知したが、これについて宮沢教授は「それは、いうまでもなく、日本の政治についての最終的な権威が国民の意思にあるべきだ、ということを意味する。〔中略〕ほかの言葉でいえば、国民が主権者であるべきだという意味である。そして、その言葉を、日本はそのままに受諾し、とっ《ママ》てもって日本の政治の根本建前とすることを約したのである[09]」と述べる。この見解に立てば、ポツダム宣言は、根本建前を変更する内容を含んでいて、日本はそれを受諾したことになる。

そして、宮沢教授は「日本は、敗戦によって、それまでの神権主義をすてて、国民主権主義を採ることに改めたのである[10]」と述べた上で「国民主権主義が、在来の日本の根本建前たる神権主義と、原理的に容れないものであることは、明らかであろう[11]」とし、帝国憲法から日本国憲法への改正は、根本建前の変更（すなわち神権主義から国民主権主義への変更）を含むため、憲法改正の限界を超えるものであって、法論理的にこれを説明することは不可能であると主張する[12]。

そして最後に宮沢教授は、この議論の結論として、法学的意味における革命（八月革命）が起きたと考えるほかなく、それによってのみ、改正の形式をとった新憲法の成立が違法でないとされ得ると主張する。

すなわち教授は、「降伏によって、日本は、その憲法の根本建前として、国民主権主義を承認した[13]」が、「かような変革は、もとより日本政府が合法的に為しうるかぎりではなかった。（中略）したがって、この変革は、憲法上からいえば、ひとつの革命だと考えられなくてはならない[14]」という。

そして「神勅主権主義〔神権主義〕の否定と国民主権主義の成立とは、すでに降伏とともに、なしとげられたことであり、新憲法が、その明文で国民主権主義を定めているのは、いわば宣言的な意味をもつにとどまる[15]」とした上で、「国民主権主義が、八月革命によって、すでに成立しているという理由によってのみ、明治憲法第七三条の手続によるという形式をとった新憲法が、国民主権主義を定めることが、決して違法でないとされうるのである[16]」と、教授は主張する。

ここで注意しておかなくてはいけないのは、八月革命説は改正限界説を前提としている以上、根本建前の変更を伴う憲法改正は違法であると主張するのが当然の流れであるが、にもかかわらず、宮沢教授はこれを合法だという。その理由が、ポツダム宣言受諾と同時に国民主権主義が成立しているからであると説く。以上が八月革命説の三段論法の論理構造である。

天皇の国家統治をどう考えるか

通説である八月革命説は、外形上は論理的に説明されていて、故に憲法学界で圧倒的に支持されているものと思われる。長い時間をかけた議論の結果、日本国憲法成立の法理の問題は、大方煮詰まってきた感があるが、しかし、それにもかかわらず、八月革命説は必ずしも矛盾のない理論として確立されているわけではなく、この問題は未だ理論的決着に至っていない。八月革命説には現実離れした部分も多く、未解決のまま放置されている論点も多い(17)。日本国憲法の正当性が論理的に説明されていないということは、その上にいくら法学の崇高な議論を積み上げても、それは「砂上の楼閣」になりかねない。

日本国憲法成立の法理に関する議論が混乱している原因は主に三つ考えられる。すなわち、第一に、各論者が古代から現在に至る天皇の国家統治について、また日本国憲法成立の経緯について、歴史的事実に関する認識を共有していないこと。第二に、国体及び天皇の統治権について共通の認識が存在せず、日本固有の実質的意味の憲法の性質が正しく理解されていないこと。第三に、そのような日本固有の憲法の性質を考慮せずに、憲法の改正について諸外国の学説を当然のように日本に当てはめて議論したこと、これら三点である。これにより、日本国憲法成立の法理を巡る学説は、八月革命説と改正憲法説の間で互いに議論が噛み合わず、ただ平行線を辿っているのではあるまいか。また、八月革命説の提唱者である宮沢俊義教授とその後継者たちを批判しにくい学閥の空気と権威主義も、この問題の建設的議論を阻害し、あるいは問題を放置することにつながったのではなかろうか。

日本国憲法成立の法理をどのように理解するかによって、当然のことながら、国民主権原理や天皇に関する憲法上の重要な議論の多くの部分で解釈が異なってくる。具体的には、八月革命説と憲法無効説は旧新憲法間の法的連続性を否定し、他方、改正憲法説はこれを肯定する。

八月革命説に立てば、日本国憲法の下の天皇（象徴天皇）の地位は大戦終結後に「新設される〔た〕地位」と解釈される。[18]例えば、佐藤功博士は、帝国憲法の天皇と日本国憲法の象徴天皇の間には法的連続性はなく、象徴天皇は「完全に新しい、別個の天皇制」であると述べる。[19]そのため、「昭和天皇が日本国憲法の初代天皇に就位」したと理解されている。[20]帝国憲法と日本国憲法が法的に連続しているものであれば、昭和天皇を「初代天皇」と表現することはないであろう。そうすると、平成の御代の天皇は、第一二五代ではなく、第二代となる。

そして、現憲法における皇室は終戦以前の歴史的慣習には一切拘束されない、とも解釈される。例えば、女性天皇・「女系」天皇の是非をめぐる皇室制度の議論において「歴史的に『女性』天皇が存在しようがしまいが、現憲法の天皇制度が過去の前例を踏襲する必要は毛頭ないであろう」などと指摘される。(21) 長期間に及ぶ前例は慣習法として、現憲法に違反しない限り法的拘束力があるが、皇室が歴史的慣習による制限を受けるか否かの問題は、今後の皇室制度を議論する上で大きな差異を生じさせることになろう。

他方、改正憲法説に立てば、憲法の改正により変更した部分はあるにせよ、天皇の地位の本質は帝国憲法と日本国憲法を通じて法的に連続していたことになる。そのため、天皇の本質は歴史的に連綿と続く性質を持つものと解釈される。

また、憲法無効説に立てば現在も帝国憲法が有効であり、帝国憲法下の天皇が現在も残っていると解釈される。

このように、いずれの説に立つかによって、現憲法における天皇の理解が根本的に異なるため、天皇に関する憲法解釈も大きく異なることになる。具体的には、皇室制度をはじめ、天皇の国事行為、宮中祭祀、皇室の伝統的行事等に関する解釈に影響を及ぼす可能性があるだけでなく、ひいては、日本の国家統治に関する理解をも左右し得る問題である。

例えば、八月革命説によれば、帝国憲法下において主権者だった天皇は、ポツダム宣言受諾によって自らその主権を放棄し、新たに主権の存する国民の総意に基づく天皇（象徴天皇）に就任したことになる。あるいは、そのような僅かな連続性をも完全に否定する説も主張されている。すなわち、帝国憲法の「天皇」と日本国憲法の「天皇」は名称こそ同一であるも、まったくの別物であり「いままでと同じように、天皇とか、天皇制とか呼ぶのは、実は適当といえない。〔中略〕なにか別な名前で呼ぶのが正当である。〔中略〕それほどまでに、天皇制は変化し、変質しているのである」とも主張されている。[22]

　このように、旧新憲法間で天皇は本質的に別物であるとの立場では、現憲法の第一条の解釈も次のようなものになる。すなわち、現憲法が第一条で「天皇は日本国の象徴」と規定する趣旨は「天皇が国の象徴たる役割をもつことを強調するにあるよりは、むしろ、天皇が国の象徴たる役割以外の役割をもたないことを強調するにある」という。[23]酷いのになると、内閣の「助言と承認」について規定する憲法第三条は「天皇を、なんらの実質的権力をもたず、ただ内閣の指示にしたがって機械的に『めくら判《ママ》』をおすだけのロボット的存在にすることを意味する」とも表現される。[24]言葉を換えれば「天皇はもはや象徴に過ぎない」ということになろう。「天皇は単なる象徴に堕ちた」と揶揄される所以である。

　現在の中学校における公民の教科書の大半は、このような見解を前提として象徴天皇を説明している。[25]

　また、天皇の国事行為についても、旧新憲法の連続性を認める改正憲法説に立てば、実質的な意味を持つ行為であることを前提とし、天皇の全ての国事行為は内閣の助言と承認によって行われることになっているから、天皇の国事行為の内容は内閣が実質的に決定するため、結果として実質的意味を持たない形式的な権能となる、と考えられる（結果的儀礼説）。この立場では、憲法第四条一項が「天皇は、この憲法の定める国事に関する行為のみを行ひ、国政に関する権能を有しない」と規定するのは、「天皇は、この憲法の定める国事に関する行為を行う他は、国政に関する権能を有しない」と解釈する。そのため「国事に関する行為」は一部国政に関する権能を含むと理解される。

　しかし、連続性を認めない八月革命説に立てば、国事行為の実質的な意味は完全に否定され、天皇の国事行為は最初から形式的・儀礼的なものに過ぎないと考えられる（本来的儀礼説）。この立場に立てば、第四条一項は「国事に関する行為」も「国政に関する権能」ではないと理解される。

　両者の違いは、例えば衆議院の解散権の所在で現れる。改正憲法説に立てば、解散権は天皇に属すが、解散の決定は内閣が行うため、結果的に天皇の解散権は「国政に関する権能」ではないと理解される。他方、八月革命説に立てば、本来的に天皇には「国政に関する権能」は無く、解散権は内閣に属すと理解される。同様に、天皇の公的行為に関する見解にも影響を及ぼす。

また、天皇の地位の根拠については、改正憲法説に立てば、帝国憲法が記す「天皇」と日本国憲法が記す「天皇」には連続性が認められるため、現憲法における天皇の地位の根拠は、旧憲法における天皇の地位の根拠と同一線上にあり、すなわち、正史[26]『日本書紀』が記す、初代神武天皇から連綿と継承されてきた皇統にあると考える。しかし、八月革命説によれば、象徴天皇の地位は、昭和二十一年の新憲法の公布によって国民が新たに創造したものであり、天皇の地位の根拠はその当時の国民の意思のみに由来することになる。

また、国民主権原理についても、改正憲法説に立てば、我が国は君主国であると同時に民主国であったところ、憲法改正によって、ポツダム宣言第十項が求める「民主主義的傾向ノ復活強化（the revival and strengthening of democratic tendencies）」を実行したのだと考える。しかし、八月革命説に立てば、新憲法公布により我が国は君主主権を廃止して新たに国民主権を採用したのであって、それにより主権は天皇のものから国民のものになったと考える。さらに、もし憲法無効説に立ったなら、現実に、法的安定性は著しく損なわれることになろう。

以上眺めてきたように、日本国憲法成立の法理の問題は、特に国民主権原理と天皇に関する考え方を大きく左右する問題であって、憲法制定権力や主権論の本質に関わる重大な論点である。

しかも、日本国憲法は、基本的人権の尊重を実現するための最も重要かつ基本的な事項を規定している。そして、その条文が示すとおり日本国憲法は我が国の最高法規であって、その条規に反する法律、命令、詔勅などは一切、効力を有しない（憲法九八条一項）。そのような憲法が如何なる法理により成立しているか、この点を明確にすることは、憲法学の基礎を固めることになるに違いない。

八月革命説は、ポツダム宣言受諾によって帝国憲法の根本規範（基本原理）が変更したことを「法学的意味における革命(27)」と理解することで、本来法学的に説明することができないとされる、憲法改正の限界を超えて為された帝国憲法から日本国憲法への変更を、「改正」ではなく「新設」されたものとして、法学的に説明しようとした学説であった。

しかし、本来「革命」は実力の行使であり、元々あった秩序を根底から破壊するものである。本来法学的に説明不能なことを「法学的意味における革命」という概念を用いて、果たして法学的に説明できるのであろうか。「革命」を持ち出した途端に、それは「法学的」な思考から離れてしまうのではないか。「革命」を持ち出したなら何でも説明がついてしまうのであれば、それこそ法学的説明になっていないのではあるまいか、といった疑問が残る。

そこで、帝国憲法から日本国憲法への変更を、「法学的意味における革命」などを用いずに、あくまでも「改正」されたものとして法学的に説明しようと試みるのが本稿である。

我が国の建国の理想の柱

ところで、日本における憲法成立の法理の議論は、天皇の統治権の本質論に始まり天皇の統治権の本質論に終わる、といっても過言ではない。天皇の統治権の本質を議論するためには、その前提として、帝国憲法における天皇がいかなる存在であったかを正確に把握しなくてはならないであろう。

そのためには、帝国憲法前の不文憲法にまで遡ることが必要である。このことはいみじくも宮沢教授が「現在の日本憲法（実質的意味においていう）は、もちろん、自由主義ないし民主主義に立脚する憲法であり、日本における自由主義的政治理念の支配は、明治維新以降のことであるから、今日の日本憲法のおいたちを知るためには、およそ明治維新にまでさかのぼることが必要(28)」と指摘するとおりである。

確かに、日本に議会が設置されたのは明治期であり、慶應四年（一八六八）に明治天皇が示した「五箇条の御誓文」に「広ク会議ヲ興シ万機公論ニ決スベシ」「上下心ヲ一ニシテ盛ニ経綸ヲ行フベシ(29)」と書かれているのは、民主主義の理念の表示にほかならない。

しかし、宮沢教授がいう「自由主義的政治理念」が明治期に外国から導入されたと考えるのは早計である。

八世紀に編纂された『日本書紀』には、神武天皇が大和の橿原に都を定めた時の詔勅として

「六合《りくがふ》を兼《か》ねて都《みやこ》を開《ひら》き、八紘《はちくわう》を掩《おほ》ひて宇《いへ》と為《な》さむこと、亦《また》可《よ》からずや（四方の国々を統合して都を開き、天下を覆って我が家とすることは、はなはだ良いことではないか）」との記述がある。[30] これは「八紘《はっこう》為《い》宇《う》」という我が国の建国の精神を示したもので、天地四方八方の果てに至るまで、この地球上に生存する全ての民族が、あたかも一軒の家に住むように仲良く暮らすこと、つまり世界平和の理想を掲げたものと考えられている。[31] また当時は外国を観念していないため「日本列島に生存する人々が、あたかも一軒の家に住むように仲良く暮らすこと」という意味と理解してよいであろう。

我が国の建国の理念の柱が「日本人が仲良く暮らすこと」であり、これを実現するには国民本位の政治が行われなくてはならないのであるから、そこに「自由主義的政治理念」の芽生えを見ることができるのではあるまいか。

それだけではない。『日本書紀』の仁徳天皇紀には「天《あめ》の君《きみ》を立《た》つるのは、是《これ》百姓《おほみたから》の為《ため》なり。然《しか》れば君は百姓を以《も》ちて本《もと》と為《な》す（天が君を立てるのは、人民のためである。従って、君は人民を一番大切に考えるものだ）[32]」という仁徳天皇の言葉が記されていることなどから、自由主義ないし民主主義の考え、あるいは我が国が国民本位の国であるという考えは、明治維新以前の日本にもあったといえる。

このことを鑑みるに、「明治維新」まではなく「建国」まで遡って考察すべきではなかろうか。特に史学と考古学によって学問的に示された天皇の統治の歴史(33)を正確に把握することが肝要であると考える。

明治初期にあった不文憲法に、西洋の発想を加味して成文化したのが帝国憲法である。天皇の国家統治の歴史を正確に把握し、天皇の統治権の本質論を考察すれば、自ずと日本固有の実質的意味の憲法の性質が明らかになるであろう。

また、帝国憲法から日本国憲法への変更の経緯を正確に把握することも肝要である。日本国憲法は、帝国憲法第七三条が定める憲法改正手続を経て成立したものである。この具体的経緯を確認するのみならず、憲法の変更について日米両政府がどのような見解を持っていたか、また、憲法を変更する直接のきっかけとなったポツダム宣言には、米国のどのような意図があり、また日本はどのような意図でこれを受諾したのかを把握しなくてはいけない。

このような考察を経ることで、初めて日本国憲法成立の法理に関する本質的な議論をすることができるのではないか。

本稿は、八月革命説にまつわる多くの論点のうち、主に帝国憲法と日本国憲法で天皇がどのように変化したか、あるいは変化していないかを明らかにすることを主眼に置いた。その上で、日本を占領した米国が日本の国体を変更する意図を持っていたか否かを検証し、三段論法の八月革命説の、第二段（小前提）「帝国憲法から日本国憲法への改正は、憲法改正の限界を超える」との主張を評価することを試みる。

たとえ憲法改正に限界があるとの立場を取っても、帝国憲法から日本国憲法への改正がその限界の範囲内であることさえ論証できれば、その「改正」を法学的に説明したことになる。それができたなら、日本国憲法はポツダム宣言受諾により法学的意味における革命が起き、その結果、新憲法として「制定」されたものであるとの主張（八月革命説）を否定することができよう。この試みが、日本国憲法成立の法理を説明する明確な理論を構築する一助になれば、あるいは、この論争に新しい視点を導入することができれば幸いである。

■注釈

(01) 八月革命説は、憲法問題調査委員会の委員を務めた宮沢俊義教授が論文「八月革命と国民主権主義」(『世界文化』一巻四号、日本電報通信社、一九四六年)で提唱したのが始まりで、昭和二十一年八月二十六日の第九十回帝国議会貴族院本会議における同教授の質疑にも見える(清水伸編著『逐条日本国憲法審議録・第一巻』有斐閣、一九六二年、一〇〇―一〇一頁)。その後、同説への批判に対する反論などを加筆した「日本国憲法生誕の法理」が宮沢『日本国憲法』(日本評論社、一九五五年)の別冊付録に収められ、後に同『憲法の原理』(岩波書店、一九六七年、三七五―三九九頁)に収録されている。その他、同『憲法(改訂版第五版)』(有斐閣全書)(有斐閣、一九七三年)四七―四九頁、同『憲法入門(新版補訂)』(勁草書房、二〇〇二年)六七―七二頁にも見える。また、教授の師である美濃部達吉博士も著書『日本国憲法原論』(有斐閣、一九四八年、一一六―一一九頁)で、八月革命説に同調する意見を述べている。

(02) 改正憲法説には例えば以下の主張がある。ただし、論者によって内容の差異がある。河村又介「新憲法生誕の法理」『改造』一九四七年五月号(改造社)八―一〇頁、同『新憲法と民主主義』(新憲法体系)(国立書院、一九四八年)八〇―九二頁、佐々木惣一「日本国憲法成立の過程に関する二三の事実と理論」『法学論叢』五七巻二号(一九五〇年)一―三八頁(同『憲法学論文選二』有斐閣、一九五六年、五三―一〇九頁所収)、同『日本国憲法論(改訂)』(有斐閣、一九五二年)七〇―一一五頁、金森徳次郎『憲法遺言』(学陽書房、一九五九年)三一―三六頁、大石義雄『憲法原論』(青林書院、一九五四年)九三―九五頁、同『憲法概論(改訂)』(嵯峨野書院、一九六八年)一二四―一三一頁、同「『現行日本国憲法の正当性』批判」『清宮四郎博士退職記念―憲法の諸問題』(有斐閣、一九六三年)三―一四頁、同『憲法逐条講義(増補)』(嵯峨野書院、一九八一年)一九―二九頁、盛秀雄「日本国憲法成立過程の法的見方」『経済研究』通号二二(大阪府立大学経済学部、一九六二年)一―一一頁など。

(03) 憲法無効説には例えば以下の主張がある。井上孚麿『憲法研究(増訂)』(神社新報社、一九五九年)九三―二一九頁、同『現憲法無効論』(日本教文社、一九七五年)一六八―二六八頁、同『井上孚麿憲法論集』(神社新報社、一九七九年)三三九―三四六頁、相原良一「現行憲法の効力について」『公法研究』一六号(日本公法学会、一九五七年)二五―三六頁、同『憲法正統論』(展転社、一九九六年)三八―八一頁、菅原裕『日本国憲法失効論(新装版)』(国書刊行会、二〇〇二年)、小山常実『「日本国憲法」無効論』(草思社、二〇〇二年)、同『憲法無効論とは何か―占領憲法からの脱却』(展転社、二〇〇六年)など。また、日本国憲法は失効すべきものであるという主張に神川彦松『日本の新しいイメージ―日本国民の自主憲法のあり方』(鹿児島研究所出版会、一九六四年)一六―二二頁がある。なお、憲法調査会特別部会が憲法無効論・憲法の継続性に関する問題につき検討審議を実施し、その経過と内容をまとめた報告書がある(憲法調査会編『憲法調査会報告書付属文書第十号・憲法無効に関する報告書』大蔵省印刷局、一九六四年)。同報告書は当時の憲法無効に関する論点を取りまとめている。

(04) 八月革命説をとる主張には、主に次のものがある。美濃部達吉『日本国憲法原論』(有斐閣、一九四八年)一一六―一一九頁、佐藤功『憲法・上(新版)』(ポケット注釈全書)(有斐閣、一九八三年)八頁、樋口陽一『近代憲法学にとっての論理と価値・戦後憲法学を考える』(日本評論社、一九九四年)五七―一一八頁、芦部信喜『憲法(第六版)』(岩波書店、二〇一五年)二九―三二頁、同『憲法制定権力』(東京大学出版会、一九八三年)一六二―一六八頁(初出は同「現行憲法の正当性―制憲過程にあらわれた憲法と国際法」『思想』四五五号、岩波書店、一九六二年五月号、六二六―六三七頁)、野中俊彦=中村睦男=高橋和之=高見勝利『憲法Ⅰ(第五版)』(有斐閣、二〇一二年)六〇―六五頁〔高見勝利執筆〕、野中俊彦=戸松秀典=江橋崇=高橋和之=高見勝利=浦部法穂編(芦部信喜監修)『注釈憲法・第一巻』(有斐閣、二〇〇〇年)四九―五三頁〔野中俊彦執筆〕、鵜飼信成『憲法』(岩波全書)(岩波書店、一九五六年)三一―三三頁、清宮四郎『憲法Ⅰ―統治の機構(第三版)』(有斐閣、一九七九年)四九―五三頁、伊藤正己『憲法(第三版)』(弘文堂、一九九五年)五四―五七頁、小林直樹『新版憲法講義・上』(東京大学出版会、一九八〇年)一二五―一二六頁、橋本公亘『日本国憲法(改訂版)』(有斐閣、一九八八年)六五―六八頁。花見常幸=藤田尚則『憲法(改訂版)』(北樹出版、二〇一二年)三七―三八頁〔藤田尚則執筆〕。

(05) 清水伸・前注(01)審議録一、八八―九〇頁の金森徳次郎国務大臣の答弁に見えるように、帝国議会における審議の過程で、政府は、日本国憲法は帝国憲法第七三条の定める憲法改正手続により有効に成立したものであるとの一貫した立場をとった。戦後もその姿勢は踏襲され、政府答弁書(昭和六十年九月二十七日、第一〇二回衆議院本会議録、『憲法答弁集(一九四七―一九九九)』信山社、二〇〇三年、六—七頁）にも見ることができる。

(06) 代表的なところでは、佐々木・和辻論争（佐々木惣一「天皇の国家的象徴性」『憲法学論文選二』（有斐閣、一九五七年）一六九—三四〇頁、和辻哲郎「国民統合の象徴」『和辻哲郎全集・第十四巻』（岩波書店、一九六二年）三一三—三九六頁、尾高・宮沢論争（尾高朝雄『国民主権と天皇制』（青林書院、一九五四年）一三七—一六一頁、一九八—二〇六頁、宮沢俊義「国民主権と天皇制とについてのおぼえがき」及び「ノモス主権とソフィスト」（同・前注(01)原理、二八一—三一七頁、三一八—三四四頁）などがある。

(07) 宮沢・前注(01)原理、三八二頁。

(08) いわゆる「バーンズ回答」の一部を引用したもの。日本政府が昭和二十年八月十日に連合国に対して、天皇の地位の確認のみを条件にポツダム宣言を受諾する旨を通知したのに対し、八月十二日午前〇時四五分（日本時間）にジェームズ・バーンズ（James F. Byrnes）米国国務長官が日本に対して回答したのが「バーンズ回答」である。日本はこのバーンズ回答を受諾したことで連合国軍の進駐を受け入れた。引用した部分はポツダム宣言第十二項の内容と一致する。外務省『日本外交文書・太平洋戦争第三冊』（外務省、二〇一〇年）一九二五—一九二七頁。昭和二十年八月十一日、在スイス加瀬公使より東郷外務大臣宛（電報）第八七五号（緊急）「スイス政府より日本のポツダム宣言受諾に対する「バーンズ回答」の受領について」、別電・第八七六号（緊急）。

(09) 宮沢・前注(01)原理、三八三頁。

(10) 宮沢・前注(01)原理、三八四頁。

(11) 宮沢・前注(01)原理、三八一頁。

(12) 宮沢・前注(01)原理、三八二頁。

(13) 宮沢・前注(01)原理、三八八頁。

(14) 宮沢・前注(01)原理、三八四頁。

(15) 宮沢・前注(01)原理、三八八頁。宮沢教授は「日本国憲法生誕の法理」において、別の機会に掲載した論文の記事を引いているため、同一論文内で言葉の使用にばらつきが見えるが「神勅主権主義」は、本文でいう「神権主義」と同義と思われる。混乱を避けるため、教授の主張する八月革命説については「神権主義」の語を用いて統一することにする。

(16) 宮沢・前注(01)原理、三八八—三八九頁。

(17) 八月革命説への批判としては、例えば、以下のものがある。宇都宮静男「憲法第一条における主権の意味—宮沢論文「八月革命の憲法史的意味」の検討」『法学論集』一八号（駒澤大学法学部、一九七八年）一—二五頁、佐藤幸治『憲法（第三版）』（青林書院、一九九五年）七六—七七頁、菅野喜八郎「八月革命説覚書」『法学』四七巻二号（東北大学法学会、一九八三年）一四七—一六六頁（同『続国権の限界問題』木鐸社、一九八八年、一四一—一六三頁所収）、同「高見勝利『宮沢俊義の憲法学史的研究』を読んで—私の「憲法名分論」理解と八月革命説の捉え方」『日本法学』六六巻四号（日本大学法学研究所、二〇〇一年）一二五—一四八頁、同「『注釈憲法一』「上諭」を読んで」『日本法学』六七巻四号（二〇〇二年）四九—六三頁、長谷川正安『昭和憲法史』（岩波書店、一九六一年）二四八—二四九頁、同「『八月革命』の再検討」（杉原泰雄＝樋口陽一編『論争憲法学』（日本評論社、一九九四年）二—一〇頁所収）、会津明郎「日本国憲法の正統性について—八月革命説への疑問」『青森法政論叢』八号（青森法学会、二〇〇七年）二七—四三頁、同「日本国憲法の正当性と正統性—続・八月革命への疑問」『青森法政論叢』九号（青森法学会、二〇〇八年）一九—三七頁、盛・前注(02)一一一頁。

(18) 野中俊彦＝戸松秀典＝江橋崇＝高橋和之＝高見勝利＝浦部法穂編（芦部信喜監修）『注釈憲法・第一巻』（有斐閣、二〇〇〇年）一一六頁（江橋崇執筆）。

(19) 佐藤功・前注(04)ポケ注上、三三頁。

(20) 江橋・前注(18)注釈一、一一四頁。

(21) 野中俊彦＝戸松秀典＝江橋崇＝高橋和之＝高見勝利＝浦部法穂編（芦部信喜監修）『注釈憲法・第一巻』（有斐閣、二〇〇〇年）一七二頁（横田耕一執筆）。

(22) 横田喜三郎『天皇制』（労働文化社、一九四九年）一一〇—一一一頁、横田耕一「統治構造理論における『連続性』と『断絶性』」『公法研究』四〇号（日本公法学会、一九七八年）一一六—一二八頁、同「日本の公法学における憲法第一章（戦後）」『ジュリスト』九三三号（有斐閣、一九八九年）六六—七三頁。

(23) 宮沢・前注(01)改訂憲法、一九七頁。芦部・前注(04)憲法、四六頁にも同趣旨の記述がある。

(24) 宮沢俊義『日本国憲法（全訂）』（日本評論社、一九七八年）七四頁。

(25) 中学校における公民の教科書としては、例えば「日本国憲法は、〔中略〕天皇主権を否定し、国民主権を基礎とする、まったく新しい憲法です」（『中学社会・公民的分野』日本文教出版、二〇一七年、三九頁）、「日本国憲法は、戦前の天皇主権を否定して国民主権の原理を採用し、人権の保障を強化しています」（『新しい社会・公民（新編）』東京書籍、二〇一七年、三九頁）、「日本国憲法で国民主権が定められたことにより、大日本帝国憲法において主権者であった天皇の地位は大きく変わりました。先ず第一条で、天皇は「日本国の象徴であり日本国民統合の象徴」であるとされ、その地位は、主権者である「日本国民の総意に基く」と定められました」(『社会科・中学生の公民―より良い社会をめざして』帝国書院、二〇一六年、三九頁)、また少し前のものでは「日本国憲法の成立によって、国の最高の政治権力(主権)は、天皇のものから国民のものになった」(『中学社会・公民的分野』日本書籍、一九八九年、六四頁)などがある。また高等学校における現代社会の教科書としては、例えば「日本国憲法は、明治憲法の根本理念である天皇主権を廃し、国の政治のあり方を最終的に決める権力は国民に属する、という国民主権を基本原理として採用した」(『高校生の現代社会』帝国書院、一九九一年、一八〇―一八一頁)がある。

(26) 国家が編纂した公式な歴史書のこと。我が国における最初の正史は養老四年(七二〇)に成立した『日本書紀』(全三十巻)で、天地開闢から第四十一代持統天皇まで収録されている。その後に編纂された正史『続日本紀』(第四十二代文武天皇~第五十代桓武天皇)、『日本後紀』(桓武天皇~第五十三代淳和天皇)、『続日本後紀』(第五十四代仁明天皇)、『日本文徳天皇実録』(第五十五代文徳天皇)、『日本三代実録』(第五十六代清和天皇~第五十八代光孝天皇)と共に「六国史」と称される。近代以降では正史に準ずる文書として『明治天皇紀』(宮内庁編、全十三巻、吉川弘文館、一九六八―一九七七)が既に公刊されている。また『大正天皇実録』は一部公表され、また『昭和天皇実録』(宮内庁編、全十九巻、東京書籍、二〇一五年―)は平成二十六年に全文公表され、平成二十七年から順次公刊されている。

(27) 宮沢・前注(01)原理、三八八頁。

(28) 宮沢・前注(01)改訂憲法、一七一八頁。

(29) 宮内庁『明治天皇紀一』(吉川弘文館、一九六八年)六四八頁。

(30) 『日本書紀』巻第三、神武天皇紀、即位前紀己未年三月。小島憲之=直木孝次郎=西宮一民=蔵中進=毛利正守校注訳『日本書紀一』(新編日本古典文学全集)(小学館、一九九四年)二三一頁。

(31) 橿原神宮ウェブサイト http://www.kashiharajingu.or.jp/about/goshintoku.html。初代天皇の時代は、外国は観念されていなかったため、ここでいう「世界」は「日本」と置き換えて考えてよいであろう。

(32) 日本書紀、巻第十一、仁徳天皇紀。小島他・前注(30)日本書紀二、三四―三五頁。

(33) 天皇の成り立ちは、史学の上では、正史『日本書紀』及び我が国最古の文書である『古事記』(和銅五年(七一二)成立、全三巻)から知ることができる。『日本書紀』は天地開闢から神日本磐余彦尊(初代神武天皇)の生誕までを「神代」として二巻にまとめ、また『古事記』は天地初発(天地開闢とは異なる)から神倭伊波礼琵古命(『日本書紀』とは表記が異なる)の生誕までを「上つ巻」として一巻に収めている。また、記紀(『古事記』と『日本書紀』)に続く正史や、正史に準ずる文書、及びそれを補完する目的で書かれた文書などによっても知ることができる。

　また、考古学の上では、天皇の成立について科学的な検証が積み上げられてきた。特に前方後円墳の研究によって、前方後円墳の広がりが大和朝廷の統治範囲であることと、また三世紀初頭の纒向遺跡(奈良県)の前方後円墳の被葬者が、その後に「天皇」と称される存在とつながることが確認されている。竹田恒泰『日本人はなぜ日本のことを知らないのか』(PHP新書)(PHP研究所、二〇一一年)六七―一一九頁参照。

　帝国憲法及び日本国憲法成立の法理を論じるにあたり、史学と考古学から読み取ることができる天皇の起源と、帝国憲法成立までの天皇の歴史は踏まえる必要があろう。天皇の統治権を論じるに当たっても、天皇の成り立ち及び、大和王朝が成立してから第一二二代明治天皇までの天皇の国家統治の歴史を踏まえる必要があろう。

第一章

旧新憲法間における根本建前の変動

宮沢俊義教授の八月革命説は三段論法になっていて、第一段で憲法改正には限界があること、第二段で帝国憲法から日本国憲法への変更は改正の限界を超えるものであったこと、第三段で、ポツダム宣言受諾と同時に法学的意味における革命が起きたと考えることによって、帝国憲法の改正手続による形式をとった新憲法が違法でないとされ得る、というものであった。第一段と第三段については本書「完全版」に収録するので、ここからは、このうちの第二段に注目していきたい。

憲法の改正に限界は無いとの説に立てば、仮に根本建前の変更が含まれていたとしても、改正が可能といえる。だが、憲法の改正に限界があるとの説に立てば、一定の限界を超える憲法の改正はできないと解される。そして、宮沢教授は、根本建前の変更は、その限界を超えると主張するのである。プロローグで述べたとおり、帝国憲法から日本国憲法への改正は、根本建前の変更を含むため、憲法改正の限界を超えるというのが宮沢教授の主張であった。しかし、帝国憲法から日本国憲法への改正により、根本建前が変更されたか否かについては議論があり、これを否定する有力な説もある。

第二段「帝国憲法から日本国憲法への変更は改正の限界を超えるものであった」の主張に対

しては、次の二点の疑問を指摘することができる。①帝国憲法から日本国憲法への改正により根本建前は変更されたのか、②ポツダム宣言は神権主義（乃至神勅主権主義）を捨てて国民主権主義を採用する要求（根本建前を変更する要求）を含んでいたか、である。

①の問題については、帝国憲法と日本国憲法の条文とその運用を比較検討することで、根本建前の変更の有無を見極めていきたい。仮に憲法の改正には限界があるとの立場に立ったとしても、帝国憲法から日本国憲法への変更が、その改正の限界の範囲内に収まっていれば法的に説明が可能になるため、八月革命説は論理的に否定されることになる。

また、②の問題については、日本が憲法を改正することになった直接のきっかけはポツダム宣言であるから、同宣言が帝国憲法の根本建前を変更させる要求を含んでいたかどうかは重大な問題である。無論、米国の意図がどうであれ、日本人が根本建前を変更しようと思って憲法を作り替えたのであれば、根本建前は変更されたといい得る。

しかし、プロローグで述べたように、宮沢教授は、根本建前の変更を含む憲法改正は本来合法的に為すことはできないが、ポツダム宣言を受諾したこと（八月革命）で、既に根本建前が変更されて国民主権主義が成立しているという理由によってのみ、はじめて帝国憲法の規定による憲法改正が「違法でないとされうる」と述べている。

つまり、憲法改正を待つことなく、ポツダム宣言を受諾した瞬間に、根本建前は変更されていたという。それによって、帝国憲法が定める改正規定に則った憲法改正が「違法でないとされうる」のである。

ということは、もし米国が帝国憲法の根本建前を変更する意図を持っていなかったなら、八月革命は成就していないのであるから、帝国憲法の改正規定に則った憲法改正は「違法である」とされなければならない。これによって、八月革命説は論理的前提を欠くことになる。

第一章では、八月革命説で用いられる主要な用語を整理して、宮沢教授のいう「根本建前」とは何かを理解することに努めたい。その上で、第二章と第三章で①の問題に、また第四章で②の問題に取り組んでいきたい。

宮沢教授のいう「根本建前」とは何か

第一の、大日本帝国憲法から日本国憲法への改正により、根本建前は変更されたかの問題については、「根本建前」の言葉をどのように捉えるかが難しい。

大日本帝国憲法から日本国憲法への変更のどの部分が、憲法改正の限界を踰越することになるかという問題は、八月革命説の立論の根幹というべき問題であり、同教授のいう「根本建前」の意味を正確に把握しなければ同教授の八月革命説を理解したことにならないであろう。

宮沢教授は「根本建前」を説明するにあたり、「主権」の概念だけでなく、「国体」「神勅」「神権」などの語を用いて、いくつかの角度から論述している。このような大きなテーマに取り組むにあたり、先ずは宮沢教授のいう「根本建前」とは何であるかを、宮沢教授の著作を読み解き、教授のいう憲法改正の限界がどこにあり、また何をもって改正の限界を踰越したとするかを確認する作業から始めたい。宮沢教授のいう「根本建前」の本質に向き合ってみたいと思う。

宮沢教授の八月革命説は、帝国憲法から日本国憲法への変更は「根本建前」の変更を含むため「論理的な自殺を意味し、法律的不能」と述べているが[01]、「根本建前」の語は、戦前の憲法学では用いられてこなかった。そのため、宮沢教授の用いる定義をそのまま用いて検討しなければ、その検討は意味を成さないと思われる。

「根本建前」という言葉は、日本の憲法学では宮沢教授が初めて積極的に用いたものであり[02]、また、後代においては、宮沢論文の引用を除けば、ほとんど使われず、代わりに「根本規範」、

「根本原理[03]」、「基本原理[04]」など、異なった表現が用いられ、ばらつきが見られる。また、何をもってそれとするかは、論者によって差異がある。

そして、「根本建前」に代表されるこれらの概念は、概ね「主権の所在」と理解されてきた。例えば、戦前の憲法学界でも、清水澄博士が「国家ノ如何ナル部分ニ其ノ統治権存在スルカハ憲法上最肝要ノ点タリ[05]」と述べるように、統治権の所在が最も重要な問題とされていた。戦後の憲法学においても、帝国憲法から日本国憲法への移行で変更された根本建前とは、具体的には、主に「主権の所在」であると理解されている。例えば「主権の所在が変更[06]」、「天皇主権から国民主権への移行[07]」、「主権原理の転換[08]」などと表現されてきた。宮沢教授自身も「〔帝国憲法下の〕国体は、結局は、天皇主権ということに帰着する[09]」と述べている。

宮沢教授は、大日本帝国憲法から日本国憲法への変更は、「根本建前」の変更を含むものであることを、次のように表現している。

「明治憲法では、天皇主権ないし神勅主権がその根本建前であり、天皇の地位も、天皇の祖先たる神の意志に根拠をもつものとされたのに対して、日本国憲法では、国民主権がその根本建前であり、天皇の地位も、主権者たる国民の意志に、その根拠をもつとされる[10]」

また教授は、次のようにも述べている。従来の日本の政治の根本建前は「政治的権威は終局的には神に由来する」もので、これを「神権主義」と呼び、それは「国の政治上の権威が〔中略〕一般国民にその最終的根拠を有するという意味の国民主権主義」とは、「原理的にまったく性格を異にするものであることは、明瞭である」という。また「原理的に容れないものであることは、明らかであろうとおもう[11]」とも述べている。

また同教授は帝国憲法における根本建前について、「天皇主権」「神勅主権」以外にも、「神権主義的天皇主権の原理――当時『国体』と呼ばれた[12]」、「大日本帝国憲法の基本的建前たる原理――天皇が、神勅にもとづいて、統治権を総攬するという原理（それを当時国体と呼んだ[13]）」とも表現している。

天皇主権と神勅主権が同一であることにつき、同教授は次のように説明している。

「天皇〔主権〕といっても、そのときの天皇という意味ではなく、皇祖皇宗、すなわち、天皇の祖先という意味です。もちろん、天皇の祖先というものは、無数にあり得るわけですが、いわば、その極限として、天照大神という神を考え、――もちろん、そういう神が、歴史的に実在したという意味ではありません、――その意志が、日本の政治のあり方を終局的にきめるのだ、と考えたのです。天照大神は神であり、その意思はつまり、神勅ですから、天皇主権は、また神勅主権でもありました」[14]

そして同教授は、かような帝国憲法の根本建前（天皇主権）は、降伏によって「国民主権の原理が確立された」ことで、否定されたと説く。[15] そして「君主主権は国民主権と両立せず、一方の是認は、論理必然的に、他方の否認を意味」し、「天皇主権は国民主権と原理的に両立しない」と述べ、「前者より後者への推移は、政治の根本原理の変革と見るべきものである」という。[16] また、日本国憲法は「『天皇の政治』というこれまでの根本建前をすてて、『国民の政治』という新しい根本建前を採」るものであると説く。[17]

すなわち、教授のいう「根本建前の変更」とは、国の政治上の権威の最終的根拠が「神」から「国民」に移ったこと、つまり、神権主義・神勅主権主義・天皇主権主義から国民主権主義への移行、あるいは天皇主権から国民主権への移行を意味することになろう。

整理すると次のようになる。

【帝国憲法の根本建前】
・神権主義・神勅主権主義・天皇主権主義

（国の政治的権威は終局的には神に由来する）
（神勅に基づいて、統治権を総攬するという原理）
・天皇主権
（主権が天皇に所在する）
・天皇の政治
※これらをかつて「国体」と呼んでいた

↑変更

【日本国憲法の根本建前】
・国民主権主義
（国の政治的権威は一般国民に由来する）
・国民主権
（主権が国民に所在する）
・国民の政治

「天皇主権」の意味

では、宮沢教授のいう帝国憲法の根本建前が具体的にどのようなものであったか、さらに検討していきたい。

宮沢教授は主権を「国家の政治のあり方を最終的にきめる力」[18]と定義している。「国民主権」という場合の「主権」の定義については、憲法学界でほとんど争いはなく、この定義が広く用いられている。日本国憲法が成立したことで、主権が天皇から国民に移ったということは、「国家の政治のあり方を最終的に決める力」という強大な権力が、天皇から国民に移ったことを意味する。教授が帝国憲法の根本建前であるという「天皇主権」については、既に定義した「主権」が、天皇に存することを意味することに異論はないであろう。

ところが、八月革命説の継承者である芦部信喜博士は主権を「国の政治のあり方を最終的に決定する力または権威」[19]と述べ、宮沢教授がいう定義に「または権威」を付け加えた。憲法学界では、宮沢教授の定義と芦部博士の定義を、いずれも同じ意味として理解しているようだが、「力（権力）」と「権威」では全く意味が異なる。もし同義なら定義中に別語を反復して使用するのはおかしい。

無論、国家統治には権力と権威の両方が必要であろう。であれば、「権力」と「権威」の二つの語を適宜使い分ければよかった。二つの語を「主権」という一つの語にまとめ、時と場合によって二つの意味で使い分けた結果、この混乱が生じているのだと思う。「権力」と「権威」の使い分けの問題については後に改めて考察することにして、戦後、混乱しつつ議論が進行してきた様子を眺めてみたい。

主権の変更の問題については、終戦後に盛んに議論された。現在では、帝国憲法から日本国憲法への変更で、主権が天皇から国民に移ったと広く理解されている。だが、主権者が変更したと当然にいえるだろうか。戦前、天皇が自ら「政治のあり方」を決定する政治的実力を自由に行使できたかといえば、そうではない。帝国憲法を発布したのは明治天皇だが、その内容は明治天皇の自由な発想に基づいたものではなかった。明治九年（一八七六）九月七日に明治天皇が元老院に発した「憲法起草の詔」は次のようなものであった。

「朕爰《ここ》ニ我建國ノ體《てい》ニ基キ廣ク海外各國ノ成法ヲ斟酌《しんしゃく》シ以テ國憲ヲ定メントス汝等ソレ宜シク之カ草按ヲ起創シ以テ聞《ぶん》セヨ朕将《まさ》ニ撰《えら》ハントス」[20]

ここから、日本の憲法は外国の憲法を「斟酌」して定めるが、あくまでもそれは「斟酌」であって、外国憲法の模倣であってはならず、その内容は「我建国ノ體ニ基」いたものでなくてはならない、との趣旨が読み取れる。ここから、帝国憲法は明治天皇が憲法制定権を行使して制定したものではなく、わが国伝統の不文憲法を成文化したものであることが窺える。帝国憲法の根本建前の部分は明治天皇が憲法成文化権を行使したといってよい。また「朕将ニ撰バントス」の部分から、天皇が自ら撰んで定める、すなわち欽定憲法であるという大前提が見える。

つまり、天皇が憲法を発布することで、天皇の権威が憲法に正当性を与えたが、その内容は明治天皇の自由意思ではなく、二〇〇〇年に及ぶ「我建国ノ體」に基づいたものでなくてはならなかった。そして、帝国憲法の内容は枢密院で審議され可決したものであって、天皇自ら書き起こし、あるいは編集したものでもなかった。

帝国憲法の「告文」には、「此レ皆皇祖皇宗ノ後裔ニ貽《のこ》シタマヘル統治ノ洪範ヲ紹述スルニ外ナラス」とあり、帝国憲法は日本古来の不文憲法を条文に書き起こしたものであることがここに明言されている。そのほか「憲法発布勅語」には「朕カ祖宗《そそう》ニ承《う》クルノ大権ニ依リ現在及将来ノ臣民ニ対シ此ノ不磨ノ大典を宣布ス」とあるように、明治天皇が祖宗から受け継いできた「大権」によって憲法を「宣布」したことが分かる。

従って、戦前とて天皇が「国の政治のあり方を最終的にきめる力」を自由意思によって決定できたという事実はない。

　では日本国憲法についてはどうであろうか。「国民」の自由意思のみが日本国憲法を生み出したかといえば、そうではない。日本国憲法草案は昭和天皇が枢密院へ諮詢した上で、勅命をもって帝国議会に提出されたものだった。その後、衆議院議員の総選挙を経て、帝国議会で議決して日本国憲法が成立した。つまり、日本国憲法の内容を確定させたのは帝国議会だが、その内容は天皇の意思として、天皇によって裁可・公布された。つまり、日本国憲法の内容は、天皇と国民の意思が合致したものであるといえる（GHQによる押し付け憲法論については別次元の論点なのでここでは触れない）。

　また、このことは国家体制のみならず、通常の国策の決定についてもいえる。現行憲法においては、天皇は国策の内容を決定する権能を持たないことに異論はないであろう。戦前においても、帝国憲法下における確立した慣行によれば、天皇は政府と統帥部が決定した国策を覆す権能を持たなかった。また、帝国憲法の明文規定があるように、制度上も、天皇が議会を無視して法律を定め、あるいは予算を決めることはできなかった。それは立法のみならず、行政や司法でも同様であった。この点は宮沢教授自ら次のように述べている。

「明治憲法の実際の運用においても、天皇は国務大臣の『輔弼《ほひつ》』どおりに行動する、国務大臣の意思に反して天皇が単独に行動することはない、という原則が確立されていました[21]」

吉田茂内閣の憲法担当国務大臣の職を担った金森徳治郎氏は、著書で「主権が甲から乙に移動したのではなくて、根本の力は本来国民にあるのであり、従来国民の意思に基いて天皇に政治の中心があつたのが、同じ国民の意思に基いて現実に国民を政治の中心とするようになつただけ[22]」と述べている。確かに、当時は重臣の権限が強く、現在と比べると帝国議会の権限は制限されていたが、それでも法律と予算は議会を通さなければ成立しないため、国民に一定の権力があったことは事実といえる。

また金森大臣は、「昔から日本では国民主権といふ考《かんがえ》であつたことは当然」で、「国家の政治権力の根源といふものは国民にある」ことを知っていたのであるから、天皇主権が日本の政治体制の根本原理と説かれたのは誤りであるとし[23]、帝国議会の憲法草案審議の際も、日本国憲法ではこれまでの「認識」が正されただけで、「実体」に何らの変更を加えたものではないと答弁した[24]。金森氏がいう国民主権と天皇主権の「主権」はやはり権力と権威を混同しているように思えるが、「実体（権力）」で見れば変化していないということを述べているのだと考えられる。

もし、金森国務大臣が主張するような見解に立ち、主権の所在がどこにあるかを判断するにあたり、「認識」ではなく「実体」で判断すべきなら、日本国憲法下では天皇は国政に関する権能を有しないのであるから、天皇が帝国憲法の内容を自由意思で決定しなかった事実と、帝国憲法下において天皇の意思に基づいて国策を決定していなかった事実をもって、旧新憲法間で主権者の変更は無かったと結論付けられることになろう。

この点について、宮沢教授は、主権の定義を「国家の政治のあり方を最終的にきめる力」、また「天皇主権説は、国家の政治のあり方を最終的に決定する力が天皇の意志にあるとする説である」[25]としつつも、「ここにいう主権は、ひとつの建前である。あるいは、理念であるといってもよかろう。それは、政治を現実に動かす力を意味するものではない」と述べた上で、「君主主権ということは、政治が現実に君主だけの力で動かされていることを意味するのではな」く、「その君主がなんら現実の力をもたず、単なるかざり物にすぎないような場合でも、政治の最終的な決定権は君主に存することが、その建前とされ、理念とされるのである」と反論している。

そして、宮沢教授は次のように結論する。「ここにいう主権の問題は、さきに引かれた金森国務大臣の言葉を使うならば、『実体』の問題ではなくて、むしろ、『認識』の問題である。〔中略〕主権の主体についての、『認識』が変わったことは、すなわち、主権の主体が変わったことにほかならない」と[26]。

このように宮沢教授は、主権の所在の問題は、政治的実力の有無によらず、あくまでも「建前」や「理念」の問題、つまり「権威」の問題であるという。もし天皇に政治的実権が全く無かったとしても、政治の権威が天皇に基づいているという「建前」だけ存在していれば天皇は主権者だというのであるから、宮沢教授の反論は、金森国務大臣の主張を根底から覆そうとするものである。もし、この見解に立ち、主権の所在の議論が「建前」だけに基づいてなされるべきならば、天皇の政治権力・法的権限については一切考察する必要もないということになる。

教授は帝国憲法から日本国憲法への変更は、主権が天皇から国民に移ったものとし、その主権とは「国家の政治のあり方を最終的にきめる力」としつつも、他方では主権を「ひとつの建前」あるいは「理念」であって、それは「政治を現実に動かす力を意味するのではない」ともいうのである。これは一見、完全に矛盾した主張に思える。宮沢教授が主権の定義を「力」としたのに対し、後に芦部博士が「力または権威」と書き換えたのは、このような議論があったことが影響しているのではなかろうか。

確かに、例えば米国においては国民が権力と権威の両方を担っているため、権力と権威を区別する必要はなく、同一のものとして理解しても差し支えないであろう。だが、日本においては天皇が権威を、また国民が権力を担ってきた歴史的経緯があるため、権力と権威を同一のものとして扱うことはできない。このような観点で眺めると、主権とは「権力か権威か」あるいは「実体か認識か」といった議論は不毛な議論に思える。

また、天皇の権威は、終局的には国民を根源としているといわねばならない。考古学ではヤマト王権が成立したのは二〇〇〇年以上前であると考えられている。二〇〇〇年以上もの間、天皇を必要とし守り続けてきたのは、ほかならぬ日本人の先祖たちであった。これは、天皇の存在が、人民の個々の利害（特殊意志）から離れた公共益を達成するために、人民に必要とされ続けてきたことを意味する。天皇の存在こそ日本人の「一般意思」と理解しても差し支えないのではあるまいか。このように捉えれば、日本においては、権力も権威も、終局的には国民にあるともいえよう。ここで再び、戦後の混乱した議論に戻っていきたい。

「神勅主権」「神権主義」の意味

宮沢教授の主張するように、たとえ「建前」や「理念」に限定して主権の所在を検討する場合においても、天皇主権と国民主権は矛盾しないと主張する有力な学説がある。

尾高朝雄博士は「今日の世界に現存する君主国家の多くは、国民主権主義に立脚している」とし、「単に現実の制度として、国民主権主義と君主制とが両立しているばかりではない。理論の上からいっても、国民主権主義と君主制とは、古くからかならずしも矛盾しないものとして取りあつかわれて来た」という。そして、国民主権主義と君主制が、国家の政治理論の上で両立可能な理由は、「委任」の法理によると説く。「主権はもともと国民にあるのであるが、国民がその権力を君主に「委任」している場合には、国民主権の原理を動かすことなしに、君主が国民の上に君臨することになる」と述べ、従来の天皇のあり方が、必ずしも、国民主権と対立する意味の天皇主権ではなかったと主張している。[27]

この主張に対して、宮沢教授は、「神勅主権」「神権主義」を持ち出して、帝国憲法下で、国民が権力を君主に「委任」したと見ることはできない旨を次のように述べている。

帝国憲法下の「神勅主権」「神権主義」について、宮沢教授は「それまでの日本の政治の根本建前は、一言でいえば、政治的権威は終局的には神に由来する」ものと説明する。[28]つまり、国民主権主義は必ずしも帝国憲法下の根本規範と矛盾するものではないとの見解[29]に対して、宮沢教授は「国民主権主義という以上は、天皇の権威の根拠も、終局的には国民にあると考えなくてはなら」ず、「それまでの日本において、天皇の権威の根拠が国民にあるという根本建前が採られていたと見るのは、明らかに不当」であるから、天皇の権威の根拠を終局的に神に求める帝国憲法下の根本建前と矛盾しないと考えることは「理論的には、どうしてもむりである」と述べる。[30]

つまり、帝国憲法下では、天皇の権威の根拠は国民からの「委任」ではなく、「神」に由来するのであって、従って、国民主権主義は帝国憲法下の根本建前とは相容れないというのである。

そして、「明治憲法の下では、天皇の存在は、天壌《てんじょう》とともに無窮《むきゅう》と考えられ、その制度の当否は、合法的な議論の対象となり得なかった」のであって、「降伏によって、〈中略〉天皇の神性や、天皇制の不変性（天壌無窮性）が消滅した」[31]と述べる。

ところが、尾高博士も、天皇の権威の根拠が神に由来する点は意見を同じくしている。「天皇の統治とは、終始一貫して理念であつた。理念であるが故に、それは常に正しかつた」とした上で、「常に正しいものは、現実にはおそらく絶対にあり得ない。もしそれがあり得るとするならば、それは正に『神』である。故に、天皇の理念化は天皇の神化と一致する」と述べる。[32]ここまでは宮沢教授と一致するところである。

尾高・宮沢論争

にもかかわらず、尾高博士は、ノモス主権論によって日本の神権主義と国民主権主義との対立を克服し得ると主張する。神権主義と国民主権主義がなぜ、相反するものでないといえるのか、同博士は次のように述べている。
「万世一系の天皇の統治」や「主権は天皇に存する」というような言葉で表現された日本の国体は、もはや天皇が現実の政治の上で最高の決定権を持っていたとか、そのような政治形態が永遠に続くべきものということではないとした上で、日本の国体は「現実の政治はすべて『常に正しい天皇の大御心《おおみごころ》』に適うものでなければならない、という理念の表現に外ならない」という。そして、国民主権の原理は「決して現実の政治が国民の思うがままに行われてよいということを意味するのではなくて、『常に正しい国民の総意』を以て政治の最高の指針としなければならないという理念なのである」とし、同様に「天皇の統治といわれるものも、天皇の現実の意志によつて政治上の最後の決定が与えられて来たというのではなくて、『常に正しい天皇の大御心』を以て政治の範としなければならないという理念の現れなのである」と述べる。そして、「国民主権と天皇の統治とは、政治の理念の表現としては、根底において深く相通ずるものをもつている」のであって、「天皇の統治を中心とする日本の国体を、国民主権とは氷炭相容れ得ない対蹠《たいしょ》の原理と見るのは、むしろ皮相の見解である」と主張する。[33]

その上で、尾高博士は、神権主義と国民主権主義はいずれも「ノモスの主権」の承認であるから、矛盾しないという論を展開する。

尾高博士は、「ノモスの主権」について、次のように解説している。先ず、ルソーが、国民の「総意」（volonté générale）は法であると述べるように、法は正しいものでなければならず、故に「法たる国民の総意もまた、正しいものでなければならない。国民の総意は『常に正しい』（toujours droite）」とする。そして、国民の総意が「常に正しい」のは、「国民の総意は常に『公共の利益』（utilité publique）を目指しているからであり、国民の総意は常に『共同の福祉』（bien commun）に合致しているから」と説く。他方「個々の国民の『特殊意志』（volonté particullière）は、特殊の利益を追求」するもので「公共の福祉に合致するとはかぎらない」という。

しかし、たとえ「国民全員の意志が一致したとしても、それは結局は一人一人の特殊意志の総計に外なら」ず、公共の福祉に合致するとはかぎらないとし、ルソーが国民の「総意」と国民の「すべての意志」（volonté de tous）を区別していることに触れ、ルソーの説いた国民の総意は「もはや現実の権力意志ではあり得ない」とし、それは「『法の理念』でなければならないのである」とする。そして、「主権の存する国民の総意は、すべてのものの上にあ」って、もはや「現実の権力意志ではな」く、「一切の権力意志がそれにしたがわなければならないところの、恒常不易の正しさであり、常に正しいノモスである」とし、「故に、ルソーの説いた国民主権主義は、『ノモスの主権』の承認に外ならない」と述べる。(34)

尾高博士の説く、日本の神権主義と国民主権主義が矛盾しないとの主張は、つまるところ、両者は「ともに『ノモスの主権』の承認であつて、その点では何らことなつた意味内容をもつものではない」ということになる。ただし、博士は「一方は、これを『国民』の主権としてとらえ、他方は、これを『天皇』の統治として把握しているのである」と述べて、両者間の相違を認めているが、「同じ理念をどういう形で『人の心』の中に位置づけるかという意味の主体」であって、両者は「別個の『人間の心』を通じて、何ら変わることのない同じ一つの理念を見つめている」とし、国体が変革したと考える必要はないという[35]。

宮沢教授は、尾高博士の主張の本質部分に対しては、次のように反論した。ここで問題となる主権は「政治のあり方を最終的に決める意志である」とした上で、それは「単に抽象的な内容をもった意志であってはならない。具体的な内容をもった意志でなくてはならない」と述べ「意志は、主体を持たなくてはならない。しかも、具体的な内容をもった意志の主体は、つねに、具体的な人間でなくてはならない」と主張した[36]。

宮沢教授は「政治のあり方は、ノモスにもとづいて定められなくてはならない」としつつも、しかし「ノモスというものは、具体的な内容をもってわれわれに現前するものではない」とし、「誰かがノモスの具体的な内容を定めなくてはならない。その『誰か』がここでいう主権の主体である」とし、「君主という特定の人がその『誰か』だとする建前が、君主主権であり、〔中略〕特定の地位をもった人間がその『誰か』たる地位を独占することを否認する建前が、国民主権である」と述べて、天皇統治は天皇主権であり、天皇主権は国民主権と両立しないので、この変更は、政治の根本理念の変革とみるべきであると結論し、尾高博士の「ノモスの主権」を批判した。[37] 尾高博士と宮沢教授のやりとりは「尾高・宮沢論争」と呼ばれている。

ところで、宮沢教授は、この尾高・宮沢論争で、主権の意志は「具体的な内容をもった意志でなくてはならない[38]」と述べているが、これは、現実の力ではなく建前・理念を論じるべきであるという宮沢教授の元来の主張と矛盾するのではあるまいか。これまで、宮沢教授は、主権の所在に関しては「実体」の議論は不適切であるとし、あくまでも「認識」（建前・理念）の問題であると主張してきた。しかし教授は、この論争では一転して、主権の議論から「認識」を排除して「実体」の議論を求めており、主張に一貫性が見られない。

宮沢教授は、主権とは「ひとつの建前であ」り、「政治を現実に動かす力を意味するものではない」とし、君主が「単なるかざり物にすぎないような場合でも」君主主権は成立すると述べてきた。[39] そして同教授は、「天皇主権説は、国家の政治のあり方を最終的に決定する力が天皇の意志にあるとする説である[40]」と述べた他、戦前の国体を「神勅主権主義」と呼び、天皇の地位は「神の意志に根拠をもつ[41]」と説いている。ところが、他方で教授は「誰かがノモスの具体的な内容を定めなくてはならない。その『誰か』がここでいう主権の主体である[42]」という。

これらの宮沢教授の主張に基づいて帝国憲法上の国体を定義すると、次のような矛盾が生じることになる。つまり、帝国憲法における天皇が現実の政治を動かす力を持っていなかったことは教授も認めるところであるが、帝国憲法には天皇に主権があるという建前があったという。教授は、それをもって帝国憲法の国体を「天皇主権」と呼ぶ。他方教授は、ノモスの具体的な内容を決めるのが主権の主体であり、帝国憲法における主権者が天皇であるともいう。ならば、帝国憲法下において、天皇こそノモスの具体的な内容を決める力を持っていなくては辻褄があわない。しかし、天皇がノモスの具体的な内容を決める力を持っていなかったことは歴史の事実であり、教授の論は矛盾している。これではまるで、実体の話をしようとすると、理念だといって逃げ、また理念の話をしようとすると、実体だといって逃げているように見える。

主権の議論は「建前・理念」で論じるべきであるとしながら、ノモス主権論の場合だけは「建前・理念」ではなく「実体」で論じなければならないとする合理的根拠があるだろうか。

「統治権を総覧する」「国体」の意味

これまで、宮沢教授のいう「天皇主権」「神勅主権」「神権主義」について検討してきたが、ここで「統治権を総覧する」と「国体」について検討したい。

宮沢教授は「大日本帝国憲法の基本的建前たる原理」を「天皇が、神勅にもとづいて、統治権を総攬するという原理（それを当時国体と呼んだ）」と説明してきた。帝国憲法第四条に「天皇ハ国ノ元首ニシテ統治権ヲ総攬シ此ノ憲法ノ条規ニ依リ之ヲ行フ」と規定されているとおり、かつて天皇は「統治権を総覧する」地位にあった。だが、日本国憲法には「統治権」の語はないため、旧新憲法で「統治権」がどう変動したか、条文から分かりにくい状態にある。

それに対して、日本国憲法前文第一段に「ここに主権が国民に存することを宣言し」、また同第一条に「天皇は、日本国の象徴であり日本国民統合の象徴であつて、この地位は、主権の存する日本国民の総意に基く」とあるとおり、現憲法において、国民が主権者の地位にある。だが、帝国憲法には「主権」の語はない。やはり、旧新憲法で「主権」がどう変動したか、条文からは分かりにくい状態にある。

「統治権者」について、芦部博士は「立法・司法・行政などすべての国の作用を究極的に掌握し統括する権限を有する者」と説明している[43]。かような権限を有する者を日本国憲法前文から見出そうとすれば、それは「国民」ということになろう。前文第一段が「そもそも国政は、国民の厳粛な信託によるものであつて、その権威は国民に由来し、その権力は国民の代表者がこれを行使し、その福利は国民がこれを享受する」と示すとおり、これを言葉どおりに捉えれば、国政の権威は国民に由来するというのであるから当然である。

宮沢教授は、日本国憲法第四条が、天皇は国政に関する権能を有しないと規定し、また第六五条が行政権は内閣に属すると規定していることを挙げ、「日本国憲法の天皇は、もはや統治権の総覧者ではない。多くの国で、制限君主制になっても君主が最後まで保有するを例とする行政権も、日本国憲法のもとでは、天皇の権能に属していない(44)」と述べている。

宮沢教授が主権を「国家の政治のあり方を最終的にきめる力」と定義したことは再三述べてきたとおりであるが、かような力を有する者を帝国憲法の条文の中から見出そうとすれば、それは「天皇」である、というのが教授の考えである。第四条だけでなく、第一条「大日本帝国ハ万世一系ノ天皇之ヲ統治ス」が示すとおり、日本は天皇が統治する国であることからもそのことが窺える。また、第五条では天皇が立法権を有すること、第一一条では天皇が統帥権を有することなども明記されている。清水澄博士も「天皇ハ統治権ノ主体ニシテ国家権力ノ源タリ(45)」と述べている。

戦後憲法学では、「統治権の総覧者」と「主権者」を厳密に比較検討してこなかったが、にもかかわらず、実質的には同義のように扱ってきた。「立法・司法・行政などすべての国の作用を究極的に掌握し統括する権限を有する者」(統治権の総覧者)とは、すなわち「国家の政治のあり方を最終的にきめる力」を有する者(主権者)のことと考えられてきたように見える。

そして「統治権の総覧者」乃至「主権者」が天皇から国民に移ったという考え方が圧倒的な支

持を受け通説となっている。

しかし、既に「尾高・宮沢論争」で眺めたとおり、「主権」ひとつをとっても、実質的な権力と見るか、建前や理念と見るか意見が分かれている。まして「統治権の総覧者」と「主権者」を厳密な検討を経ずに同一とすべきではなかろう。

そして、宮沢教授は帝国憲法の「根本建前」である「天皇主権ないし神勅主権」「神権主義的天皇主権の原理」「天皇が、神勅にもとづいて、統治権を総覧するという原理」を「国体」と呼んでいることは、既に指摘したとおりである。だから、この見解によれば、旧新憲法では日本の国体が変更されたことになろう。

ちなみに、宮沢教授は「国体」について二種類の定義を示し、いずれの意味においても、帝国憲法における国体は変わったと述べている。第一は「穂積八束および上杉慎吉によって代表される憲法学説」で、「主権のありかによって生ずる国家体制の別を国体といい、主権の行使の態様によって生ずる国家体制の別を政体という。国体は、主権が君主にあるか（君主主権）、国民にあるか（国民主権）、によって、君主国体と共和国体とに区別される」とし、「神勅主権ないし天皇主権の天壌無窮性・不変性を理論的に基礎づけようというのが、その説の目的であった」「この意味の国体が、日本国憲法のもとで、変わったと見るべきことは、きわめて明瞭である（正確には、降伏とともに天皇主権が否定され、国民主権の原理が確定されたときに、変わったというべきであろう）」と述べている。

第二は「成文法で用いられた国体」で、条文に「国体」が最初に用いられた治安維持法について大審院が示した「わが帝国は、万世一系の天皇君臨し、統治権を総攬し給ふことをもって、その国体となし、治安維持法のいはゆる国体の意義またかくの如く解すべきものとす(46)」を挙げて、「この国体は、国家体制の分類の標準ではなくて、日本憲法の特色たる原理を意味す」と説明した。そして、その上で「この意味の国体が、日本国憲法のもとで、変わったと見るべきことも、明らかである」と述べている(47)。

ここまでの作業で、およそ宮沢教授のいう「根本建前」の意味を、一応は把握することができたと思う。

「実体」と「理念」の議論

主権とは、実際の政治を動かす「力（実体）」なのか、あるいは実際には政治を動かすとは限らない「理念」なのか、宮沢教授の言説からは不明である。尾高・宮沢論争にもあるように、教授が場面ごとに都合に合わせて「実体」と「理念」を使い分けていることは明白である。天皇から国民に移ったとされる主権が「実体」か「理念」か、教授が存命であれば突き詰めて教えを乞いたいところではあるが、今はそれは叶わない。

そこで、本稿では、主権を、国家体制を決定し、あるいは実際の政治を動かす「力（実体）」と捉えた場合と、必ずしも国家体制や政治を動かすとは限らない「理念」と捉えた場合の両方について考えたいと思う。具体的には、帝国憲法から日本国憲法への変動は、「実体」としての「国家の政治のあり方を最終的にきめる力」が天皇から国民に移動したかどうか、また「理念」としての「国家の政治のあり方を最終的にきめる力」が「天皇にあるべき」から「国民にあるべき」に変動したかどうか、その両方について探求していきたい。

先ず、「実体」の議論では、帝国憲法から日本国憲法への変更により「国家の政治のあり方を最終的にきめる力」が天皇から国民に移ったか否かについて検討することになる。帝国憲法ではかかる主権は天皇にあったこと、そして、日本国憲法ではかかる主権は国民にあることの二点が実証されてはじめて「主権が天皇から国民に移った」といい得る。

主権が天皇から国民に移ったという考え方は、中学校の公民及び高等学校の現代社会の教科書で記述されることが多く、既に社会的常識となっていると考えられる。[48]だが、明治維新から現在に至るまでの我が国の憲政史上において、天皇が直接国策を決定したのは昭和二十年（一九四五）八月十日の「ポツダム宣言受諾の御聖断」に限られる。このことに鑑みると、帝国憲法下の天皇が実体としての「国家の政治のあり方を最終的にきめる力」を持っていたと当然にいえるか検証する必要があろう。

帝国憲法から日本国憲法への変更に伴って、実体としての「国家の政治のあり方を最終的にきめる力」という強大な法的権限が、天皇から国民に移ったというなら、一体どのような権限が天皇から国民に移ったというのであろうか。かつての天皇の権限で、今は国民の権限となっているものがあるだろうか。憲法改正にしても同様である。戦前は憲法改正発議権は天皇にあったが、内容を決定するのは議会であった。現在は議会と国民投票により決定される。主権が天皇から国民に移ったといえるだろうか。

帝国憲法から日本国憲法への改正が、根本建前の変更に当たらないという有力な学説もある[49]。先に引用した金森国務大臣の「実体」に何ら変更を加えたものではないという発言にあるように、日本国憲法成立で、天皇から国民に「主権」という法的権限が移行した事実はないと主張する余地も十分に残されていると考えられる。

この点については、宮沢教授が自らその可能性を認めている。教授は、帝国憲法下において、天皇が国務上の大権（天皇の権能を当時こう呼んだ）を行うに当たり、①「国務大臣の『輔弼』によらなくてはならないこと」、②「その『輔弼』は、単なる諮詢《しじゅん》とはちがい、天皇の国務上の大権が有効に行使されるための効力要件である」ことについて、「多くの人の意見は、一致していた」とした上で、「明治憲法にいう『輔弼』が天皇を法律的に拘束する（天皇は国務大臣の意見どおりに行動しなくてはならない）と解すべきものであれば、それは、日本国憲法にいう『助言と承認』と、さまでちがうものではないことになる」と述べている[50]。

つまり、帝国憲法下で「輔弼」がどのような法的性質を持っていたかについての考え方によっては、天皇の法的権限（ここでは統治権のうちの行政権）について「旧新憲法間で差異はない」と主張することも十分に可能ということになる。この点については既に示したように、宮沢教授自身「天皇は国務大臣の『輔弼』どおりに行動する〔中略〕という原則が確立されていました[51]」と述べているため、教授自ら「輔弼」と「助言と承認」は「さまでちがうものではないことになる」と答えている。だから、現状の日本の憲法学において、主権が天皇から国民に移動したことを当然の前提にできるほど、議論は成熟していないのではあるまいか。第二章では「輔弼」の法的性質について分析を試みたい。

次に、「理念」の議論では、帝国憲法から日本国憲法への変更に伴い、理念としての「根本建前」がどのように変化したかがこの議論の中心になる。

八月革命説では、理念としての「国家の政治のあり方を最終的にきめる力」が、帝国憲法では「天皇のもの」であったが、それが日本国憲法では「国民のもの」に変化したという。別の表現をするなら、国の政治的権威は終局的には神に由来するという建前から、一般国民に由来するという建前に変更されたことを意味し、それはすなわち、主権が天皇から国民に移ったということを意味する、ということになろう。

帝国憲法の下において国の政治的権威は終局的には神に由来したという考えがこの主張の前提となっているが、この点については大いなる疑問がある。帝国憲法の根本建前が「神勅主権主義」「神権主義」「天皇主権主義」であったというのは、戦後になって主に宮沢教授によって主張されたことであり、戦前においては、国体をこのように表現した憲法学者はほとんどいなかった。

いや、むしろ戦前の憲法学においては、天皇の地位の根拠は「神」ではなく、「歴史」に求める見解が通説として支持されていた。また帝国憲法の条文を起草した井上毅《こわし》は、意図的に帝国憲法から神を排除したことが分かっている。同様に、かつて天皇は神であったともいわれるが、やはりこれも戦後になっていわれているだけであり、戦前の憲法学者で天皇は神であるとの見解に立つ者は皆無に近かった。

本稿では、戦前の憲法学において天皇の地位の根拠、あるいは天皇の神聖がどのように理解されていたか検討し、天皇の統治の本質に迫っていきたいと思う。その上で「理念」としての根本建前が旧新憲法でどのように変動したか探究していきたい。

第二の、ポツダム宣言は神権主義（乃至神勅主権主義）を捨てて国民主権主義を採用する要求を含んでいたかの問題については、ポツダム宣言の文面のみから読み解こうとしても限界がある。ポツダム宣言の内容が確定するまでには、米国内における数年にわたる議論があった。現在は、多くの資料が公開されていて、最終方針が決定するまでの議論の過程を知ることができる。それにより、米国は日本に対して神権主義を捨てて国民主権主義を採用する要求を含んでいたか否かを検証することができるはずである。本稿ではこの作業も行っていきたい。

これらの作業を通じて、帝国憲法から日本国憲法への変更により、宮沢教授のいう「根本建前」が変更し、それにより憲法改正の限界を突破したか否かを評価していきたい。

■注釈

(01) 宮沢俊義『憲法の原理』(岩波書店、一九六七年)三八二頁。

(02) 例えば、清宮四郎『憲法Ⅰ(第三版)』(有斐閣、一九七九年)四一〇頁、小林直樹『憲法講義・上(新版)』(東京大学出版会、一九八〇年)一二四頁、芦部信喜『憲法(第六版)』(岩波書店、二〇一五年)三九八頁など。

(03) 例えば、松井茂記『日本国憲法(第三版)』(有斐閣、二〇〇七年)七六頁。

(04) 例えば、樋口陽一『憲法(第三版)』(創文社、二〇〇七年)六九頁、野中俊彦=中村睦男=高橋和之=高見勝利『憲法Ⅰ(第五版)』(有斐閣、二〇一二年)六一頁(高見勝利執筆)など。

(05) 清水澄『帝国憲法大意(全部改訂版大増補)』(清水書店、一九三五年)七頁。

(06) 高見・前注(04)憲法Ⅰ、六一頁。

(07) 清宮・前注(02)憲法Ⅰ、五一頁。

(08) 阿部照哉『憲法(改訂)』(青林書院、一九九一年)二五頁。

(09) 宮沢俊義『日本国憲法(全訂)』(日本評論社、一九七八年)四八頁。

(10) 宮沢・前注(09)全訂、四四頁。

(11) 宮沢・前注(01)原理、三八〇—三八一頁。

(12) 宮沢・前注(09)全訂、七八六頁。

(13) 宮沢・前注(09)全訂、二四頁。

(14) 宮沢俊義『憲法入門(新版補訂)』(勁草書房、一九九三年)四九頁。

(15) 宮沢・前注(09)全訂、二五頁。

(16) 宮沢・前注(01)原理、三〇六頁。

(17) 宮沢・前注(01)原理、三七九頁。

(18) 宮沢・前注(01)原理、二八五頁。

(19) 芦部信喜『憲法学Ⅰ・憲法総論』(有斐閣、一九九二年)二二一頁。

(20) 宮内庁『明治天皇紀三』(吉川弘文館、一九六九年)六九六頁。

(21) 宮沢・前注(14)入門、四七—四八頁。

(22) 金森徳治郎『憲法遺言(第二版)』(学陽書房、一九六〇年)三五—三六頁。

(23) 金森徳治郎述、内務省警保局編『新憲法の精神』(警察協会、一九四七年)九—一〇頁。

(24) 清水伸編『逐条日本国憲法審議録・第一巻』(有斐閣、一九六二年)二八四頁。

(25) 宮沢・前注(01)原理、二九〇頁。

(26) 宮沢・前注(01)原理、二八五—二八六頁。また、芦部信喜『憲法制定権力』(東京大学出版会、一九八三年)三四二頁に示されるように、芦部博士もこの考えを踏襲している。

(27) 尾高朝雄『国民主権と天皇制』(国立書院、一九四七年)九一頁。

(28) 宮沢・前注(01)原理、三八〇頁。

(29) 例えば、佐々木惣一『日本国憲法論(改訂)』(有斐閣、一九五二年)九〇—九三頁、大石義雄『憲法原論』(青林書院、一九五四年)五五—五九頁など。

(30) 宮沢・前注(01)原理、三八〇頁。

(31) 宮沢・前注(09)全訂、四三頁。

(32) 尾高・前注(27)主権、一五四頁。

(33) 尾高・前注(27)主権、一五四—一五五頁。

(34) 尾高・前注(27)主権、一二四—一二八頁。

(35) 尾高・前注(27)主権、一五六頁。

(36) 宮沢・前注(01)原理、二八六頁。

(37) 宮沢・前注(01)原理、三〇五—三〇六頁。

(38) 宮沢・前注(01)原理、二八六頁。

(39) 宮沢・前注(01)原理、二八五—二八六頁。

(40) 宮沢・前注(01)原理、二九〇頁。

(41) 宮沢・前注(09)全訂、四四頁。

(42) 宮沢・前注(01)原理、三〇五頁。

(43) 芦部・前注(02)憲法、一八頁。

(44) 宮沢・前注(09)全訂、四四頁。

(45) 清水澄・前注(05)大意、四三頁。

(46) 大判昭和四年五月三十日刑集八巻七号、三一七頁。

(47) 宮沢・前注(09)全訂、四七—四八頁。

(48) プロローグ注(14)参照。

(49) 河村又介「新憲法生誕の法理」『改造』一九四七年五月号(改造社)八—九頁、和辻哲郎「国民統合の象徴」(『和辻哲郎全集・第十四巻』(岩波書店、一九九〇年)三八二—三八五頁、尾高朝雄『国民主権と天皇制』(国立書院、一九四七年)五頁、一五〇—一六〇頁、一九八—二〇六頁。

(50) 宮沢・前注(09)全訂、七二頁。

(51) 宮沢・前注(14)入門、四七—四八頁。

第二章 実体としての政治権力の変動

さて、これまでの作業を踏まえた上で、ここからは、宮沢教授のいう「根本建前」が、帝国憲法から日本国憲法への移行で変更されたという八月革命説の主張について、再評価を試みたい。

根本建前の変動について検討する上で、先ず問題になるのは、宮沢俊義教授と金森徳次郎大臣の問答に見られる、「認識」と「実体」の問題である。

宮沢教授は主権（国家の政治のあり方を最終的にきめる力）が天皇のものから国民のものになったというのは、「実体」としての政治権力が移動したことを指すのではなく、飽くまでもこれは「建前」「理念」の問題であると説き、旧新憲法の変動によって、天皇主権が否定され、国民主権主義が採用されたのであって、建前として、主権は天皇から国民に移ったと述べる。これに対して、金森大臣は、日本は昔から国民主権の原理に立脚していたのであって、日本国憲法ではこれまでの「認識」が改められただけで、「実体」には変更はないと述べている。

ところが教授は、尾高・宮沢論争においては態度を一変させ、主権の意志は「具体的な内容をもった意志でなくてはならない」と述べ、「認識」ではなく「実体」の議論を求めた。「根本建前の変更は憲法改正の限界を踰越する」というのが八月革命説の骨子であり、その八月革命説を提唱したのは宮沢教授であるから、「根本建前」の語は宮沢教授が定義するものを用いなければ、八月革命説そのものを議論したことにはならないであろう。どこまでも建前・

理念であるという宮沢教授の見解に従って議論を進めなくてはなるまい。だが、教授自身が文脈ごとに、「認識」と「実体」を使い分けている以上、本稿では両方について検証しなくてはならない。

ところで、教授の定義の揺らぎにかかわらず、旧新憲法の間で、実体として、政治的実力がどのように変動したか、もしくは変動していないかについては、改めて検討する価値はあるのではないか。この問題を検討することは、八月革命説の理解を深める上で、有益であると思われる。

旧新憲法間における天皇の権能の相違

帝国憲法と日本国憲法で、「実体」としての天皇の権能の違いはどこにあるだろうか。日本国憲法は、天皇の権能について、先ず第三条で「天皇の国事に関するすべての行為には、内閣の助言と承認を必要とし、内閣が、その責任を負ふ」、また第四条で「天皇は、この憲法の定める国事に関する行為のみを行ひ、国政に関する権能を有しない」と規定している。そして、具体的には第六条と第七条で十二項目に及ぶ「国事に関する行為」を列挙している。

宮沢教授は、第三条については「天皇という国家機関がなんらの実権を伴わない『虚器』的な存在であることを、内閣の助言と承認という制度によって、確保しようというのである[01]」と、また第四条については「天皇の有する権能が、この憲法に規定するものにかぎられること、しかも、それが儀礼的・名目的な性格をもつものであり、統治作用に関する性格をもつものでないことを定め[02]」ると述べている。

このように、日本国憲法においては、天皇の国事に関する全ての行為は「内閣の助言と承認」によって行われるのであり、国事行為の内容を天皇自ら決定する余地はなく、その国事行為も十二項目に限定されている。宮沢教授がいみじくも「虚器」と表現した現行憲法が規定する「国政に関する権能を有しない」天皇と、帝国憲法における「統治権の総覧者」たる天皇の間には、表現の上で大きな違いが見られる。

では、帝国憲法では天皇の権能はどのように規定され、運用されてきたのであろうか。帝国憲法において、天皇は統治権の総覧者で、芦部信喜博士の言葉を借りると天皇は「立法・司法・行政などすべての国の作用を究極的に掌握し統括する権限を有する者[03]」であった。

確かに、帝国憲法は「大日本帝国ハ万世一系ノ天皇之ヲ統治ス」（第一条）、「天皇ハ国ノ元首ニシテ統治権ヲ総攬シ此ノ憲法ノ条規ニ依リ之ヲ行フ」（第四条）と規定している。しかし、天皇が自らの意志に基づいて立法権・司法権・行政権を行使できたかといえば、そうではない。

先ず、立法については、「天皇ハ法律ヲ裁可シ其ノ公布及執行ヲ命ス」（第六条）、「天皇ハ帝国議会ヲ召集シ其ノ開会閉会停会及衆議院ノ解散ヲ命ス」（第七条）と規定される一方、「天皇ハ帝国議会ノ協賛ヲ以テ立法権ヲ行フ」（第五条）、「凡《すべ》テ法律ハ帝国議会ノ協賛ヲ経ルヲ要ス」（第三七条）とされ、天皇は帝国議会の協賛（当時「翼賛」ともいった）によらなければ、立法権を行使することはできない旨が憲法の条文に明記されている。また、「国家ノ歳出歳入ハ毎年予算ヲ以テ帝国議会ノ協賛ヲ経ヘシ」（第六四条）と、予算も議会の協賛を条件としている。

ところで、協賛の意味については、美濃部博士の説明を引用する。「協賛とは同意の意味で、上諭にある『翼賛』といふ語も同じ意を示す」とし、予算の協賛については、「議会は発案権なく唯政府の提案に同意を与ふるだけ」だが、立法に対する協賛は、「単に政府の提案に同意するばかりではなく、議会の側から議案を発する権能を含んで居り（第三八条）〔中略〕積極的に立法を要求する意思表示である」という。ただし、「協賛は議会から政府に対して為す意思表示であ」り、「国民に対する国家の意思表示ではな」い[04]、という。これは、天皇に法律の裁可を願うのは政府の役割であるから、その政府の行為に対して議会が同意を与えるのが、協賛の意味ということになろう。

次に、司法については、「司法権ハ天皇ノ名ニ於テ法律ニ依リ裁判所之ヲ行フ」（第五七条）と規定されている。確かに司法権は天皇の名において行使される。しかし、それは天皇が自由に判決の内容に介入できることを意味しない。条文によれば、司法権を行使する主体は裁判所で、裁判所が法律に従ってこれを行うことを要求している。そして、その法律とは、議会が協賛して確定したものであって、天皇が自由に作れる法律は存在しない。従って、裁判の判決に天皇自らの個人的な意志を反映させる余地は全くなかったといえよう。

次に、行政については「国務各大臣ハ天皇ヲ輔弼シ其ノ責ニ任ス」（第五五条）と規定するだけでなく、「凡《すべ》テ法律勅令其ノ他国務ニ関ル詔勅ハ国務大臣ノ副署ヲ要ス」（第五五条二項）とし、行政権は国務各大臣の輔弼により行われるだけでなく、法律や勅令をはじめとする国務に関する詔勅は国務大臣の副署がなくては効力を持たないとされる。また、「枢密顧問ハ枢密院官制ノ定ムル所ニ依リ天皇ノ諮詢ニ応ヘ重要ノ国務ヲ審議ス」（第五六条）と、重要な国務については、枢密顧問の諮詢を経るべきことも憲法に盛り込まれている。

さて、輔弼とは何か。美濃部博士の説明を引用する。「輔弼とは、イギリス法のadviceの語が略之《ほぼ》に相当する。天皇は国務大臣からの進言に基いて大権を行はせらるゝのである。それが立憲政治の責任政治たる所以《ゆえん》で、天皇は親《みずか》ら責に任じたまふのではないから、国務大臣の進言に基かずして、単独に大権を行はせらるゝことは、憲法上不可能である」[05]。また、清水澄博士は「輔弼トハ天皇ニ対シ奨順匡救《しょうじゅんきょうきゅう》（良いところを助け悪を正す）ノ力ヲ致シ以テ天皇ヲ正路ニ補導シ奉ルヲ云フ」とし「国務大臣ノ輔弼ノ任務ハ単ニ正シキ意見ヲ述フルニ止マラス天皇ヲシテ其ノ履《ふ》マルル道ヲ誤ラサラシムルニアレハナリ」と述べている。[06] 清水博士のこの記述は、帝国憲法の起草責任者だった伊藤博文が著した『憲法義解』の次の一文を元にしていると思われる。

「立憲の目的は主権の使用をして正当なる軌道に由らしめむとするに在り。即ち、公議の機関と宰相の輔弼に依るを言ふなり。故に大臣の君に於けるは、務めて奨順匡救の力を致し、若其の道を愆《あやま》るときは、君命を藉口《しゃこう》〔言い訳すること〕して以て其の責を逃るゝことを得ざるなり」[07]。

これは、国務大臣は、君主の良いところを助け悪を正す力を発揮しなくてはならず、君主が正しい道を外れそうになったら、君主からの命令があったことを理由に、自らの責任を逃れることはできないということを意味する。

この『憲法義解』は、大日本帝国憲法案が枢密院で審議されるに当たり、「憲法説明」という名称で配布された説明書に若干の修正を施して出版したものであるから、国による公式な憲法説明書としての性格を有するものである。

この見解に立てば、もし天皇が誤った政治的行動を取っても、それは全て輔弼者たる国務大臣の責任ということになり、天皇に政治責任は及ばない。輔弼と輔翼の制度は、帝国憲法が第三条で「天皇ハ神聖ニシテ侵スヘカラス」と定める天皇無問責の原則を実質的に担保しているといえよう。

ところで、第八条の緊急勅令、第九条の命令、そして第一一条の統帥大権をはじめとするその他の大権事項については、議会の協賛を経ることを要さないため、問題となる。しかし、国務に関してはいずれも国務大臣の輔弼を受けることが要件とされている（第五五条）他、統帥大権については陸軍・海軍の両統帥部長が輔翼（当時、統帥部長による輔弼を「輔翼」と呼んだ）するのが確立された慣行であった。

この点について佐々木惣一博士は、軍の統帥作用は国務であるから、帝国憲法上、天皇は国務大臣の輔弼をもってこれを行うべきものであるとしつつも、「今日ニ於テハ天皇ノ陸海軍統帥ノ行為ハ国務大臣ノ輔弼ヲ要セズトスルノ慣習法成立セリト解スベキナリ」(08)と述べる他、美濃部博士も「憲法ノ要求スル所ハ憲法上ノ一切ノ大権ニ付キ国務大臣ヲシテ常ニ輔弼ノ責ニ任ゼシムルニ在ルガ如シト雖《いえど》モ、此ノ原則ハ憲法制定前ヨリ伝ハレル歴史的伝統ニ依リ制限セラレ、陸海軍統帥ノ大権及栄典授与ノ大権ニ付テハ現在ノ憲法的慣習ハ之ヲ国務大臣ノ輔弼ノ責任ノ範囲外ニ在ルモノト為セル」(09)と述べている。

そもそも、帝国憲法が「天皇ハ陸海軍ヲ統帥ス」（第一一条）と規定する統帥大権は、ドイツの影響を受けたものであった。我が国の明治以降の兵制は、当初フランスの制度に倣《なら》ったが、後にドイツの制度を取り入れ、軍令（統帥）と軍政を分離し、作戦を決定する参謀本部を政府の外に設置した。明治十一年十二月のことである。それにより、軍令（統帥）については、国務大臣に天皇に対して輔弼の責任を負わせず、統帥部長にその責任を負わせることにした。(10) このような経緯を反映させたのが第一一条である。いわゆる「統帥権の独立」というのは、そのことを意味しているのであり、先述のとおり、天皇が単独で統帥大権を行使できることを意味しない。

また、緊急勅令・戒厳の宣告・条約締結などについては、国務大臣の輔弼とは別に、さらに枢密顧問の諮詢を受けることも要件とされ（枢密院官制第六条）、より高い条件が設定されていた。このように、緊急勅令、命令、統帥権その他天皇の大権事項には、天皇が単独で行使できるものはない。

「統治権を総覧する」とは、このような具体的な国の作用を「究極的に掌握し統括する権限」を持つことであり、これまで見てきたように、天皇に統治権があることは明文上明らかであるが、天皇が自らの個人的な意志によって、立法権・司法権・行政権・統帥権などを行使する余地はないことが確認できたと思う。この状況は「天皇の国事に関するすべての行為には、内閣の助言と承認を必要とし、内閣が、その責任を負ふ」と定められた日本国憲法における天皇の権限と何が異なるのか、引き続き分析を試みる。

「輔弼」と「助言と承認」の相違

この点について、宮沢教授は次のように述べている。

「『内閣の助言と承認』は、明治憲法にいう『輔弼』とどうちがうか。この問題に対する答えは、結局、明治憲法にいう『輔弼』の意味をどう理解するかによってきまる。明治憲法のもとでも、天皇がその国務上の大権（天皇の権能を当時こう呼んだ）を行うに当って、国務大臣の『輔弼』によらなくてはならないこと、その『輔弼』は、単なる諮詢とはちがい、天皇の国務上の大権が有効に行使されるための効力要件であることについては、多くの人の意見は、一致していた。問題は、国務大臣の『輔弼』を天皇が拒否することができるか、にあった[11]」

教授はこのように述べ、輔弼が大権行使の効力要件とされていたのが当時の通説であることを示した上で、「明治憲法にいう『輔弼』が天皇を法律的に拘束する（天皇は国務大臣の意見どおりに行動しなくてはならない）と解すべきものであれば、それは、日本国憲法にいう『助言と承認』と、さまでちがうものではないことになる」[12]と指摘している。

ところが、宮沢教授は「実際においては、天皇はだいたい国務大臣の『輔弼』にしたがい、そのとおりに行動する例であったようであるが、なんといっても、天皇は統治権の総覧者であり、すべての国家活動がその名において行われるという建前が維持された結果として、国務大臣といえども天皇の意思に反して行動することはのぞましからぬとする考えは、明治憲法時代をつうじて、消えなかったようである」と述べた上で、「国務大臣の『輔弼』がけっして天皇を拘束するものでないとする主張もあった」と前置きして、次の上杉慎吉博士の論文を引用している[13]。

「国務大臣カ天皇ヲ輔弼スルハ、自己ノ自由独立ナル意見ニ本ツクト雖《いえど》モ、法律上一定ノ形式ナク、一定ノ効果アルモノニ非ス、天皇統治ノ行動ハ輔弼ヲ待テ行ハルルコトアリ、国務大臣之ヲ知ラサルニ発動スルコトアリ、輔弼ノ有無ハ外形上之ヲ知ルコトヲ得サレトモ、仮令《たとい》之ヲ知ルコトヲ得ルトスルモ、天皇ノ行為ノ成立スルノ要件ニ非ス、又固《もと》ヨリ大臣ノ上ル所ノ意見ハ、天皇ヲ拘束スルモノニ非ス、天皇ハ大臣ノ意見ニ反対シテ、特定ノ行為ヲ為スコトヲ得ヘシ、〔中略〕又固ヨリ統治ノ行為ハ、天皇ト大臣トノ共同行為ニ非ス、大臣ノ輔弼ハ内ニ隠レテ外ニ表ハレス、国務大臣カ各省大臣トシテ大権ヲ施行スルハ輔弼ニ非ス、天皇ノ命ヲ奉シテ之ヲ行フナリ、故ニ輔弼ノ関係ニ於テ上リタル自己ノ意見ト異リタル勅命ヲ奉行《ぶぎょう》スル場合ハ、固ヨリ之アルコトヲ得、輔弼スルト奉行スルトハ、固ヨリ関係ナシ、輔弼ハ自由ノ意見ニ由《よ》ル外ニ大権ヲ施行スルハ、勅命ヲ奉行スルナリ、必ス勅命ニ従テ之ヲ行ハサルヘカラス、大臣ノ自由ノ意見ニ本ツキテ輔弼シ、之ト異リタル勅命ハ之ヲ奉行スルノ義務ナシトスレハ、天皇ハ大臣ノ意見ト異リタルノ行為ヲ為スコトヲ得サルニ至リ、輔弼ハ天皇ヲ強制スルノ効力ヲ有スルト為スノ結果ト為ル、之レ大臣ヲ以テ主権者ト為スナリ、我カ憲法ノ精神ニ非ス[14]」

このように上杉博士は、天皇は国務大臣の輔弼を受けずに単独で大権を行使し得るのであって、輔弼は天皇を拘束するものではないという立場に立つ。

そして宮沢教授は「これは、国務大臣の『輔弼』とは、天皇に対して、参考までにその意見を申し出ることにすぎず、その意見をとるとらないは天皇の自由だとするもので、国務大臣をもって、絶対君主制時代の大臣——単なる諮問機関——とするものであった」と述べた上で、「明治憲法の『輔弼』の意味をかように解するとすれば、それと日本国憲法の内閣の助言と承認とは、根本的に性格を異にするといわなくてはならない」と述べる[15]。

また宮沢教授は、軍の統帥は参謀総長と軍令部総長、皇室の事務は宮内大臣と、いずれも、政府・議会から独立していて、統帥と皇室の事務については「なんらの民主的なコントロールに服しなかった」と述べ、それを根拠に「明治憲法の大臣責任制は、きわめて不完全なものであった」と主張する。そして、「天皇が神格をもつとされ、天皇の意志にさからうことは日本国民には許されないとする倫理観の結果として、本来大臣助言制の領域とされた国務大権についても、天皇が完全に国務大臣の意志に拘束されるとする建前は、ときに、かならずしも徹底していなかったようである」と述べる[16]。つまり、「問題は、国務大臣の『輔弼』を天皇が拒否することができるか、にあった」という自らの問いに、「拒否することができた」と答えた形になる。それによって、実体においても、帝国憲法と日本国憲法では、統治原理が変革したと結論するのである。

しかし、この部分は、常に論理明快に立論する宮沢教授にしては、実に歯切れの悪い論理展開であるという感は否めない。宮沢教授は上杉博士の主張を擁護することなく、むしろ反対意見が当時の通説であることを自ら認め、国務大臣の「輔弼」を天皇が拒否できないなら、「日本国憲法にいう『助言と承認』と、さまでちがうものではない[17]」とも認めている。教授が、大臣助言制が徹底したものではない理由として指摘したのは、統帥と皇室の事務が政府・議会から独立していた点のみであり、それ以外の国務事項については、大臣助言制が不徹底だったという指摘もない。

あまつさえ、宮沢教授自身「明治憲法の実際の運用においても、天皇は国務大臣の『輔弼』

どおりに行動する、国務大臣の意思に反して天皇が単独に行動することはない、という原則が確立されていました[18]」と、まるで正反対のことを述べている。

天皇は国務大臣の輔弼を拒絶できたか

ここで、実体において「国務大臣の輔弼を天皇が拒否することができた」という宮沢教授の主張を検証してみたい。

先ず、輔弼を拒否できるかの問題は、天皇は国務大臣の輔弼そのものを拒むことができたかと、天皇は国務大臣の輔弼を受けた結果、その内容に拘束されるかと、二つの異なった問題がある。この二つは混同して議論される傾向があり、先に引用した上杉博士の文章も、これを混同しているように見受けられる。

問題一は、天皇は国務大臣の輔弼自体を拒絶できるかの問題である。例えば、天皇が国務大臣の進言を禁止したり、国務大臣に何等相談せずに単独で国務に関する行為を行おうとしたりすることなどがこれに該当する。

問題二は、天皇は国務大臣の輔弼に拘束されるかの問題で、これは具体的にはさらに二つに分類できる。天皇が国務大臣の輔弼を受けた結果、天皇と国務大臣の意見が対立し、かつその対立が解消不能になった場合、一つは、天皇は国務大臣の意見を却下できるかの問題（問題二－1）、またもう一つは、天皇は国務大臣の反対を押し切って自由に国務に関する行為を為し得るかの問題（問題二－2）である。

ところで、問題一と問題二－2は天皇が単独で国務に関する行為を行う点では共通するが、前者は天皇が国務大臣の輔弼を全く受けずに行うのに対し、後者は天皇が国務大臣の輔弼を受け意見の対立を経た上でこれを行う点が異なる。

後に詳細を示すとおり、当時の憲法学の通説は、天皇は国務大臣の輔弼を拒絶することはできないが（問題一）、輔弼を受けた結果、意見の対立があれば、天皇は国務大臣の進言の内容に拘束されない（問題二）というものであった。先述の上杉博士の主張は、問題一については通説とは異なるが、問題二については通説と一致することを述べている。

しかし、たとえ通説がいうように「天皇は国務大臣の進言の内容に拘束されない」としても、国務大臣が天皇に裁可を願い出て、天皇がこれを却下した場合（問題二－1）、もしくは天皇が国務大臣の反対を押し切って国務に関する行為を行おうとした場合（問題二－2）は、いずれも後述のとおり内閣総辞職となることは必至であり、そのような状況で、どこまで天皇が自らの意思を実現できるか、その実現性には疑問が残る。「天皇は輔弼に拘束されない」と述べるのは簡単だが、天皇が国務大臣と対立した末に、自らの意思を確実に実行する道筋は簡単に見えるものではない。天皇は、本当に国務大臣の輔弼に拘束されずに自由に統治権を行使することができたであろうか。この点は、戦前戦後を通じて、これまで憲法学は具体的にはほとんど論じてこなかった。

昭和天皇は終戦後、開戦の決定について次のように語っている。

「若《も》しあの時、私が主戦論を抑へたらば、陸海に多年錬磨の精鋭なる軍を持ち乍《なが》ら、ムザムザ米国に屈伏すると云ふので、国内の与論は必ず沸騰し、クーデタが起つたであらう。実に難しい時であつた(19)」

「陸海軍の兵力の極度に弱つた終戦の時に於いてすら無条件降伏に対し『クーデタ』様のものが起つた位だから、若し開戦の閣議決定に対し私が『ベトー』〔＝veto、君主が大権によって拒否または拒絶すること、拒否権行使〕を行つたとしたらば、一体どうなつたであらうか。〔中略〕私が若し開戦の決定に対して『ベトー』したとしよう。国内は必ず大内乱となり、私の信頼する周囲の者は殺され、私の生命も保証出来ない、それは良いとしても結局狂暴な戦争が展開され、今次の戦争に数倍する悲惨事が行はれ、果ては終戦も出来兼ねる始末となり、日本は亡びる事になつ（た）であらうと思ふ(20)」

天皇が閣議決定に対して拒否権を発動できるところまでは、当時の憲法学が認めるところであるが、もし開戦時に天皇が拒否権を発動したら、全くコントロール不能な政府ができたであろうことを、昭和天皇自らが述べている点は注目に値する。

そこで、「国務大臣の輔弼を天皇が拒否することができた」という宮沢教授の主張について、これから具体的な検証を始めたい。最初に、大臣助言制が徹底していなかったという宮沢教授の主張を検討した上で、続けて、問題一、問題二の順序で論じていきたい。

先ず、宮沢教授は統帥部などが議会と政府から独立していたことをあげて、大臣助言制が徹底していなかったと論じるが、この点について分析する。

確かに、宮沢教授のいうように、統帥部（陸軍・参謀本部、海軍・軍令部）は議会と政府から独立した天皇直属の機関だった。しかし、統帥、つまり軍をどう動かすかを決定するのは軍人であるのはむしろ当然で、しかも先述のとおり、わが国はドイツの制度を取り入れ、軍令（統帥）と軍政を分離して、政府の外に参謀本部を設置したという歴史的な事実がある。帝国憲法第五五条により、軍政に関しては陸軍大臣と海軍大臣が輔弼の責任を負い、また帝国憲法下における確立された慣行により、軍令（統帥）に関しては参謀総長（陸軍）と軍令部総長（海軍）

が輔翼の責任を負うことになっていた。国務だけでなく、統帥も、統帥部長（参謀総長と軍令部総長）の輔翼なくして、天皇単独で大権を行使することはできなかった。

また、統帥部は、宣戦を布告し、あるいは講和をするといった権能を持たず、また部隊を編成するなどの軍政や、予算を決定する権能も持たない。従って、たとえ統帥が政府・議会から独立していようとも、統帥部は、作戦の内容を決定する権能を持つのみであって、常に政府・議会が決定した枠の内側でしか行動し得なかった。まして統帥部が単独で、予算を付けて軍備を増強し、編成し、あるいは戦争を始めるようなことはできなかった。

よって、統帥部の独立をもって、大臣助言制が徹底していない理由にはならないだろう。宮沢教授のいう「なんらの民主的なコントロールに服しなかった」との指摘は妥当しないというべきである。

次に、皇室の事務に関しては、宮内大臣の輔弼により行われるのであって、やはり天皇単独でこれを為すことはできなかった。確かに、この輔弼の任に当たる宮内大臣は政府・議会から独立した立場にある。しかし、国務に関係する部分は、宮内大臣が単独で輔弼することができない。例えば、皇室典範と皇室令は、公式令（第四条・第五条）によって、国務大臣もともに副署するものとされるため、宮内大臣と国務大臣がともに輔弼の任に当たることになっている。また、祭祀についても、国の行事として行われる場合は、内務省が管轄するので、内務大臣の輔弼事項になる。よって、これも大臣助言制の瑕疵には当たらない。

議論の上で混同されがちだが、「天皇」には二種ある。一つは、憲法制定権力もしくは憲法成文化権を行使して、憲法を作り出す天皇、そしてもう一つは、憲法が作り出した統治機関としての天皇である。前者を「純然たる天皇」、後者を「統治機関としての天皇」と言い分ければその差は歴然とするであろう。天皇の国家統治に関する行為は、全て「統治機関としての天皇」の行為である。ここまで述べてきたように、帝国憲法下における天皇の国家統治に関する行為には、必ず天皇以外の機関による輔弼・輔翼・翼賛が伴うのであって、天皇単独で為し得る行為はないことを確認することができたと思う。


次に問題一について検討したい。上杉博士は、天皇は国務大臣の輔弼を受けずに単独で大権を行使し得るというが、この主張は、戦前の憲法学では支持されていない。通説は、天皇は国務大臣の輔弼を拒絶できない、としてきた。

先に引用した美濃部博士の説明にも国務大臣の進言に基づかずに大権を行使することは「憲法上不可能である」とあった。また佐々木博士も「天皇ハ国務大臣ノ輔弼ヲ受ケテ其ノ国務上ノ行為ヲ為シタマフコトヲ要ス」と述べた上で、天皇が自ら国務上の行為をしようとした時は、先ず国務大臣の意見を聴取してこれを参考にしなければならず、「之ヲ無視シタマフハ帝国憲法ノ違反ナリ」とし、また「国務大臣ガ意見ヲ上ルトキハ天皇ハ必ズ之ヲ聴キタマフコトヲ要ス。国務大臣ノ意見ヲ上ルコトヲ禁ジタマフルコトヲ得ズ。之ヲ禁ジタマフハ帝国憲法ノ違反ナリ(21)」と述べ、天皇は国務大臣の輔弼を拒絶することはできない旨を明言している。また、里見岸雄博士も国務大臣の輔弼は「憲法上の絶対要件」であるとし、「天皇は国務に関する大権を執行したまふに当つては必ず国務大臣の輔弼を以てしたまふことを要するのである。故に、天皇国務上の行為を為したまふ時は必ず国務大臣の意見を徴したまはねばならぬ。国務大臣を措《お》いて国務上の行為をなしたまふことは、『朕カ現在及将来ニ臣民ニ率先シ此ノ憲章ヲ履行シテ愆《あやま》ラサラムコトヲ誓フ』〔帝国憲法告文〕と仰せられたるところにも反し、憲法の規定にも違ふところであるから、斯様《かよう》の事は法上あり得ないのである」という(22)。

このように、戦前の憲法学では、天皇の大権は国務大臣の輔弼によって行使されなくてはならないという考えが通説として支持されていた(23)。帝国憲法第四条が「天皇ハ国ノ元首ニシテ統治権ヲ総攬シ此ノ憲法ノ条規ニ依リ之ヲ行フ」と規定するように、たとえ天皇が「統治権ヲ総攬」する地位にあったとしても、天皇は憲法の条規に従って国家統治を行わなくてはいけない。この条項は、天皇の憲法遵守義務を明記しているのであり、帝国憲法が第五五条一項で「国務各大臣ハ天皇ヲ輔弼シ其ノ責ニ任ス」と規定し、国務大臣に輔弼の責任を負わせている以上、国務大臣が天皇に対して意見具申することは、輔弼の主要な実務の一つである。従って、天皇には、国務大臣が為そうとする上奏・内奏を拒絶し、あるいは意見具申をさせない自由はなかった。

ところで、天皇の憲法遵守義務を謳った第四条後段は、帝国憲法の起草者である井上毅と、起草責任者の伊藤博文が最もこだわった部分である。

帝国憲法を審議する枢密院の第二会議（明治二十一年六月十八日午後）で、山田顕義《あきよし》司法大臣が第四条について「『此ノ憲法ノ条規』以下の文字を削りたし、この文字を置く時は天皇の統治権は固有の権ではなく憲法によってはじめて生じたもののように解せられる」と主張した。すると伊藤博文枢密院議長が、「本条ハ此憲法ノ骨子ナリ抑《そもそも》憲法ヲ創設シテ政治ヲ施スト云フモノハ君主ノ大権ヲ制規ニ明記シ其ノ幾部分ヲ制限スルモノナリ又君主ノ権力ハ制限ナキヲ自然ノモノトスルモ已《すで》ニ憲法政治ヲ施行スルトキニハ其君主主権ヲ制限セサルヲ得ス故ニ憲法政治ト云ヘハ即チ君主権制限ノ意義ナルコト明ナリ是ヲ以テ本条ナケレハ此憲法ハ其ノ核実ヲ失ヒ記載ノ事件ハ悉《ことごと》ク無効ニ属セントス（中略）統治権ハ元来無限ナルモノナレトモ此憲法ヲ以テ之ヲ制限スル以上ハ其ノ範囲内ニ於テ之ヲ施行スルノ意ニシテ統治権ハアレト之ヲ濫《みだ》リニ使用セサルコトヲ示スモノナリ故ニ此ノ憲法ノ条規ニ依リ云々ノ文字ナキ時ハ憲法政治ニアラス無限専制ノ政体ナリ」と説明した(24)。その上で採決に入ったところ、第四条は、出席議員二十六名中、二十四名の多数によって原案どおり可決された。

帝国憲法を審議した枢密院での統一された見解によれば、このように、たとえ天皇が統治権を総覧する地位にあっても、天皇の法的権限には憲法に定められた制限が加えられるのであって、第五五条一項が定める国務大臣の輔弼は、帝国憲法が明文によって定める天皇権の制限の一つにほかならない。天皇は自由に国務や統帥を為し得るのではなく、国務大臣の輔弼に基づいてこれを行使しなくてはならないのである。

上杉博士は、天皇は国務大臣の輔弼を受けずに単独で国家統治の大権を行使し得ると述べるが、もしそうであるなら、大日本帝国は、伊藤博文議長が述べるように「無限専制ノ政体」だったことになろう。そのことが帝国憲法の精神に反することは論を俟《ま》たない。また、里見博士がいうように、明治天皇が自ら憲法を遵守する旨を宣した帝国憲法告文からも、輔弼に基づいて国務を行うことは天皇の大御心でもあることが分かる。当時の通説をもって妥当とすべきであろう。

伊藤博文が『憲法義解』に書き記した「大臣の君に於けるは、務めて奨順匡救の力を致し、若其の道を愆るときは、君命を藉口して以て其の責を逃るゝことを得ざるなり」からも分かるように、国務大臣は常時天皇を輔弼する責任があり、万一天皇が過ちを犯しそうになっても、それを止めるところまで責任を負うのである。

これについて、山崎又次郎博士は「輔弼とは、国務上、一切の責任を負ふことを意味する[25]」

と述べる他、松本重敏博士は「君主カ統治ノ本旨ニ悖《もと》ル行為ヲ為スコトアルモ其ハ君主ノ自由ニシテ国務大臣ノ知ル所ニ非スト言フハ非ナリ君主カ統治ノ本旨ニ悖ル行為ヲ為スコトノアリトスレハ輔弼作用ノ不完実ナルカ為ナリ㉖」と、天皇が自由に行った行為であったとしても、その行為が道理に背くものであれば、それは国務大臣の輔弼の失敗によるものという。

もし国務大臣が天皇の誤りを正すべく上奏しても、天皇が翻意しなかった場合は、辞職あるのみというのが当時の憲法学の通説だった。美濃部博士が「若シ其ノ上奏ニシテ聖断ヲ得ズ又ハ其ノ他其ノ輔弼ノ任ヲ全クスルコト能ハザルトキハ、国務大臣ハ其ノ官ヲ辞スルノ外ナク、苟《いやしく》モ其ノ官ニ在ル間ハ常ニ其ノ責ヲ免ルルヲ得ザルモノナリ㉗」と述べるように、国務大臣が在職している間の天皇の国務に関する行為は、全て国務大臣の輔弼に基づいて行われたものとされ、天皇の行為であると言い訳することは許されず、「知らなかった」「聞いていない」と言い逃れることもできない。国務大臣の知らないところで行われた天皇の行為についても、国務大臣に責任があるということになる㉘。

従って、国務大臣が国務大臣として存在している以上、天皇の国務に関する行為は、必ず国務大臣の常時輔弼によって行われていると見なければならないのであるから、天皇が国務大臣の輔弼から離れて、単独で国務や統帥を執行する余地は全くないと結論付けられる。

天皇には輔弼に従わない自由があったか

次に問題二について検討していきたい。問題二については、天皇が能動的に大権を行使する場合と、天皇が国務大臣の輔弼を受けて受動的に大権を行使する場合に分けて分析する必要がある他、輔弼の具体的な形式をも分析する必要があり、込み入った検討が求められる。

この問題は、国務大臣が天皇を輔弼した結果、天皇と国務大臣の意見が対立し、かつその対立が解消不能になった場合、天皇は国務大臣の意見を却下できるか、また、天皇は国務大臣の反対を押し切って自由に行為を為し得るかの問題である。

この問題を検討する前に、国務大臣がどのような形式によって天皇を輔弼するか、その詳細を確認する作業から始めたい。

天皇の国務に関する行為には、「受動的」「能動的」の二種類があり、前者は国務大臣が天皇に行為を行うよう進言し、それを受けて天皇がその行為を行う場合で、後者は天皇が自らの意志により、自発的に、何らかの行為を行おうとする場合である。

美濃部博士は国務大臣の義務について「若《も》シ国法若《もし》クハ国際法ニ依リ又ハ国家ノ利益ノ為ニ為スコトヲ要スト信ズルモノアラバ上奏シテ裁可ヲ仰グベキ義務アリ」と述べている。これは、天皇が国務大臣の意見具申によって消極的、受動的に行為を行う場合のことで、国務大臣には、天皇に対して、国家のために有益な行為を為すように進んで意見具申する義務があるという。[29] また、この場合につき、佐々木博士は「国務大臣ハ進デ天皇ヲ輔弼スル機関ナリ。即チ国務大臣ハ天皇ノ諮詢ノ有無ニ拘《かかわ》ラズ自己ノ意見ヲ上ルベキモノトス」[30]と述べ、国務大臣は天皇からの諮詢を待たずに、常に進んで意見具申しなくていけないと説く。

また美濃部博士は「国務大臣ハ君命ト雖《いえど》モ必ズシモ従ハズ、君命ニシテ若《も》シ国法若《も》クハ国際法ニ違反シ又ハ国家ニ不利益ナリト信ズルトキハ国務大臣ハ之ヲ諫止《かんし》スル義務アリ」とも述べている。[31] これは天皇が積極的、能動的に行為を為そうとした場合のことで、たとえ天皇の命令であろうとも、もしそれが間違ったものであれば、国務大臣はどこまでも天皇を諫めてその行為を止めさせる責任があるという。

そして能動的・受動的いずれにおいても、天皇と国務大臣の意見が対立して解消不能に至った場合につき、美濃部博士は「国務大臣ハ其ノ官ヲ辞スルノ外ナ」しと書いていることは既に述べた。この見解が当時の憲法学の通説であったことも示したとおりである。

「天皇の国務に関する行為が受動的・能動的の二種に分けられる旨を述べてきたが、「天皇大権は、輔弼・輔翼を前提にして構築されており、天皇は内閣や統帥部に対して受動的な立場にある」[32]と指摘されるとおり、天皇大権はそもそも消極的、受動的なものであった。具体的な事例は後に記すが、帝国憲法下において、天皇が積極的に自らの意思を政治に反映しようとしたのは、二回に限られ、また、天皇が国務大臣の反対を押し切って国務に関する行為を行おうとしたことは一度も例がない。

輔弼の具体的な方法としては、美濃部博士が「総《すべ》テ国務ニ関シ勅裁ヲ要スル事項ニ付テハ国務大臣ヨリ案ヲ具シテ上奏スルコトヲ要ス」(33)と述べるように、必ず国務大臣の「上奏」によって行われた。上奏とは「①首相・国務大臣・統帥部・枢密院・議会など国家諸機関による、②法律・勅令など天皇裁可を必要とする公文書の天皇への報告手続きであった」(34)と説明される。

また、宮沢教授が「勅旨の決定は原則として文書によつて表示せられる」(35)というように、勅旨（天皇の意思）の決定は、文章で表示されるのが原則だった。

大権施行の形式について、美濃部博士は具体的に三つを例示している。

（イ）「其ノ最モ重要ナルモノハ、外ニ対シ天皇ノ直接ノ意思トシテ表示セラルル場合ニシテ、之ヲ詔勅ト言フ。詔勅ハ文書ニ依ルヲ通常トスルモ、或《あるい》ハ口頭ナルコトアリ、後ノ場合ニハ之ヲ勅語ト言フ。其ノ文章ニ依ルモノハ其ノ形式種々ナリト雖モ、常ニ御名《ぎょめい》ノ親署アリ御璽《ぎょじ》又ハ国璽《こくじ》ヲ鈐《お》ス」

（ロ）「重要之ニ次グモノハ国務大臣又ハ其ノ他ノ機関ガ勅旨ヲ奉ジテ之ヲ表示スル場合ナリ。

其ノ国務ニ関スルモノハ内閣総理大臣勅ヲ奉ズ。等シク勅旨ノ表示ナレドモ、総理大臣又ハ其ノ他ノ者ヲシテ之ヲ表示セシムルモノニシテ親署ナク唯総理大臣又ハ其ノ他ノ署名アルノミ。但シ御璽又ハ国璽ヲ鈐ス」

（ハ）「比較的事ノ軽キモノハ内閣総理大臣又ハ其ノ他ノ者ガ勅裁ヲ得テ之ヲ表示スル場合アリ。勅裁ハ唯内部ニ於テ行ハルルニ止マリ、外ニ向ヒテハ国務大臣其ノ他ノ機関ノ意思表示タル形式ヲ有ス」(36)

勅旨（天皇の意思）は、重要性の違いにより、このような三種類の手続きによって表示されたことが分かる。

ところで、美濃部博士は口頭による詔勅があると述べるが、帝国憲法が施行されてから口頭による詔勅は、いずれも起草から発布までの全ての手続きは、国務大臣の輔弼により行われたもので、特に「教育勅語」は御名御璽のある文書により公示された。修身・道徳教育の根本規範であるというその性格から、通常の詔勅の形式をとらなかった結果である。重要な勅語は、実際は文章の形式で表示されたことから、およそ勅旨（天皇の意思）は文書によって表示されるものと考えてよい。

このように、天皇の統治は、輔弼または輔翼の責任者が、公文書で天皇に報告する「上奏」

という手続きを経て、天皇から文書による裁可を得ることでその内容が決定され、三つの形式により発せられるのが原則とされた。天皇の統治意思の決定は、このように消極的、受動的に行われた。整理すると、天皇の国務に関する行為は、次の三つの段階を経て実行される。

勅旨の決定（第一段階）→勅旨の表示（第二段階）→勅旨の執行（第三段階）

「勅旨の決定」は国務大臣が上奏して天皇の裁可を求める形で行われる。また「勅旨の表示」は三つの形式に分かれるものの、最も重要な「詔勅」は国務大臣の副署を効力要件とする他、重要性が低いものでも、国務大臣の署名を要する。そして、「勅旨の執行」は行政大臣たる主任の省大臣がこれを行うとされてきた。このように、天皇は国務大臣の輔弼を離れて単独で国務を遂行することはできなかった。そして、実際に、後述する一部の例外を除き、天皇の行為は常に消極的、受動的であった。

天皇の発言が国事に影響を与えた事例

では天皇が国務大臣等の輔弼・輔翼を離れて、もしくは国務大臣の反対を押し切って、単独で積極的、能動的に意思表示し、国務・統帥を遂行した例はあるだろうか。天皇の発言が国務や統帥に影響を与えた事例はおよそ次の五例確認される。次にその概略を示す。

①　田中義一総理不信任

昭和三年（一九二八）に起きた張作霖《ちょうさくりん》爆殺事件について、田中義一《ぎいち》内閣総理大臣は事件に関与した者を処罰すると昭和天皇に約束していたが、後に行政処分で済ますことにしたため、昭和天皇の不興を買い、内閣総辞職に至った事例。昭和四年（一九二九）六月二十七日に田中総理が拝謁した際のことは、大戦終結後に昭和天皇が述懐した『昭和天皇独白録』に記事がある。それによると「それでは前言と甚だ相違した事になるから、私は田中に対し、それでは前と話が違ふではないか、辞表を出してはどうかと強い語気で云つた(37)」とある。しかし、田中総理は拝謁の場面では天皇の言葉から「不信任」まで読み取れず、後に鈴木貫太郎《かんたろう》侍従長から陸軍大臣を経由して伝えられたことで総辞職を決意しているため、この拝謁の時に昭和天皇が「辞表を出してはどうか」とまで明確な言葉を発したかどうかは定かではない。十六年後の述懐であることから、記憶が曖昧になっていたとしても不思議ではない。ただし、昭和天皇の発言が内閣総辞職に直接結びついた事例である。

この一件で、若き昭和天皇が自分の言葉が内閣を総辞職に追い込んだことについて思うところがあったようで、『昭和天皇独白録』には「この事件あつて以来、私は内閣の上奏する所のものは仮令《たとい》自分が反対の意見を持つてゐても裁可を与へる事に決心した」(38)、また「田中に対しては、辞表を出さぬかといつたのは、『ベトー』を行つたのではなく、忠告をしのたであるけれ共《ども》、この時以来、閣議決定に対し、意見は云ふが、『ベトー』は云はぬ事にした」(39)とある。田中義一総理不信任の一件より、昭和天皇は、上奏の前段階である内奏では「御下問《ごかもん》」になることはあっても、上奏の段階では必ずこれを裁可することにしたと思われる。そして、実際に昭和天皇はそのように振る舞ってきた。

ただし、六月二十七日の田中総理拝謁は、実際は上奏ではなく内奏であったこと(40)、また、この時の昭和天皇の総理不信任ともとれる発言は、牧野伸顕《のぶあき》内大臣の輔弼によって行われていることに鑑みると(41)、本件は消極的、受動的な天皇の意思表示であり、天皇が国務大臣等の輔弼・輔翼を離れて、もしくは国務大臣の反対を押し切って、単独で積極的、能動的に意思表示し、国務・統帥を遂行した例には該当しないと評価できる。

② 二・二六事件鎮圧

二・二六事件は、昭和十一年(一九三六)二月二十六日に、帝国陸軍の皇道派青年将校らが「昭和維新断行」を掲げて起こしたクーデター未遂事件である。青年将校らは、岡田啓介《けいすけ》内閣総理大臣、斎藤実《まこと》内大臣、高橋是清《これきよ》大蔵大臣、渡辺錠太郎《じょうたろう》陸軍教育総監、鈴木貫太郎侍従長、牧野伸顕《のぶあき》前内大臣を襲撃し、総理大臣官邸、陸軍省、参謀本部、警視庁、東京朝日新聞などを占拠し、その上で軍首脳を通じて昭和天皇に昭和維新断行を訴えた。しかし昭和天皇はこれを許さず、討伐命令が下ったことで、反乱部隊は鎮圧された。政府と統帥部の上層部には青年将校らに同情的な意見も多かったが、昭和天皇は強い言葉で積極的に事態の収拾を図ったことが分かっている。もし天皇が鎮圧を命じていなければ、このクーデターは成功していた可能性もあると指摘される。

当時軍令部次長だった嶋田繁太郎《しげたろう》は昭和天皇の「徹底的ニ圧鎮セヨ要スレハ錦旗《きんき》ヲ捧シテ往ク[42]」という言葉を日記に書き留めている。反乱軍の鎮圧を命じるだけでなく、天皇は自ら錦の御旗《みはた》を持って鎮圧に出かけるとまで発言していることが分かる。

また、本庄繁《しげる》侍従部官長が拝謁時に、反乱将校等の精神は国を思うところから出ているとの趣旨を言上したところ、昭和天皇は「朕《ちん》ガ股肱《ここう》ノ老臣ヲ殺戮《さつりく》ス、此《こ》ノ如キ凶暴ノ将校等、其精神ニ於テモ何ノ恕《じょ》スベキモノアリヤ〔中略〕朕ガ最モ信頼セル老臣ヲ悉《ことごと》ク倒スハ、真綿ニテ、朕ガ首ヲ締ムルニ等シキ行為ナリ[43]」と発言し、青年将校等には情状酌量の余地は何等認められないという明確な意思表示をした。

二二六事件鎮圧について、後年、昭和天皇は次のように語っている。

「討伐命令は戒厳令とも関連があるので軍系統限りでは出せない、政府との諒解が必要であるが、当面岡田（啓介・首相）の所在が不明なのと且又陸軍省の態度が手緩かつたので、私から厳命を下した訳である。私は、田中内閣の苦い経験があるので、事をなすには必ず輔弼の者の進言に俟《ま》ち又その進言に逆はぬ事にしたが、この時と終戦の時との二回丈《だ》けは積極的に自分の考えを実行させた(44)」

この二・二六事件鎮圧の一件は、昭和天皇自ら述懐しているように、天皇が国務大臣等の反対に遭いながらも、積極的、能動的に自らの意思を表示することで国務大臣等を翻意させ、国務・統帥を遂行した珍しい事例といえよう。ただし、本件は天皇が国務大臣等の上奏を却下したのでもなければ、天皇が国務大臣の反対を押し切ったわけでもない点に注意したい。

③ 白紙還元の御諚

昭和十六年（一九四一）九月三日に、十月上旬までに日米交渉妥結の目途が立たない場合は開戦することが大本営政府連絡会議で決定されると、その三日後の九月六日、御前会議が召集された。原嘉道《はらよしみち》枢密院議長が政府と統帥部に対し、外交と戦争準備のどちらを軸にするかを問うたところ、統帥部の両部長は外交による解決を絶望的と見ていて、明確な返答ができないでいた。すると昭和天皇は「私カラ事重大ダカラ両統帥部長ニ質問スル　先頃原カコンコン述ヘタノニ対シ両統帥部長ハ一言モ答弁シナカツタガドウカ　極メテ重大ナコトナリシニ統帥部長ノ意志表示ナカリシハ自分ハ遺憾ニ思フ」と言うと、ポケットからメモを取り出して、ある明治天皇の御製《ぎょせい》（天皇が詠んだ和歌）を二度朗誦し、私は毎日これを拝誦しているが「ドウカ」(45)と問うた。この時に昭和天皇が読み上げた御製は、「よもの海みなはらからと思ふ世になど波風の立ちさわくらむ」、明治天皇が日露戦争の最中に戦争を憂えて詠んだ御製だった。世界の海は一つであるはずなのに、なぜ人々の間に波風が立つのであろうか、というような意味である。このように昭和天皇は、明治天皇御製を朗誦《ろうしょう》することで、「開戦を望まない」という意志を暗黙のうちに示した。

御前会議で天皇が発言することは極めて異例なことであり、これに驚いた軍令部総長は「統帥部としても勿論海軍大臣のお答へ致したる通り外交を主とし、万已むを得ざる場合戦争に訴ふるという趣旨に変りはございません(46)」と述べた。この御前会議では、日米交渉が妥結しない場合に開戦することを記した「帝国国策遂行要領」は可決されるが、政府と統帥部は、飽くまでも戦争よりも外交を主軸とすることを昭和天皇の前で約束させられることになった。

そして、昭和天皇は、東条英機《とうじょうひでき》を内閣総理大臣に任命するに当たり「卿ニ内閣組織ヲ命ス、憲法ノ条章ヲ遵守スル様ニセヨ、時局ハ極メテ重大ナル事態ニ直面セルモノト思フ、此際陸海軍ハ其協力ヲ一層密ニスルコトニ留意セヨ[47]」と下命し、その直後に、木戸幸一内大臣を通じて次のように伝達した。「只今、陛下より陸海軍協力云々の御言葉がありましたことと拝察致しますが、尚、国策の大本を決定せられますに就ては、九月六日の御前会議の決定にとらはるる処なく、内外の情勢を更に広く深く検討し、慎重なる考究《こうきゅう》を加ふることを要すとの思召《おぼしめ》しであります。命に依り其旨申上置きます[48]」。これにより、十月上旬までに日米交渉が妥結しない場合に開戦するという政府と統帥部の決定が白紙に還元されることになった。このことは、後年「白紙還元の御諚《ごじょう》」と呼ばれることになる。

ところで、御前会議で日米交渉を優先させるべきことについて昭和天皇から発言があったのは、近衛総理からの要請を受けて、木戸内大臣の輔弼に基づいて行われたものであった[49]。また、東条総理の任命の時に御前会議の決定を白紙に戻すように下命があったのも、木戸内大臣の輔弼によるものであった[50]。

しがって、外形上は昭和天皇が能動的に行動したように見えても、総理と内大臣の輔弼により行われた行為であり、実質的には受動的な行為である。よって、本件は天皇が国務大臣等の輔弼・輔翼を離れて、単独で積極的、能動的に意思表示し、国務・統帥を遂行した例には該当しないであろう。

御前会議は憲法上の決議機関ではなく、天皇に裁可を求めるものでもない、そのため、上奏ではなく内奏に分類される。内奏時、昭和天皇は「御下問」という形式によって暗に自らの意思を示すことがあったが、この時の御前会議では、昭和天皇は、開戦の決定に反対するのに、明治天皇の御製を読み上げた。これこそが天皇の政治発言の限界だったと見ることができよう。天皇の国務に関する行為は、元来消極的に行われるものであることを示す一例である。

④　東条内閣人事上奏書取り下げ事件

昭和十九年（一九四四）七月、東条英機総理が兼務していた参謀総長を辞任し、後任に後宮《うしろく》淳《じゅん》参謀次長を充てるべく内奏したところ、昭和天皇から「もつと大物を出せといふ意見は出なかつたか」との「御下問」を受けた。ところが、東条総理は既に上奏の手続きを終えていたため、その後すぐに昭和天皇の元に上奏書が届き、天皇はそのまま裁可を与えた。しかし、天皇の裁可があったにも拘わらず、東条総理は上奏書を取り消す手続きをして、特に天皇の信任の厚かった梅津美次郎《うめづよしじろう》を参謀総長に推薦した。この一件については昭和天皇も後年「一旦裁可した後宮（淳）を梅津（美治郎）に替へたのは、非常に『デリケート』な事件である」「東条は私の意中を察したらしい」と語っている(51)。

この事件から二つのことが読み取れる。一つは、内奏をする者は、天皇の「御下問」の内容を政治に反映させることがあるということ。もう一つは、昭和天皇は、内奏では厳しく問うことがあっても、一旦上奏されると、たとえそれに反対意見であっても、そこに裁可を与えるということである。先述の田中義一不信任の一件で昭和天皇が「この事件あつて以来、私は内閣の上奏する所のものは仮令自分が反対の意見を持つてゐても裁可を与へる事に決心した[52]」と発言したことを実践していたものと思われる。

本件は、昭和天皇の意思が政治に反映された例であるが、内奏では「御下問」により自らの疑問に思うことを投げかけることがあっても、上奏では必ず裁可を与えるという原則が正しく機能していたことを証明する事例である。従って、東条総理が天皇の意思を汲み取って政治に反映させたとしても、天皇が国務大臣等の輔弼・輔翼を離れて、もしくは国務大臣の反対を押し切って、単独で積極的、能動的に国務・統帥を遂行した例には該当しないであろう。

⑤ ポツダム宣言受諾の御聖断

昭和二十年八月九日の夜十一時半に緊急に召集された御前会議では、ポツダム宣言受諾の可否を巡り、出席者同士で激しい意見の対立があった。東郷茂徳《とうごうしげのり》外務大臣、米内光政《よないみつまさ》海軍大臣、平沼騏一郎《ひらぬまきいちろう》枢密院議長が国体護持を確認してポツダム宣言を受諾すべきと主張したのに対し、阿南惟幾《あなみこれちか》陸軍大臣、梅津美次郎参謀総長、豊田副武《とよだそえむ》軍令部総長らはポツダム宣言に複数の条件を付し、これが認められない限りは徹底抗戦すべしとの意見で、会議は紛糾し、深夜に至っても結論に至らなかった。

本来、御前会議は形式的なもので、既に決まった事項が淡々と満場一致によって決議されるものである。この時のように、政府と統帥部で全く意見の収拾がついていない状態で御前会議が召集されたのは、極めて異例のことだった。

午前二時を回った頃、議長を務めていた鈴木総理が起立して、自分の意見を述べず、次のように宣言した。「議を尽くすことすでに数時間、なお議論はかくの如き有様で議なお決せず、しかも事態は瞬刻《しゅんこく》をも遷延《せんえん》し得ない状態となっております。かくなる上は誠にもって畏れ多い極みではありますが、これより私が御前《おんまえ》に出て、思召をお伺いし、聖慮をもって、本会議の決定と致したいと存じます[53]」。

鈴木総理はこのように言って、昭和天皇の前まで進み出ると、昭和天皇は「それでは、自分が意見をいうが、自分は外務大臣の案に賛成する[54]」という発言があった。御前会議で天皇が自ら決定を下すことは、我が国の憲政史上、一度の先例もないことだった。

その後、議事録に全員が署名し、続けて総理官邸で行われた臨時閣議でも、東郷外相の案が全会一致で決定され[55]、その後、上奏手続きを経て、昭和天皇がこれを裁可した。

外務省は同日午前、スイス政府とスウェーデン政府を通じて、連合国各国に、天皇の地位を変更する要求が含まれていないことを確認する文言を付してポツダム宣言を受諾する旨を通知した。ところが、八月十二日未明に連合国を代表してバーンズ米国国務長官から返答があり、そこに天皇の地位を保証しないとも読み取れる文言があったことが問題となり、陸軍などから、再び徹底抗戦を求める声が上がって、閣議でも議論が蒸し返されることになる。

結局、八月十四日午前十一時過ぎに、再び御前会議が開かれ、再びポツダム宣言受諾の可否を巡って議論が戦わされた。阿南陸相等は徹底抗戦を訴えたが、昭和天皇の戦争終結への意志は揺らぐことはなく、二度目の御聖断が下った。

「反対側の意見はそれぞれ能《よ》く聞いたが、私の考《かんがえ》は此前に申したことに変りはない。私は世界の現状と国内の事情とを充分検討した結果、これ以上戦争を継続することは無理だと考へる。〔中略〕此際耐へ難きを耐へ、忍び難きを忍び一致協力、将来の回復に立ち直りたいと思ふ。〔中略〕此際詔書を出す必要もあらうから政府は早速其起案をしてもらひたい。以上は私の考である(56)」

御前会議の決定を受けて、臨時閣議が開かれ、ポツダム宣言を受諾することで戦争を終結する旨の閣議決定を全会一致で可決した。また、内閣が起草したポツダム宣言受諾の詔書は、閣議での審議を経て、全閣僚の署名を揃えた。そこで、鈴木首相が参内して昭和天皇に上奏し、昭和天皇から裁可を受けた[57]。ポツダム宣言受諾の国家意思が最終的に決定したのはこの時である。このような手続きを取ったことにつき、当時内閣書記官長を務めていた迫水久常《さこみずひさつね》は「聖断によって方向は定まっているのだが、責任内閣の立前から、各閣僚の意思と責任とをもって閣議決定をして、改めて陛下のご裁可を受けたのである[58]」と述べている。

このように、二度の御前会議の後の閣議決定においては、強く反対していた阿南陸相等も署名していることから、最終的には、国務大臣等の輔弼を受けて、ポツダム宣言受諾が決定されたといえよう。天皇が国務大臣等の反対を押し切って国策を決定したのではなく、天皇の御聖断によって、国務大臣等が意見を一致させることになり、その一致した意見に基づいて、上奏の上、裁可を得たものである。国務大臣等は、最終的には各自の自由意思によって統一の意思を形成させるに至り、ポツダム宣言受諾を決定したのである。閣議決定と上奏を経て天皇の裁可を受けたのは、むしろ憲法上は当然の手続きといえよう。

従って、本件は、天皇が積極的、能動的に自己の意思を示したことに違いはないが、天皇が国務大臣等の輔弼・輔翼を離れて、もしくは国務大臣の反対を押し切って、国務・統帥を遂行した例には該当しないであろう。

極めて異例な積極的・能動的な意思表示

これまで、天皇の発言が国務や統帥に影響を与えた五つの事例を検討してきた。これらの事例はいずれも天皇の発言が国務や統帥に影響を与えたことは事実であるも、そのうち三例は消極的、受動的なものであった。他方、天皇が積極的、能動的に意思表示をした結果、国務や統帥に影響を与えたといえる例は二例確認される。すなわち「二二六事件鎮圧」と「ポツダム宣言受諾の御聖断」である。しかし後者は、先述のとおり、上奏と裁可を経ているため、国務大臣等の輔弼・輔翼により国務が決せられた事例に当たる。また二二六事件は、即時鎮圧を求める昭和天皇と、反乱将校の肩を持とうとする一部の国務大臣等の間に意見の対立を見るが、最終的には国務大臣等が天皇の意見に賛同し、即時鎮圧が実現した。よって、いずれも、天皇が国務大臣等の輔弼・輔翼を離れて、単独で積極的、能動的に意思表示し、国務・統帥を遂行した例には当たらない。

天皇の意思表示は消極的、受動的に行われることが原則とされ、これが積極的、能動的に行われた例は「二二六事件鎮圧」と「ポツダム宣言受諾の御聖断」の二例に限られるが、前者は暫く内閣総理大臣の安否が確認できず、閣僚も殺害された状況にあり、また後者は、ポツダム宣言を巡って閣内不一致となり、統帥部においても意見の統一ができなかった。いずれも、政府と統帥部が機能不全に陥り、国家意思を決定する能力を欠いた事態であった。また、前者ではもしクーデターが成立する事態となれば、統治機構は根底から破壊されることになり、後者においても、即時ポツダム宣言受諾を決定しなければ、停戦の機会は永遠に失われ、間もなく日本本土が主戦場となることは明白で、多くの人命が失われるのみならず、国家の体制が破壊される重大な危機に直面した可能性がある。このような状況において、昭和天皇は、自ら積極的、能動的に意思表示をすることで、国難を乗り越えようとしたことが分かる。

帝国憲法下の憲法学で、如何なる条件が整った場合に天皇は積極的、能動的に意思表示を為すことができるか、その要件が論じられた形跡は見られない。天皇の意思表示の限界は、「白紙還元の御諚」のところで示した対米戦争準備を決定する昭和十六年九月六日の御前会議で昭和天皇が明治天皇の御製を読み上げたところに、その限界を見ることができる。従来ならば「御下問」により国務大臣等に質問をするのが慣わしであるが、この時昭和天皇は、戦争準備に反対の意思を直接表明するのではなく、平和を望む明治天皇の御製を読み上げることで、反対の意思を暗に伝えたのだった。これが天皇の限界だったと見ることができよう。

御前会議で明治天皇御製を読み上げた事例と、実際に天皇が積極的、能動的に意思表示を為した二つの事例により、天皇が積極的、能動的に意思表示を為す要件は、第一に、政府・統帥部が意思決定能力を欠いた状況にあること、第二に、統治機構が破壊される危険、もしくは国家の存続が脅かされる危険が迫っていること、の二点であるという憲法上の慣行が成立していると見てよいのではないか。

また、天皇が上奏された案件を拒絶する、天皇の拒否権については、これが発動された先例がなく、やはり当時の憲法学で、この要件は議論されてこなかった。天皇の拒否権が発動されるためには、必ず国務大臣か統帥部長の上奏があるはずであるから、政府・統帥部の意思決定能力が失われた状況ではないため、先ほど示した天皇が能動的に意思表示をする場合の要件「政府・統帥部が意思決定能力を欠いた状況にあること」は、この場合要件にならないであろう。少なくとも、第二の「統治機構が破壊される危険、もしくは国家の存続が脅かされる危険が迫っていること」は満たす必要があるものと思われる。

これまでの分析により、天皇の国務・統帥に関する行為は、輔弼または輔翼の責任者が、上奏の手続きを経て、天皇から文書による裁可を得ることで決定された他、天皇の意思表示は消極的、受動的に行われるのが原則であり、積極的、能動的に行われる行為は極めて異例な場合に限られることが分かった。天皇が積極的、能動的に国務・統帥の意思決定に関わったのは、日本の憲政史上二例に限られ、そのうち、天皇と国務大臣等の間の対立が解消されなかった例は一例もないことを確認することができた。

天皇は上奏案件の裁可を拒絶できたか

次に、問題二、すなわち天皇は国務大臣の輔弼に拘束されるかの問題を検討していきたい。

この問題について、当時の通説は、天皇は国務大臣の輔弼に拘束されないという立場を取っていた。例えば、佐々木博士は「天皇ハ国務大臣ノ輔弼ヲ受ケタマフコトヲ要スルモ、決シテ国務大臣ノ意見ニ拘束セラルル、コトナク、任意ニ国務大臣ノ意見ノ採否ヲ決シタマフコトヲ得[59]」と述べている。

ところが、美濃部博士が、天皇が「国務大臣の進言に基かずして、単独に大権を行はせらる、ことは、憲法上不可能である[60]」と述べるように、学界では、天皇は国務大臣の輔弼を離れて行為を為し得ないことも通説として支持されていた[61]。

すなわち、天皇は国務大臣の輔弼に拘束されないが、国務大臣の輔弼を離れて行為を為すことはできないというのが、ほとんどの学者が支持するところであった。

ところが、上杉慎吉博士は「固《もと》ヨリ大臣ノ上ル所ノ意見ハ、天皇ヲ拘束スルモノニ非ス、天皇ハ大臣ノ意見ニ反対シテ、特定ノ行為ヲ為スコトヲ得ヘシ[62]」と、天皇は国務大臣の意見に拘束されないというに止まらず、天皇は国務大臣の反対を押し切って行為を為すことができるとまで明言している。

この点は、問題一の、天皇は国務大臣の輔弼を離れて行為を為し得るかの問題を検討した際に結論を得ている。帝国憲法告文、第四条後段、第五五条一項などの趣旨から、天皇の国務に関する行為は、必ず国務大臣の常時輔弼によって行われるものであり、天皇が国務大臣の輔弼から離れて、単独で国務を遂行する余地は全くないと結論したとおりである。通説をもって妥当とすべきである。この上杉説は、ほとんど支持する者がいない少数説に止まるが、このような主張があったことは、改めて確認しておきたい。

さて、問題二は、既に分類したとおり、天皇の意思表示が「消極的、受動的」に行われる場合（問題二－1）と「積極的、能動的」に行われる場合（問題二－2）の二とおりが想定され、それぞれ別の道筋で考察する必要があるため、順次これを検討することにしたい。

先ず、問題二－1の消極的、受動的に行われる場合は、具体的には国務大臣が上奏して天皇に裁可を求めた場合のことで、当時の憲法学は、天皇は裁可を拒絶することができたという見解を通説として支持していた。

では国務大臣が上奏した件につき天皇が裁可を拒絶した場合はどうなるであろうか。これについては、佐々木博士が「天皇国務大臣ノ意見ヲ採納セラレザル場合、国務大臣猶《なお》自己ノ意見ヲ正当ト思料《しりょう》スルトキハ、御信任ヲ失ヒタルモノトシテ辞職スルヲ要ス」(63)と述べている。

そして、このように天皇が裁可を拒絶した場合で、にもかかわらず国務大臣が辞職しなかった場合は、国務大臣は自己の意見を改めて天皇と同じ意見を以て輔弼したものと見做されることは、佐々木博士が次のように述べている。

「若シ在職センカ、国務大臣ハ自己ノ意見ヲ改メテ聖旨ト同様ノ意見ヲ以テ天皇ヲ輔弼シタルモノト云フ外ナシ。故ニ如何ナル場合ニ於テモ、天皇ノ国務上ノ行為アリテ国務大臣在職スルトキハ、天皇ノ行為ハ国務大臣ノ輔弼ニ依テ行ハレタルモノト云フベキナリ(64)」

では、国務大臣が上奏した件につき天皇が裁可を拒絶し、その結果、国務大臣が辞職した場合はどうなるであろうか。具体的には、内閣官制第二条が「内閣総理大臣ハ各大臣ノ首班トシテ機務ヲ奏宣シ旨ヲ承ケテ行政各部ノ統一ヲ保持ス」と記していて、これについて美濃部博士が「機務ヲ奏宣ストハ蓋シ一切ノ政務ニ付キ上奏シテ裁可ヲ仰ギ及勅旨ヲ奉ジテ之ヲ外ニ宣示スルコトヲ意味ス。閣議ヲ経タルモノハ常ニ総理大臣ヨリ閣議ノ結果ヲ上奏シテ裁可ヲ仰グハ勿論、内閣ヲ経ザルモノニ付テモ各省大臣ヨリ直接ニ裁可ヲ奏請スルコトヲ得ズ、常ニ総理大臣ヲ経テ総理大臣ヨリ之ヲ上奏ス」[65]と述べるように、上奏は内閣総理大臣の専権事項とされていた。従って、この事例は、内閣総理大臣が上奏した件につき、天皇が裁可を拒絶した結果、内閣総理大臣もしくは主任の国務大臣が辞職した場合ということになろう。

帝国憲法下における確立された慣行によると、閣僚の一人が欠けた場合は内閣総辞職となる。[66]すなわち、天皇が内閣総理大臣の上奏に裁可を与えなければ、内閣総辞職を避けることはできず、極めて重大な局面を迎えることになる。

もし天皇が裁可を拒否することによって国務大臣が辞職し、内閣総辞職となっても、次の内閣総理大臣が同じ件を上奏した場合で、再び天皇がこれを拒絶すれば、また内閣総辞職を招くことになる。それを繰り返すことになれば、憲法が実質的に停止したも同様であり、従って、天皇にとって上奏案件の裁可を拒絶することは、決して容易なことではない。そして、帝国憲法下において、上奏された案件につき、天皇が裁可を与えなかった事例は一例も見られない。

このように、たとえ「天皇は国務大臣の進言を却下することができる」との説が通説として支持されていたとしても、天皇が本当に拒否権を発動すれば、国務大臣が翻意しない限り内閣総辞職は避けることができないため、拒否権発動をもって国策が最終的に決定することにならない。よって通説がいう「却下できる」というのは、天皇が自由に国策を決定できることを意味しない。

しかも、昭和天皇自身は、この通説と異なった見識を持っていた。昭和天皇は後年、次のように語っている。

「開戦の際東条内閣の決定を私が裁可したのは立憲政治下に於る立憲君主として已むを得ぬ事である。若《も》し己が好む所は裁可し、好まざる所は裁可しないとすれば、之は専制君主と何等異る所はない[67]」

このように、当時の憲法学は「天皇は国務大臣の進言を却下することができる」という見解を通説として支持していたが、昭和天皇自身は国務大臣の上奏案件を却下することはできないと考えていた。そして、このような天皇の拒否権は我が国の憲政史上一度も行使されたことはない。

従って、当時の憲法学の「認識」としては、天皇は国務大臣の進言を却下することができると考えられていたが、「実体」はそれとは異なり、原則として天皇は国務大臣の進言を却下することはできず、それは憲法上の慣行を成していた。もし例外的に、天皇が国務大臣の進言を却下できる場合があるとすれば、それは余程の条件、例えば「統治機構が破壊される危険、もしくは国家の存続が脅かされる危険が迫っていること」といった条件が揃う必要があるのではないか。これまでの考察により、「実体」としては、天皇の拒否権は原則として行使することはできないものであったと結論することができる。そして、それは昭和天皇自身の「認識」と共通するものである。

天皇は国務大臣の反対を押し切って国事を為し得たか

では次に、積極的、能動的に行われる場合（問題二－2）について考えていきたい。具体的には、天皇が自らの意志で国務に関する行為を行おうとした時に、国務大臣の反対に遭っても、天皇は国務大臣の反対を押し切って、単独で国務・統帥に関する行為を為し得るかが問題となる。

先述のとおり、当時の通説は、天皇は国務大臣の輔弼に拘束されないとしつつも、天皇は国務大臣の輔弼を離れて行為を為し得ないと考えられていた。天皇は国務大臣の反対を押し切って国務を遂行できると主張するのは、上杉博士などのごく少数の学者に限られる。

先ほど五つの事例で検討したとおり、天皇が積極的、能動的に意思表示した結果、国務や統帥に影響を与えたといえる例は、帝国憲法下では「二二六事件鎮圧」と「ポツダム宣言受諾の御聖断」の二例しか見いだすことはできない。ただし「二二六事件鎮圧」では、国務大臣等は最終的に天皇の意見に同意し、また「ポツダム宣言受諾の御聖断」では御前会議の後に閣議決定と上奏を経て昭和天皇が裁可したため、いずれも、天皇が国務大臣の反対を押し切って国務に関する行為を遂行した例には当たらない。

では、帝国憲法下では一度の事例も見受けられないが、もし天皇が自らの意志により、何らかの国務に関する行為を為そうとした時に、国務大臣の反対に遭い、その対立が解消されず、それでも天皇がその行為に及ぼうとした場合はどうなるであろうか。上杉博士のいうように、最終的には天皇は単独で国務を為し得るか、検討を試みたい。

天皇が国務に関する行為を行おうとして、国務大臣に意見を求めたところ、国務大臣が賛同しなかった場合、天皇と国務大臣のやり取りの結果、国務大臣が意見を変えて天皇の意見に賛成したなら問題とはならない。しかし、天皇と国務大臣の間に意見の対立が生じたまま解消不能となった時、問題となる。具体的には、天皇が国務に関する詔勅等の文書を発しようとしたところ、国務大臣がその文書への副署を求められた結果、国務大臣が副署せずに辞職する場合である。

宮沢教授が「勅旨の決定は原則として文書によつて表示せられる(68)」と述べているとおり、およそ勅旨（天皇の意思）は文書によって表示されるものと考えてよい。

そして、帝国憲法は第五五条第一項で「国務各大臣ハ天皇ヲ輔弼シ其ノ責ニ任ス」、また同二項で「凡テ法律勅令其ノ他国務ニ関ル詔勅ハ国務大臣ノ副署ヲ要ス」と規定しているように、国務に関する詔勅は必ず国務大臣の輔弼によって行われ、そこには国務大臣の副署を必要とする。

佐々木博士の説明によると、「国務大臣ノ副署トハ天皇ノ国務上ノ行為ニ天皇ノ御名ニ副ヘテ署名スルコト」で、「国務大臣ノ副署ハ天皇ノ国務上ノ行為ヲ有効ナラシムルノ要件ナリ」[69]とされていた。

また、国務に関する詔勅には、必ずしも国務大臣全員の副署が必要なわけではなく[70]、どの国務大臣が副署するかは、公式令が定めていた。公式令によると、詔書のうち、大権の施行に関するものは内閣総理大臣と共に国務各大臣が副署し（第一条）、国務大臣の職務に関するものは内閣総理大臣が副署し（第二条）、法律または勅令を公布する時に付される上諭には、内閣総理大臣が単独で、または国務各大臣もしくは主任の国務大臣と共に副署すること（第六条・第七条）などが規定されている。

そして、副署は国務大臣の職責に属するものと考えられていたため、公式令で副署をする者と定められた国務大臣は、必ず副署をしなくてはならないとされた[71]。また、国務大臣は副署を拒むことができるか否かについては、学説の分かれるところであるが、拒むことができないとする説が通説として支持されていた(72)。

また、国務大臣が天皇の行為に同意できる場合と、できない場合について、佐々木博士は「国務大臣ハ其ノ輔弼ノ職責トシテ、副署ヲ為スニ先テ天皇ニ依テ為サレントスル行為其ノモノ、正シキヤ否ヤヲ判断シテ意見ヲ上リ、天皇其ノ意見ヲ採納セラル、限リニ於テ、換言セバ国務大臣ガ其ノ行為ヲ正シト判断スル限リニ於テ、在職シ、然ラザルトキハ辞職スベキモノナリ。〔中略〕故ニ苟《いやし》クモ国務大臣トシテ在職スル以上自己ノ意見ニ反スル天皇ノ行為ニ副署スト云フガ如キコトハ理論上アルヲ得ズ(73)」という。

しかし博士は「辞職スルハ決シテ副署ヲ拒ムコトニ非ズ。辞職ハ輔弼ノ職責ヲ尽スコト能ハズシテ其ノ職責其ノモノヨリ離ル、コトナレバ、副署ハ問題トナルコトナシ(74)」とも述べていて、国務大臣が辞職しなくてはいけない理由は、輔弼の職責を履行することができなくなったからであり、副署するか否かの問題とは直接関係がないという。清水澄博士も、天皇を正しく導くことができない時は、国務大臣は輔弼の任に堪えられなかったことになり、職を辞すべきであって「天皇ノ命令カ違法又ハ害公益ナルコトヲ理由トシテ其ノ副署ヲ拒ムカ如キ場合アリ得サルモノト思考ス(75)」と述べている。

よって、天皇が積極的、能動的に国務に関する行為を行おうとして、国務大臣に意見を求めたところ、国務大臣が賛同しなかった場合は、佐々木博士が述べるとおり、国務大臣は自己の意見に反する天皇の行為の副署することは理論上あり得ないことなので、国務大臣はどこまでも天皇が正しい行為を行うように正さねばならない。国務大臣には副署を拒む権限は無いという通説に立つならば、天皇が翻意しなかった場合、国務大臣は辞職する以外にない。また国務大臣は副署を拒否できるという少数説に立ったとしても、天皇が国務大臣の最終の意見を却下することは、その国務大臣は輔弼を全うすることができなくなったことを意味し、やはり辞職する外ない。

もし内閣総理大臣か主任の国務大臣の一人が辞職した場合は、憲法上の慣行に従って内閣総辞職となるが、新内閣が成立した後に、再び天皇が同じ行為を為そうとして、同じように内閣総理大臣か主任の国務大臣のいずれかが辞職すれば、また再び内閣総辞職となるため、天皇の意思に賛同する内閣が成立しない限り、永遠に天皇のその行為は実行されることがない。

ところで、国務大臣の職務範囲については学説が分かれる。宮沢教授は「各国務大臣が個個に為す輔弼の範囲は各省大臣にあつては原則としてその主任の事務に限られると解すべきものであらう」[76]と述べ、国務大臣の輔弼の範囲は主任の事務に限られると主張する。他方、佐々木博士は「各国務大臣ハ一般ニ国務大臣ノ輔弼ニ依テ行ハルベキ天皇ノ国務上ノ行為ノ総テニ付輔弼ス。故ニ各国務大臣ハ其ノ権限タル輔弼ニ関シテ所管ノ事務ナルモノヲ有セズ」[77]と述べ、国務大臣の職務の範囲は国務上の行為全般に及ぶと主張する。

しかし、いずれの説に立ったとしても、公式令が副署すべき国務大臣を定めている以上、内閣総理大臣でも主務の国務大臣でもない、その他の国務大臣が副署したところで、帝国憲法第五五条二項及び公式令が定める効力要件を満たしたことにならず、詔勅は有効たり得ない。

ここで一つ整理を試みたい。国務大臣には内閣総理大臣の他、各省を任せられている者と、各省を任せられていない者がいる。前者は「各省大臣」、後者は「無任所大臣」と呼ばれる。国務大臣と各省大臣の違いについては、佐々木博士が次のように説明している。

「国務大臣ノ権限ハ天皇ノ行為ヲ為シタマヒ又ハ為シタマハザルコトニ付天皇ヲ輔弼スルニ在リ、即チ天皇ノ意志決定ノ過程ナル内面ニ存ス。之ト異ナリ、各省大臣ノ権限ハ行政ヲ行フニ在リ、即チ天皇ノ意志ノ執行ナル外面ニ存ス(78)」

また博士は「国務大臣ハ天皇ヲ其ノ国務上ノ行為ニ付テ一般ニ且進デ輔弼シ、又之ニ副署スル機関ナリ(79)」とも述べている。

つまり、国務大臣は天皇を輔弼して、天皇の意思決定に関与し、詔勅が発せられる場合にはそこに副署する機関であるのに対し、各省大臣は表示された天皇の意思を執行する行政機関であると理解することができよう。各省大臣は必ず国務大臣であるから、各省大臣は、天皇の意思決定と意思表示には国務大臣として、また一旦表示された天皇の意思を執行するに当たっては各省大臣として職責を担うことになる。

天皇の国務に関する行為は「勅旨の決定（第一段階）→勅旨の表示（第二段階）→勅旨の執行（第三段階）」の三段階を経て実行されることは既に述べた。上杉博士は「天皇ハ大臣ノ意見ニ反対シテ、特定ノ行為ヲ為スコトヲ得ヘシ(80)」と主張するが、それは飽くまでも「勅旨の決定」に関して述べているに過ぎない。

確かに上杉博士がいうように、「勅旨の決定」段階においては、天皇は国務大臣の意見を却下し、あるいは反対を押し切ることは法的にも実質的にも可能であろう。国務大臣が上奏して天皇に裁可を求めた時に、天皇は自由に採否を決することができる。

しかし、「勅旨の表示」の段階になると、三つの形式に分かれるものの、最も重要な「詔勅」は国務大臣の副署を効力要件とする他、重要性が低いものでも、国務大臣の署名を要する。たとえ国務大臣の一人が輔弼して詔勅の文面が作成されても、公式令が副署すると定めた国務大臣が副署をせずに辞職すれば内閣は総辞職となり、詔勅は有効とはならないのである。

また、「勅旨の執行」の段階においては、行政大臣たる主任の省大臣がこれを執行するのであり、その省大臣が執行に賛同せず、天皇に翻意を願い続ければ、その勅旨は執行されることがない。そして、天皇と省大臣との意見の対立が続けば、省大臣の辞職は避けることができず、やはり内閣総辞職となり、勅旨が執行されることはない。

従って、たとえ上杉説が、天皇は国務大臣の意見に拘束されないとしていても、それは「勅旨の決定」の段階までに限られ、天皇は国務大臣の輔弼を離れて単独で国務に関する行為を遂行する余地は全くない。天皇と国務大臣の意見が対立した場合、天皇は国務大臣の意見を押し切って国務に関する行為を実行することは、法的にも実質的にも全く不可能であると結論することができる。

これまでの検討により、天皇大権は、天皇と国務大臣の意思が一体となって、初めて行使されるものであり、天皇と国務大臣の間に意見の対立があって、これが解消されない場合には、いかなる天皇大権も行使され得ないことを示すことができたと思う。

天皇と国務大臣の意見が対立した場合

さて、天皇と国務大臣の意見が対立した場合のこのことについて、副島義一博士は次のように述べている。

「斯《か》かる場合には君主は、大臣の意見を容《い》れるか、然も無くば之れを退くるか、また国務大臣は辞職するか、或は自己の意見の採用さるゝのを待つかであつて、之れ以外に出づべき方途は無い。而《しか》して斯かる間に、不適法のことが匡正《きょうせい》せられることになる(81)」

帝国憲法下において、たとえ天皇と国務大臣の間に意見の食い違いが生じても、政治過程を通じてその対立は自然と解消され、落ち着くべきところに軟着陸することを常としてきた。副島博士のいうことは、実に的を射た指摘ではなかろうか。

これまで見てきたように、帝国憲法下において、天皇は内奏の折りに、国務大臣や統帥部長らと度々口論に及ぶことがあったが、それでも天皇は、上奏された国務大臣等の最終的な意見を却下したことはなかった。

天皇が不同意の場合は、「不同意」として意思表明されるのではなく、天皇が疑問に思ったことを「御下問」という形で国務大臣等に問い、国務大臣等がこれに「奉答」し、それでも天皇が疑問に思えば、再び「御下問」があり、国務大臣等が「奉答」することを繰り返し、内奏の段階で、天皇と国務大臣等の意見の対立が解消されるのを恒としていたのである。

ところで、これまで国務に関する国務大臣の輔弼について述べてきたが、統帥に関しては、憲法上の慣行により、両統帥部長（参謀総長・軍令部総長）がそれぞれ陸軍と海軍の統帥について天皇を輔翼する職責にあったため、「国務」を「統帥」、「国務大臣」を「統帥部長」と読み替えれば当てはまることを付言しておく。

「問題は、国務大臣の『輔弼』を天皇が拒否することができるか、にあった[82]」という宮沢教授の問題提起は、天皇が国務大臣の輔弼そのものを拒否できたかの問題と、天皇は国務大臣の輔弼に拘束されるかの二つの問題があり、さらに後者は、天皇は国務大臣の最終的な意見を却下することができるか、また、天皇は国務大臣の反対を押し切って国務や統帥に関する行為を為すことができるかの二つの問題があって、これまで、これらの問題点を順次検討してきた。

これまでの作業により、問題一については、天皇は国務大臣の輔弼自体を拒絶することはできず、問題二については、憲法学の「認識」としては、天皇は国務大臣の上奏案件を拒否することができるとされたが、「実体」は、天皇は原則としてこれを拒否することはできなかった（問題二－1）、また、天皇は国務大臣の反対を押し切って単独で国務に関する行為を為すことはできなかった（問題二－2）と結論することができる。これにより、宮沢教授の「国務大臣の『輔弼』を天皇が拒否することができるか」という問いかけに答えることができたと思う。

ところで、天皇が政治の内容を決定する権力を持っていなかったならば、帝国憲法第三条の「天皇ハ神聖ニシテ侵スヘカラス」の規定は、矛盾するという考えもあるだろう。天皇が神聖であるということを、天皇の絶対性と理解すれば、絶対的な天皇が政治権力を持たないのはおかしいという見解である。ところが、第三条の趣旨を、「神聖」よりはむしろ「不可侵」の方に重きをおいて読めば、また別の見方になる。

第三条の「神聖」の法的意味については、多くの見解があり、里見岸雄博士が十六種類の学説を列挙している。[83] 例えば「天皇は神種神統なるが故に神聖とするもの」「単純に尊厳、至高等の概念より演繹《えんえき》するもの」「主権の性質なりとするもの」など多岐にわたる。なかでも、「神聖は一語では無意味なるも不可侵と合する時無問責の意となると為すもの」という美濃部達吉博士、金森徳次郎大臣、佐々木惣一博士らの見解に注目したい。

「神聖ニシテ侵スヘカラス」と規定された帝国憲法下においてさえ、天皇は政治的無問責であると認めながらも、天皇に民事責任が及ぶことを前提に法令が整えられていた。具体的には、天皇に所有権があるとされる「御料《ごりょう》」に関して民事裁判が起こされた場合に、宮内大臣や部局長官らをその当事者と看做す旨が、皇室財産令第二条及び大正十年宮内省令第十八号に規定されていた。[84] その他、学説の上でも、天皇に民事裁判権が及ぶという主張があった。美濃部博士は「人民の側から皇室を被告として訴を起こすことも有り得る」[85] と述べている。

また、日本国憲法下においても、最高裁は、天皇が象徴であることを理由に「天皇には民事裁判権が及ばない」としているが、[86] 他方、天皇に民事裁判が及ぶというのが通説とされている[87]。

日本国憲法は、第三条に天皇の国事行為はすべて内閣の助言と承認によることを記していて、そのことが、天皇の政治的無問責を導き出す。国事行為の内容を決定するのに天皇の意思を介在させる余地がないことによって、その国事行為の一切の責任を天皇が負うことはないのである。

同様に、帝国憲法においても、天皇の統治が国務各大臣・両統帥部長・司法府・議会の輔弼・輔翼・翼賛によって全て行われれば、天皇の統治の政治的責任を、天皇が負うことはない。天皇の統治の具体的内容が、天皇以外の他の機関によって決定されることから天皇の無問責を導き出すと考えるのは、むしろ当然のことではなかろうか。逆に、帝国憲法第三条の規定があるがゆえに、天皇が自らの意思によって政治の意思決定を行うことが、当然に禁止されていると見ることもできよう。

輔弼制と内閣助言制の共通性と相違性

さて、宮沢教授は「『輔弼』が天皇を法律的に拘束する（天皇は国務大臣の意見どおりに行動しなくてはならない）と解すべきものであれば、それは、日本国憲法にいう『助言と承認』と、さまでちがうものではないことになる」[88]とも述べているが、これを評価しようとすると、さらに別の点を検討しなくてはならない。

宮沢教授のこの問いかけは「帝国憲法における天皇」と「日本国憲法における天皇」が、本質的に異なることを示すためのものであった。日本国憲法における天皇は「国政に関する権能を有」せず（第四条）、「国事に関するすべての行為には、内閣の助言と承認を必要と」する（第三条）と定められている。このことについて宮沢教授は、現行憲法の天皇を「なんらの実権を伴わない『虚器』的な存在」[89]、「統治作用に関する性格をもつものでない」[90]と表現した。宮沢教授は、現行憲法の天皇をこのように表現することで、統治権の総覧者である帝国憲法の天皇との違いを際立たせようとしたのであろう。

そして宮沢教授は、現行憲法の「助言と承認」と帝国憲法の「輔弼」の違いを持ち出し、帝国憲法の国務大臣は「絶対君主制時代の大臣――単なる諮問機関」[91]と断言した上で、「助言と承認」は天皇を法律的に拘束するものであるのに対し、「輔弼」は天皇を法律的に拘束するものではないから、帝国憲法の天皇と、日本国憲法の天皇は本質的に異なるという結論を導こうとする。そこで、宮沢教授は、いみじくも「明治憲法にいう『輔弼』が天皇を法律的に拘束する（天皇は国務大臣の意見どおりに行動しなくてはならない）と解すべきものであれば、それは、日本国憲法にいう「助言と承認」とさまでちがうものではないことになる」[92]とまで述べている。

これまで帝国憲法における「輔弼」についてはかなり詳細に検討を加えてきたが、宮沢教授のこの問いかけに答えるには、日本国憲法における「助言と承認」についても、検討する必要があると思われる。そこで、先ず天皇の国事行為の法的性質について分析し、天皇の権能について検討することで、帝国憲法下の輔弼制と、現憲法下の内閣助言制の共通性と相違性を明らかにした上で、「輔弼」で論じた問題一、問題二を「助言と承認」に置き換えて「天皇は内閣の助言と承認を拒否できるか」「天皇は内閣の助言と承認に拘束されるか」の二つの問題について考察したい。この作業によって「輔弼」と「助言と承認」の違いを明らかにした上で、宮沢教授の問いかけに答えていきたいと思う。

国事行為に関する金森大臣答弁

日本国憲法は第三条で「天皇の国事に関するすべての行為には、内閣の助言と承認を必要とし、内閣が、その責任を負ふ」と規定し、また第四条一項で「天皇は、この憲法の定める国事に関する行為のみを行ひ、国政に関する権能を有しない」とした上で、第六条と第七条で十二項目の国事行為を列挙している。

「国政に関する権能を有しない」といいながら、内閣総理大臣の任命や衆議院の解散など、国政に関するものと見られる行為が挙げられていることをどのように理解するか、問題となる。天皇の国事行為の法的性質をどのように理解するかの問題は、現憲法下において、「天皇は内閣の助言と承認を拒否できるか」「天皇は内閣の助言と承認に拘束されるか」の前提となる議論であるため、以下に分析していきたい。

この点について、日本国憲法を審議した昭和二十一年七月四日の衆議院憲法改正案委員会で、金森徳次郎国務大臣は「天皇は政治に関する権能を有せられない、併しながらその政治に関する権能の中でも、この憲法にはっきり書いてある部分は行わせらるることが出来る、斯《こ》う云う意味であります[93]」と答弁した。つまり、①憲法所定の天皇の国事行為は、「国政に関する権能」を含む、②天皇は憲法所定の国事行為を除けば、その他「国政に関する権能」を有しない、ということになる。また金森大臣は、終局的には一致するも、助言の段階では天皇と内閣の間で意見が一致しないこともあり得る[94]だけでなく、「承認と申しまするのは、内閣側が受身の姿を持つと云うことであります[95]」と、天皇が発意する国事行為もあり得るとの考えを示した。

天皇と内閣の不一致や、天皇の発意の可否はともかく、天皇の「国事に関する行為」が極めて政治性の高い国家統治の基本に関する行為を含むことは、次の苫米地事件の判決に見ることができる。

「衆議院の解散は、衆議院議員をしてその意に反して資格を喪失せしめ、国家最高の機関たる国会の主要な一翼をなす衆議院の機能を一時的とは言え閉止するものであり、さらにこれにつづく総選挙を通じて、新な衆議院、さらに新な内閣成立の機縁を為すものであつて、その国法上の意義は重大であるのみならず、解散は、多くは内閣がその重要な政策、ひいては自己の存続に関して国民の総意を問わんとする場合に行われるものであつてその政治上の意義もまた極めて重大である。すなわち衆議院の解散は、極めて政治性の高い国家統治の基本に関する行為であつて、かくのごとき行為について、その法律上の有効無効を審査することは司法裁判所の権限の外にありと解すべきことは既に前段説示するところによつてあきらかである。そして、この理は、本件のごとく、当該衆議院の解散が訴訟の前提問題として主張されている場合においても同様であつて、ひとしく裁判所の審査権の外にありといわなければならない」(96)

このように最高裁は、衆議院の解散を「統治行為」とし、その有効性については司法の判断が及ばないと結論した。

しかし、前出の金森大臣の見解については、憲法学界において賛否が分かれた。これに賛成する意見としては、少数説ながら、例えば田上穣治博士の次の見解が挙げられる。

「国会の召集、衆議院の解散は高度の政治問題であって、その当否は司法審査に親しまないとされるから、国事行為に関する規定は明らかに国政に関する権能を含み、憲法七条と四条が矛盾するが、憲法の条規はいずれも最高法規であるから（九八条）、七条等を四条に比して効力が劣るものとすることはできず、また内閣が衆議院を解散し、天皇はただ解散命令を衆議院に伝達するものと解することは、憲法の明文に反するのみならず、憲法六九条は内閣が解散権をもつことを否定している。さらに解散について助言・承認を与えることから、内閣に衆議院の解散権を認めることも誤りであって、助言・承認は天皇に対する行為であり、解散は衆議院に対する命令であるから、憲法七条は天皇が衆議院の解散を命ずる意味に解しなければならない。憲法四条は憲法に特別の規定がある場合を除き、国政に関する権能を行うことができない意味である（97）」

国事行為は国政に関する権能を含むか

第四条一項を、天皇は憲法所定の国事行為を行うこと以外の国政権能を持たない、と解釈する金森大臣と田上博士の見解については、しばしば「学説上これを支持するものはほとんどない[98]」などと評価されてきたが、この指摘は事実と異なる。少なからずこの立場を取る学者がいることを示したい。

例えば、大石義雄博士は「国権が天皇によって行われるものとして見るとき、これを特に大権という。〔中略〕日本国憲法では、天皇は全然国事に関することを行わないのではなく、限られた国事について国権を発動せられることとなっている」とした上で、「日本国憲法では、天皇によって行われる国事は憲法で限定されている。天皇は、このかぎられた国事をのみ行うことができるのであって、それ以外の国事を行う権限は全然これを有しないのである[99]」と述べている。

また、竹花光範教授も、国会の召集や衆議院の解散などは「実際政治に、かなり重大な影響を与える行為のはずである」と述べ、天皇は内閣の助言と承認に従って国事行為を行うのであるから、「天皇の行為が実際政治に影響を与える類のものだとしても、格別の問題はない」とし、「『国政に関する権能を有しない』とは、天皇は、自らの意思で直接国政に影響を及ぼすような行為をなさないという意味であって、『国事行為』と『国政に関する権能』を、あえて区別する理由はないように思われる。現状のような表現では、『国事行為』が、あたかも実際政治に関わりのない行為であるかのような誤解を生ぜしめるだけであり、不都合であろう[100]」と述べている。

また、百地章博士も「憲法三条が国事行為につき内閣の責任を規定しているのは、国事行為が国政に関する決定権すなわち個別的統治権を含むが故であると解せられるから、憲法全体の文脈からすれば、大臣助言制の一種と理解するのがより自然ではないかと思われる」とし、「天皇が『日本国民統合の象徴』という場合、単に文化的意味だけでなく政治的意味における統合が問題になることから、名目的であれ、一定の政治的権能が認められることによってよく国民統合の象徴たりうると解することができよう」と述べている。(101)

また阿部照哉教授も「言葉をいくら分析してみても両者の区別は明らかにならない」とし、「天皇に関する憲法の規定を総合的に考えると、天皇は、憲法の列挙する権限の行使を除いて、国の政治に影響を及ぼすような言動をなすべきではなく、憲法上の権限についても自己の裁量に基づいて行使すべきでないというのがこの規定の趣旨と解される」という。そして、「結果論になるが」と前置きしつつも「国政権能から実質的な政治決定を差し引いた残りの形式的な行為が国事行為といえよう。そして天皇の権限行使がこの意味での国事行為であることを保障しているのは、内閣助言制である」と述べる。(102)

また和田進教授は、内閣総理大臣の任命、最高裁判所長官の任命、憲法改正や法律等の公布、国会の召集、衆議院の解散、総選挙の公示などについては「政治的性格をもった行為」であり、「効力発生要件になっている」とし、憲法は「一定の権限を天皇に認めている」と述べる[103]。

このように、第四条一項について、天皇の国事行為は、一定の国政権能を持つものと理解した上で、「天皇は憲法所定の国事行為を行うこと以外の国政権能を持たない」と理解するのは、少数ながらも有力な学説の一つと見て良いであろう。差し当たりこの見解を「国政権能説」と呼ぶことにする。

戦前と戦後で、天皇と内閣の関係がどのように変化したか、あるいは変化していないかによって、天皇の権能が帝国憲法から日本国憲法で変化したかどうか、見方が変わってくることと思う。

結果的儀礼説と本来的儀礼説

国政権能説に対する直接の批判としては、例えば「四条の文言からは無理な解釈である。四条は、天皇は国政に関する権能をもたないと無条件に定めており、国事行為だけは別だと読むことは相当苦しい。四条の解釈としては、国事行為を行っても国政に関する権能を行使したことにはならないと読むのが素直である」（高橋和之[104]）と主張されてきた。この「四条の文言からは無理な解釈」というのは、多くの学者から指摘された点である。

しかし、この批判は、法学的な批判としては不十分である。確かに「素直」に読むことを良しとするのは解釈学の大原則ではある。しかし、条文が日本語の意味として「苦しい」か「素直」かを論じ、それだけで条文を解釈することは法学的には不十分といわざるを得ない。文法的に「素直」に解釈するのが正しければ、国語学者で事は済み、法学者は不要である。「素直」を唯一の理由として解釈を導き出そうとすることは、根拠を示さずに結論を述べるに等しい。

もし単純に日本語の意味として捉えようとするなら、「天皇は、この憲法の定める国事に関する行為のみを行ひ、国政に関する権能を有しない」という第四条一項は、「天皇は、国事に関する行為のみを行うため、国政に関する権能を有しない」と読むことも可能であるが、同時に「天皇は、国事に関する行為を行う他は、国政に関する権能を有しない」と読むことも可能である。むしろ、第六条・第七条と併せて読めば、後者の読み方の方が「素直」と主張することも可能であろう。しかし、条文解釈は、このように日本語としてどちらが「素直」に読めるかの問題だけではないはずである。

「国事に関する行為」と「国政に関する権能」の違いにつき、阿部照哉教授が「言葉をいくら分析してみても両者の区別は明らかにならない」と述べ、また宮沢教授が「憲法の条文の文字だけをたよりにして、つかみ出すことはむずかしい。従来の日本語の用例から見ても、『国事』

と『国政』とのあいだに、それほどのちがいを見い出しにくい」[105]というのは、むしろ法学的に正しい見解というべきではあるまいか。

　憲法の教科書の多くが、国政権能説に反対する学説として紹介するのが、天皇の国事行為は実質的権能を含まないもので、あくまでも形式的、儀礼的な行為に過ぎないという見解である。この見解はさらに大きく二つの学説に分かれる。

　一つは、宮沢俊義教授に代表される学説で、「そもそも天皇の行為について、内閣の助言と承認を必要とするのは、天皇にその行為の決定権を与えないためである。その行為の決定権を天皇の手から奪って内閣その他の国家機関に与えるためである。従って、その行為について、それを行うかどうか、またはそれを行う方式はどうか、などの点で、自由に決定する余地が――その分量の多少はともかく――存することが、そこでの当然の前提である」とし「もしそういう決定の余地が全然ないとすれば、そのために内閣の助言と承認を必要とすることは無意味である」と述べる(106)。

　つまり、憲法所定の国事行為には、本質的に「国政に関する権能」を持つものもあるが、天皇の国事行為は常に内閣の助言と承認に基づいて行われる結果、天皇の国事行為は常に形式的、儀礼的となるということである。この見解は「結果的儀礼説」と呼ばれている。

　他にこの見解に立つ学者としては、芦部信喜博士、阿部照哉教授、杉原泰雄博士、高橋和之教授などが挙げられる[107]。

もう一つは、小嶋和司博士に代表される学説で、「国事に関する行為」は「やはり第四条第一項から推論されなければならない。そして、その結果考えられるのが、天皇が、実質的には他の機関の決定した事項を形式的儀礼的に表示するのが『国事に関する行為』ではないかということである。衆議院の解散についていえば、なにか他の機関が衆議院解散を決定し、その決定を天皇が儀礼的形式的に表示するのが、この『国事に関する行為』ではないかということである」と述べた上で、第四条一項の「国事に関する行為のみを行ひ」「国政に関する権能を有しない」という「文章を『国事に関する行為』と『国政に関する権能』との関係に注目しながらよめば、天皇は『国事に関する行為』のみしかおこなわないから『国政に関する権能を有しない』のである。『国事に関する行為』が『国政に関する権能』たる内容をもたないから、それのみをおこなうばあい『国政に関する権能』をもつことにならないのである[108]」という。

つまり、第六条と第七条に列挙されている天皇の国事行為は、これが内閣の助言と承認によって行われる結果、形式的、儀礼的となるのではなく、固より形式的、儀礼的なものであるという。この見解は「本来的儀礼説」と呼ばれている。

他にこの見解に立つ学者としては、樋口陽一博士、佐藤幸治博士、松井茂記博士、長谷部恭男教授等が挙げられる[109]。

これまで見てきたとおり、結果的儀礼説は、天皇の国事行為は、本来は「国政に関する権能」であるが、その行為が常に内閣の助言と承認によって行われることで、結果的に形式的、儀礼的となる、との見解である。これに対して、本来的儀礼説は、天皇の国事行為は、原始的に形式的、儀礼的なものであるとの立場をとる。いずれも、天皇の国事行為が形式的、儀礼的であって、「国政に関する権能」を持たない点では意見が一致しているが、形式的、儀礼的である根拠が、それぞれ異なっている。だが、両説のいずれに立つかにより、天皇の国事行為の法的性質の評価は全く異なる。

ここで、国政権能説との関係について考察したい。先述の通り、国政権能説は「学説上これを支持するものはほとんどない」などと酷評されてきた。この学説への批判として主張されたのが結果的儀礼説と本来的儀礼説であったはずだが、実は結果的儀礼説は、論理的には国政権能説と全く同じである。反対論どころか、国政権能説そのものといって差し支えない。

つまり、十二項目の天皇の国事行為は「国政に関する権能」であるが、内閣の助言と承認によって行われるためそれらは儀礼的となると説くのが国政権能説であった。これは、天皇の国事行為は内閣の助言と承認によって行われる結果儀礼的となると説く結果的儀礼説と同じである。注目すべきは、結果的儀礼説は、結果的に儀礼であるが、本来的には唯の儀礼ではないと評価している点である。

このように捉えた場合、天皇の国事行為に関する学説は、大きく国政権能説と（本来的）儀礼説に分かれ、いずれも有力説であるといえよう。

国事行為十二項目の分類

次に、結果的儀礼説と本来的儀礼説の差異について、引き続き分析を進めたい。小嶋博士を代表とする本来的儀礼説は、憲法所定の天皇の国事行為は、本来的に、形式的、儀礼的なものであり、固より国政に関する権能を有するものではないという。そして、その根拠として博士が示したのは、日本語としての読み方であった。博士は第四条の天皇は「国政に関する権能を有しない」という規定を絶対視する。

しかし、第四条一項後段の「国政に関する権能を有しない」を前提にその他の条文を読むべきか、もしくは、具体的な国事行為が列挙されている第六条、第七条と併せてその他の条文を読むべきかの問いに、日本語の意味のみから答えを出すことは容易ではない。まして、憲法の条文に上位規範と下位規範を見いだすことができるかについては、学界では意見が分かれている。仮に憲法内部に上位規範と下位規範が認められるという立場に立ったとしても、小嶋博士のいうように、第四条一項後段の「国政に関する権能を持たない」という一文を他の条文の上位規範、あるいは原則とすべき理由は認められない。

　では、天皇の国事行為の法的性質については、どのように見ればよいであろうか。それは、憲法の関連条文を全体として矛盾の無いように読むことに尽きるのではあるまいか。つまり、憲法は、天皇という法的地位を規定し、その国家機関たる天皇に、一定の権能を与え、一定の行為を行うことを明文で要求しあるいは禁止しているのであるから、憲法が天皇に何を要求しているかを眺めれば、その根底にある原則を捉えることができるはずである。

　憲法は第六条で二項目、また第七条で十項目、合計十二項目の国事行為を列挙している。この中で、儀礼的要素が強い順に分類すると次のようになるであろう。

　第一は、それ自体が儀礼そのものであって、政治的効果を伴わない行為である。外国の大使及び公使を接受すること（第七条九号）、儀式を行ふこと（第七条十号）がこれに当たる。

　第二は、認証行為である。国務大臣及び法律の定めるその他の官吏の任免並びに全権委任状及び大使及び公使の信任状を認証すること（第七条五号）、大赦、特赦、減刑、刑の執行の免除及び復権を認証すること（第七条六号）、批准書及び法律の定めるその他の外交文書を認証すること（第七条八号）がこれに当たる。

　第三は、鋭く学説の対立がある部分で、「結果的儀礼説」の立場から、それ自体は国政に関する行為であるも、全ての天皇の国事行為が内閣の助言と承認によって行われる結果、その行為は天皇以外の国家機関によってその内容が決定されるため、天皇にはその行為の決定に関与する余地はなく、その結果、形式的、儀礼的となる行為と説明される。他方「本来的儀礼説」の立場からは、一見国政に関する権能を含むように見える行為だが、天皇は「国政に関する権能を有しない」のであるから、それらはあくまで、天皇以外の国家機関が決定したことを天皇が表示するだけのことであって、天皇の国事行為は、本来的に実質的意味を持たない行為であり、もっぱら形式的、儀礼的な行為と説明される。国会の指名に基づいて内閣総理大臣を任命すること（第六条一項）、内閣の指名に基づいて最高裁判所の長たる裁判官を任命すること（第六条二項）、憲法改正、法律、政令及び条約を公布すること（第七条一号）、国会を召集すること（第七条二号）、衆議院を解散すること（第七条三号）、国会議員の総選挙の施行を公示すること（第七条四号）、栄典を授与すること（第七条七号）がこれに当たる。

第一の儀礼行為は、天皇の国事行為の法的性質を巡る議論では問題にされず、第二、第三に分類される行為が問題とされる。

そこで先ず、第二の認証行為を分析してから、第三の一見国政に関する行為に見える行為について分析していきたい。

「認証」の法的性質

一般的に「認証」とは「一定の行為または文書の成立や記載が、権限ある機関によって正当な手続・方式でなされたことを公の機関が確認し、証明することをいう[110]」が、天皇が行う認証の法的性質については学説が分かれている。

多数説によると、「認証の対象となる行為は、認証をまたずにすでに確定的に成立しており、認証を欠いてもその行為の効力には影響ない。ただ憲法は一定の重要な国家の行為の権威を高める必要があるとしてこの認証制度を設けた[111]」と解釈される。本来的儀礼説に立てば自ずとこの立場を取ることになる。他方、美濃部博士は、認証がなければ認証の対象となる行為に効力は生じないとする立場に立ち[112]、また憲法制定議会における政府見解も同様であった[113]。結果的儀礼説に立てば、この見解を取る余地はある。

思うに、たとえ認証行為が国家の行為の権威を高めるのが趣旨であって、それが形式的、儀礼的行為だとしても、憲法が特定の国家行為について天皇による認証を必要とし、天皇に対して認証を為すことを要求していることは条文から明らかである。

例えば、国務大臣の任免について、先に引いた一般的解釈に当てはめて考察すると、憲法は、国務大臣の任免が「正当な手続・方式でなされたことを証明」することを天皇に要求しているのであって、国務大臣はその重要性から、憲法上、特に認証を受けなければならない地位とされている。そのような憲法上の要求から見れば、仮に認証を受けない国務大臣が現れたとしたら、その任命は「正当な手続・方式でなされた」との推定は覆る。そのような国務大臣は、憲法上の要求を具備した正当な国務大臣とはいえないはずである。

確かに、国務大臣の任免は内閣総理大臣の専権事項であり、政治的行為としての任免そのものは、内閣総理大臣単独で為し得る。その意味において、仮に天皇の認証を受けずとも、政治的に任免は成立するものと考えられる。だが、天皇による認証は、天皇が象徴であるが故に「最も地位の高い公証」であり、憲法は国務大臣の任命に天皇の認証を要求しているのであって、これは法的要求にほかならない。

もし、政治的に国務大臣に任命された者が、その後、天皇の認証を受けることができなければ、先述のとおり憲法の要求を具備せず、「正当な手続・方式でなされた」との推定は覆ることになる。つまり、内閣総理大臣が任命しただけでは、その任命行為は完結しないが、その後、天皇の認証を受けることで「正当な手続・方式でなされた」ことが証明され、正当な手続が完結する。

ところで、内閣の助言と承認に拘束される天皇には、認証を拒否する自由はないとの考えから「認証なくしてこれらの行為が行われることは予想しにくい[114]」との批判もあるが、「形式」はそれ自体意味のあることである。

また、二つの政府が並び立つことなど、諸外国ではよくある。我が国においても、鎌倉時代の南北朝動乱期や、幕末の戊辰戦争で明治新政府と奥羽列藩同盟が並び立った事例などもあり、そのような事態は論理的には我が国の未来においても起こり得るといえなくもない。例えば、総選挙の結果に不服をもった前政権の総理が、新総理任命の「助言と承認」を拒否して政権の座に居座る場合などである。

以上の理由により、天皇の認証を要する憲法所定の国家の行為は、当該行為が為されただけでは未だ法的要求を満たしたとはいえず、天皇の認証を受けることで初めて法的に有効となり、当該行為が完結することになる。そのため、天皇の認証は、当該行為が完結するための効力要件であると結論付けることができる。このような場合を想定すれば、天皇の国事行為は、国政に関する権能を有しているというべきである。

衆議院解散の根拠を巡る議論

第三に分類される、一見「国政に関する行為」に見え**る**行為については、各種公布、国会の召集、衆議院の解散、総選挙の公示と多岐にわたるが、これまで憲法学で最も盛んに議論されてきたのは衆議院の解散についてであった。なぜなら、内閣総理大臣の任命を実質的に決めるのは国会（第六条一項）、最高裁判所の長たる裁判官の任命を実質的に決めるのは内閣（第六条二項）、大赦、特赦、減刑、刑の執行の免除及び復権を決定するのは内閣（第七三条七号）というように、国事行為の内容を決定する機関がいずれであるかを、憲法が条文に明記しているが、特に衆議院の解散は、それを決定する機関が明記されていないだけでなく、憲法上、いかなる場合に解散が行い得るかについて全てが書かれているとは思われないため、問題となるからである。

衆議院解散の根拠については、これまで学説が対立してきた。第四条一項後段は天皇は「国政に関する権能を有しない」と規定しているが、衆議院の解散を実質的に決定することは、国政に重大な影響を及ぼすことが明白であるにもかかわらず、第七条が天皇の国事行為の一つとして「衆議院を解散すること」（三号）を明記している。

衆議院解散の決定権がどこに属するかは、憲法上重大事である。ところが、憲法は衆議院の解散について、第七条三号を除けば、衆議院解散時の衆議院議員の任期の例外について定めた第四五条、衆議院解散から総選挙を経て国会の召集に至るまでの手続と、参議院の同時閉会、参議院の緊急集会に関して定めた第五四条一項・二項、衆議院が内閣不信任を可決した時には十日以内に衆議院が解散されない限り内閣は総辞職しなければならないと定める第六九条があるのみで、憲法は一番重要な衆議院解散の「決定」に関して明記していない。また、内閣の専権事項を列挙した第七三条にも、解散の決定につながるような項目は見られない。そのため、衆議院解散の実質的決定権の所在については、解釈によって解決するしかない。これは日本国憲法の欠陥の一つといえよう。

この問題について、学説は多岐にわたる。本稿では議論の詳細には立ち入らないが、次の二点を確認しておきたい。

第一に、そもそも衆議院解散の根拠を巡る問題は、その実質的決定権者が憲法に明記されていないことから生じたものであり、それは憲法の欠陥が原因である。例えば、もし内閣の専権事項を列挙した第七三条に「衆議院の解散を決定すること」の一文があれば、あるいは第七条三号に「内閣の決定に基づき、衆議院を解散する」と明記されていれば、衆議院解散の根拠を巡るこれらの学説の対立は生じなかったであろう。ところが、日本国憲法が憲法として存在する以上、そこに欠陥があったとしても、解釈によりこれを乗り切るほかはない。そして、たとえその決定権者が条文上明記されていなくとも、第七条三号に、天皇の国事行為として「衆議院を解散すること」と明記されていること、第三条が、天皇の国事行為には内閣の助言と承認を要すると規定することから、その決定権者がどの機関であるにせよ、衆議院解散は、内閣が天皇に対して助言と承認を為してこれを実行するほかにない。そして、「内閣が、その責任を負ふ」という第三条後段の規定により、その助言と承認の内容については内閣が全責任を負うべきことになる。憲法上、衆議院解散の手続きについて明記しているのが第七条三号のみである以上、衆議院解散権の法的性質を吟味する上で、この規定を最も重視すべきは当然である。従って、いかなる憲法解釈に基づいて、いずれの機関——行政権者としての内閣を含む——が衆議院解散の決定を為すかについては、憲法そのものに不備がある以上、一次的には内閣がこれを決定するほかにないといえよう。

そして第二に、歴代内閣は、内閣に衆議院解散の実質的決定権があるという解釈に基づいて、半世紀以上も当該条項を運用してきた実績がある。この憲法解釈は内閣による一次的なものであるが、解散詔書の文面が「日本国憲法第七条により、衆議院を解散する。(御名)天皇御璽(日付)(内閣総理大臣副署)」となっていて、長年、国権の最高機関である国会自身が、これを追認してきたこともまた事実である。従って、第七条を根拠に内閣が衆議院の解散を決定することは、長年の法的安定性に裏付けされた、確立された憲法慣習となっていると評価して差し支えないであろう。本来であれば、行政府や立法府による憲法解釈の妥当性は、最終的には司法府が判断するものであるが、苫米地事件判決で示されたように、衆議院の解散を統治行為とし、その有効性については司法の判断が及ばないとされたことから、政治部門による「合憲」という判断が確定したことになる。

国事行為の法的性質

次に、天皇の国事行為の第三に分類される、衆議院の解散を含む、一見「国政に関する行為」に見える国事行為の法的性質一般について考察したい。

憲法は、第一に分類される、それ自体が儀礼そのものであって、政治的効果を伴わない行為だけでなく、第二に分類される認証行為、そしてひいては第三に分類される一見「国政に関する行為」に見える行為をも、天皇の国事行為として条文に列挙している。先述のとおり、小嶋博士は、第四条一項から推論して、天皇の国事行為は「天皇が、実質的には他の機関の決定した事項を形式的儀礼的に表示する」ことであるとし、そのような国事行為の「助言承認者内閣に実質的決定が認められ得る余地もない」という。また、例えば、衆議院の解散については「他の機関が衆議院解散を決定し、その決定を天皇が儀礼的形式的に表示するのが、この『国事に関する行為』ではないか[115]」という。

では、天皇の国事行為を列挙する第七条は、なぜ「衆議院の解散を表示する」もしくは「衆議院の解散を認証する」と書かなかったのか。もし立法者が、衆議院の解散に関わる天皇の国事行為を、本来的に形式的、儀礼的なもので、何ら法的意味を持たず、微塵たりとも国政に関する権能を持たないことを重視していたのなら、そう明示しないのはおかしい。

それはその他、内閣総理大臣の任命、国会の召集、法律等の公布、栄典の授与等でも同様である。もし天皇の無権能を徹底視するのが立法者意思なら、第六条一項は「天皇は、国会の指名に基いて、内閣総理大臣の任命を表示する」としなければならないし、第七条も「国会の召集を表示する」「憲法改正、法律、政令及び条約の公布を表示すること」「栄典の授与を表示する」と規定しなくてはならない。ではなぜ条文は、そのように、天皇の国事行為は単に他の機関が決定したことを表示するだけの行為と分かるように書かなかったのか。もし小嶋博士が主張するように、本来的に「国政に関する権能を有しない」ことが、天皇の存在の大前提であるならば、微塵たりとも天皇が国政に関する権能を持つ誤解が生じる恐れがある表現は避け得たはずであろう。

例えば、内閣総理大臣の任命から考察していきたい。国務大臣の任命については、憲法は天皇にこれを認証するように求めている（第七条五号）。既に述べたように、第七条が示す認証とは、天皇が「正当な手続・方式でなされたことを証明」することであった。国務大臣の地位は法的に重要な位置を占めるため、憲法は特別に国務大臣については、任命権者による任命手続だけでなく、天皇による認証を要求したのであった。もし内閣総理大臣もその地位の重要性から手続に慎重を期すべきというだけの理由であれば、内閣総理大臣の任命も、天皇の認証があれば足りたはずである。ではなぜ、憲法は、国務大臣の任命には天皇の認証を要求するも、内閣総理大臣の任命に当たっては、天皇に「認証」ではなく「任命」そのものを要求しているのであろうか。

その答えは単純である。憲法は、内閣総理大臣を任命する機関として、「天皇」を想定しているからにほかならない。もし小嶋博士がいうように、第六条一項が、天皇は単に内閣総理大臣の任命を表示することのみを要求していたのなら、一体天皇以外のどの機関が内閣総理大臣を任命するというのか。

先ず、内閣総理大臣は行政府の長であるため、行政府がこの任命権者となることはできない。前総理が新総理を任命するということも考えられないではないが、総選挙の敗軍の将が新総理を任命してもそこに権威を見いだすことはできないであろう。また前総理は選挙の敗北者であって、まして国民の意思を代表する立場でもない。前総理が任命するより、天皇が任命する方が憲法の精神に合致するといえる。

また、任命者が司法府や立法府であるとしたら、最高裁判所の長たる裁判官や衆議院議長が内閣総理大臣を任命することになる。だが、内閣総理大臣とは任命権者と受任者の関係になるため、それは三権分立の観点から不適切といわざるを得ない。また、任命権者を「国民」と考えるなら、もはや「任命」という概念は存立し得ない。例えば、米国では大統領に権威を与えるのは国民であるが、国民が大統領を任命するという概念はなく、大統領任命式自体が存在しない。あるのは大統領就任式だけである。従って、憲法がわざわざ条文に、内閣総理大臣の任命について規定を置き、天皇の国事行為の一つとして「内閣総理大臣を任命する」と明記したことは、その任命機関が天皇であると解釈するほかないであろう。

また、「マッカーサー・ノート」に記されていることから分かるように、天皇を国家元首（head of the state）として残すことにこだわったのは、マッカーサー元帥その人だった。首相を任命するのが国家元首（君主国にあっては君主）であることは比較憲法学上の常識である。例えば、英国やカナダでは国王が首相を任命し、ドイツ、フランス、イタリア、ロシアでは大統領が首相を任命し、中国では国家主席が首相を任命する。そして、これらの国では、国王、大統領、国家主席はいずれも国家元首に該当する。ちなみに、米国は国家元首たる大統領は行政府の長も兼ねるため首相はいない。また米国に限らず大統領は選挙によって選出されるため「任命」という概念が存在しない。

小嶋博士は、GHQが示した「草案要綱」の英文が「The Emperor shall perform only such state functions as are provided for in this Constitution. Never shall he have powers related to government.」と、二文に分かれていることを根拠に、「国事に関する行為」は「国

政に関する行為」に含まれないと述べる[116]。

しかし、日本国憲法草案を書き上げたGHQ民政局が、内閣総理大臣を任命する機関として、天皇を想定していたことは『マッカーサー草案』からも読み取ることができる。草案は「The Emperor appoints as Prime Minister the person designated by the Diet.」と表記していて、「Prime Minister」を任命する主体を「The Emperor」としている。「任命を表示する」意であれば、例えば「appoints」ではなく「makes a statement」など、全く異なった文章になったはずである。このように、GHQは天皇が内閣総理大臣の任命権者となることを懸念していたと考えることには無理がある。

また、内閣総理大臣任命書の書式は「（受任者名）内閣総理大臣に任命する（御名）天皇御璽（日付）（内閣総理大臣副署）」となっていて、実際、内閣総理大臣の任命権者は「天皇」として運用されている。これも衆議院の解散と同様に、長年の積み上げに裏打ちされた、確立された憲法慣習といえるであろう。

従って、第六条一項は、内閣総理大臣を決定するのは国会であり、その決定に基づいて内閣総理大臣を任命するのは天皇であることを規定していると解するのが妥当と考える。その他、国会の召集、総選挙の公示、法律の公布等も、同様である。

つまり、これらの国事行為が、単に権威を高めるためのものであったなら、他の機関の行う行為を、天皇が単に表示するだけの制度になっていたはずである。また、これらの国事行為が、その重要性故に、より厳格な手続を必要とした結果のものであったなら、他の機関の行う行為について、天皇が単にそれを認証する制度になっていたに違いない。第七条が「～を公布すること」「国会を召集すること」「国会議員の総選挙の施行を公示すること」「栄典を授与すること」と規定したのは、その行為の主体が天皇であるからにほかならない。

もし国会を召集するのが天皇でなければ、他に国会を召集する適切な機関が存在するであろうか。国会は国権の最高機関であり、天皇以外に適切な召集機関は存在しないというべきである。栄典の授与も、もし内閣総理大臣がその主体で、天皇はそれを表示するだけならば、それは「内閣総理大臣賞」と大して変わらない。憲法は栄典を授与する機関として天皇を指定したのである。また憲法は法律を公布する機関として、立法府や行政府ではなく、天皇を指定したのである。憲法はこのような事項を天皇の国事行為とすることで、そこに高い権威性を与えることを意図していると考えるほかないであろう。小嶋博士がいうように、天皇の国事行為は、他の機関が決定したことを単に表示するだけの行為であると見ることはできない。

このように、天皇の国事行為を憲法全体で把握しようとしたら、そこに一つの原則を見いだすことができる。それは、憲法は所定の国事行為を列挙して、国家機関としての天皇に、一定の国政に関する権能を行うことを要求しているということである。ただし、天皇の国事行為の内容は天皇以外の国家機関が決定するものでなくてはならず、天皇がその決定に関与する余地はないばかりか、天皇は内閣の助言と承認に基づいて国事行為を行わなくてはならないことは条文から明らかである。

この原則に照らし合わせると、憲法第四条一項は、憲法所定の国事行為を除いて、天皇は国政に関する権能を有しないことを定めていると解さなくてはならない。「国政権能説」＝「結果的儀礼説」をもって妥当とすべきであろう。

「内閣の助言と承認」の法的性質

さて、「天皇の国事行為」と「内閣の助言と承認」は密接な関係があるため、ここで内閣の助言と承認の法的性質について分析したい。

憲法第三条は「天皇の国事に関するすべての行為には、内閣の助言と承認を必要とし、内閣が、その責任を負ふ」と規定するが、「助言と承認」の法的性質を巡って、結果的儀礼説と本来的儀礼説との間で意見の対立がある。

結果的儀礼説の立場から、宮沢教授は、内閣の助言と承認の制度は「天皇がその単独の意志によって行動することを禁じ、天皇の行動がすべて内閣の意志にもとづくべきことを要求する趣旨」であると説き、「内閣の助言と承認とは、天皇の国事に関する行為を、実質的にかつ最終的に決定する内閣の行為」とした上で、これを固より形式的、儀礼的な天皇の国事行為をなすについての助言と捉える後述の反対学説に対して「『内閣の助言と承認』という手続をとってもとらなくても、結論はまったく変わらないことになり、その結果として、『内閣の助言と承認』を必要とすることがまったく無意味なものになってしまう。そういう無意味な手続を憲法が要求しているとするのは、解釈として妥当を欠くだろう」という。また、教授は「『助言』と『承認』との二つの行為と見るべきではなく、『助言と承認』という一つの行為と見るべきであって「天皇のなすべき行動の内容が、すでに国会または内閣総理大臣の意志によって確定されており、内閣がそれについて決定する余地がまったく残されていないような場合にまで、内閣の助言と承認という名目的な手続を必要とする趣旨ではない」と述べている[117]。

これに対して本来的儀礼説の立場から、小嶋博士は、天皇の国事行為は固より形式的、儀礼的な行為であって、内閣の助言と承認は「形式的儀礼的な表示行為にすぎないのであって、いずれのそれも『国政に関する権能』たる内容をもたないと解する——当然であろう——から、それにたいする助言承認者としての内閣は、その助言承認者たる資格においては、なんら実質的決定をその対象としえないわけである」とし、「内閣のもつ助言承認権は『国事に関する行為』にたいしてのみ与えられたもので、『国事に関する行為』の形式性儀礼性をこえる実質的決定権を、それの助言承認者としての資格においてもちうる道理がない」と述べた上で、「天皇の『国事に関する行為』を、他の機関によって実質的に決定されたことを表示する行為と概念するばあい、その『他の機関』は、助言承認者としての内閣ではありえないことになる。助言承認者としての内閣は、その他の機関――行政権者としての内閣を含む――の決定したことを天皇に助言し、承認するにすぎないのである」という。[118] 清宮四郎博士と伊藤正己博士もこの見解に立つ。[119] また小嶋博士は、「内閣の『助言』とは、天皇のなすべきことを内閣が機械的に進言する行為」であり、「『承認』とは天皇の行為の事後に起るべきことである。天皇の行為がはたして助言の内容と合致するかどうかを検討したのちに起るべきことである」とし、「助言」と「承認」は「ふたつながら必要」と説く他、内閣になんら実質的決定の入り得る余地がない場合であっても常に内閣の助言と承認を必要とするとし、これを不要と主張する宮沢教授等の主張に対して、「『天皇の国事に関するすべての行為』にたいする内閣の助言承認の必要を規定する第三条と合致しない」と批判する。[120] また長谷部恭男教授も、第三条と合致しない点と、天皇の国事行為が本来、形式的、儀礼的であるとの理由から、本来的儀礼説に立つ解釈を妥当と評価している。[121]

修正結果的儀礼説

思うに、小嶋博士は、天皇の国事行為は固より形式的、儀礼的であるという本来的儀礼説の立場を前提に立論しているが、結論部分は、結果的儀礼説を前提としても成立し得るものであり、両論の主要な主張は両立可能ではなかろうか。確かに、小嶋博士がいうように、助言承認者としての内閣は、天皇以外の機関が決定したことを表示する行為であり、実質的に国事行為の内容を決定するものではないという主張には、反論の余地はないであろう。しかし、小嶋博士の主張は、天皇の国事行為が内閣の助言と承認によって行われる結果、儀礼的となるという結果的儀礼説からも、あるいは、天皇の国事行為は固より儀礼的であるという本来的儀礼説からも導き出すことが可能ではあるまいか。天皇の国事行為が結果的に儀礼的なのか、本来的に儀礼的なのか、いずれであっても、助言承認者としての内閣が為す助言と承認は、天皇以外の機関が決定したことを表示する行為にほかならない。

しかし先述のように、衆議院の解散については、憲法の条文がその実質的決定機関を明記していないため、様々な議論があった。この問題について、小嶋博士は、内閣の助言と承認は表示行為に過ぎないから、内閣が決定機関である根拠を「助言と承認」に求めることができないため、六九条限定説を主張している。しかし、六九条限定説にも大きな欠陥があることは既に述べたとおりである。

確かに、結果的儀礼説を代表する宮沢教授が、裁量の幅の無い行為については内閣の助言と承認は不要であると主張したのに対し、本来的儀礼説を代表する小嶋博士からは、「天皇の国事に関するすべての行為には、内閣の助言と承認を必要とし」と規定する第三条に明確に違反するという厳しい批判を受けている。この点は、結果的儀礼説の弱点に見える。

しかし、先述のとおり、天皇に助言と承認を与える内閣の行為自体が形式的、儀礼的であるという小嶋博士の見解に立っても、宮沢教授の結果的儀礼説と矛盾を生じないのであるから、内閣の助言と承認の法的性質については基本的に小嶋博士の見解に立った上で、天皇の国事行為の法的性質については、宮沢教授のいう結果的儀礼説に立つのが最も合理的であると思う。

このように、内閣の助言と承認の法的性質について小嶋博士の見解に立つならば、全ての国事行為に内閣の助言と承認を必要とする点について、宮沢教授から「そういう無意味な手続を憲法が要求しているとするのは、解釈として妥当を欠くだろう」と批判されるのが弱点になる。しかし、これについては高橋和之教授が答えを提示している。いわく、「裁量の幅のほとんどない行為を内閣に決定（助言・承認）させることにしたのは、内閣の側から見れば無意味に見えようが、天皇の側から見れば無意味ではない。天皇にとって、自分の行うべき行為が実質上誰によって決定されたかなどは、実はどうでもよいことである。重要なのは、誰の決定（助言・承認）に従うべきかが明確に定まっていることである。この点で、憲法は、常に内閣の決定（それが形式的なものか実質的なものかに関係なく）に従うよう要求したのである」[122]。この考えに立てば、たとえ内閣の助言と承認が決定を表示するだけの形式的な行為であるとする小嶋博士の見解に立ったとしても、全ての天皇の国事行為に内閣の助言と承認が必要であると規定する第三条の趣旨と、無意味な手続を憲法が要求するはずがないから裁量余地の無い国事行為には内閣の助言と承認は不要である、という宮沢教授の主張の整合性が取れる。

そして、天皇の国事行為の法的性質では宮沢教授の結果的儀礼説に立ち、同時に、内閣の助言と承認の法的性質では小嶋博士の見解に立ち、また同時に、先述の高橋教授の解釈を取ることで、むしろ「国政権能説」＝「結果的儀礼説」が強化されることになるのではないか。

つまり、宮沢教授は結果的儀礼説の骨子として、天皇の国事行為は、一部、元来国政に関する権能を含むが、その実質的決定が、内閣の助言と承認によって行われる結果、天皇の国事行為は結果的に形式的、儀礼的となる、と主張したが、「内閣の助言と承認によって行われる結果」の部分を「天皇以外の機関によって行われる結果」と修正すべきである。このように修正することで、内閣以外の機関が実質的決定権を持つ場合も含めることができるので、小嶋博士からの反論をかわすことができるようになる。

また、内閣の助言と承認は、天皇以外の機関が決定したことを、内閣が表示する行為であるという小嶋博士の見解に立ち、その無意味に見える行為も、実は天皇にとっては意味のある行為であるという高橋教授の説明を用いたなら、衆議院解散を巡る議論も、宮沢教授の結果的儀礼説の立場から説明がつくのではないか。これを差し当たり「修正結果的儀礼説」と名付けておきたい。

すなわち、天皇に助言と承認を与えるのは内閣であるから、何らかの国家機関が衆議院解散を決定したことを天皇に通知して国事行為の実施を促すのは、純然たる内閣の職務である。従って、天皇にとっては、衆議院の解散については、内閣の助言と承認のみに基づいて行えばよい。他方、内閣にとっては、内閣がどの機関の決定に基づいて衆議院解散の助言と承認を為すべきかは、憲法が明記していないため、先ずは内閣が独自の判断に基づいて事実上解釈を行うことになる。内閣は戦後一貫してその決定権の所在を「内閣」と判断してきた。もしその内閣の判断が違憲であったなら、他の国家機関から異論が出るはずであるが、戦後一貫して異議無く内閣の決定に委ねてきたのであるから、既に憲法習律が成立していると見なくてはならない。このように、憲法は衆議院解散の実質的決定権の所在を明記していないという欠陥を抱えていても、天皇の国事行為の法的性質（宮沢説＝結果的儀礼説）ならびに、内閣の助言と承認の法的性質（小嶋説）から、矛盾無く、実質的決定権の所在が内閣にあることが説明可能であると思う。

　これまでの考察により、天皇の国事行為の法的性質、内閣の助言と承認の法的性質について、一応は明らかにすることができたと思う。旧新憲法のいずれにおいても、天皇の行為は儀礼的なものに限られた。これらの儀礼的な行為は、決定された国の意思に権威を与えるものであると考えられる。国家統治には権威が必要とされる。故に日本国憲法も、国の意思に権威を与えることを必要とし、その一部を天皇に求めたのである。その権威が国政に関する権能に該当するか否かで意見が対立してきた。

　日本国憲法が天皇の国事行為を列挙しているように、帝国憲法も、具体的な大権事項を列挙している。しかし、それは天皇の国務について、特に重要なものを例示しているに過ぎず、天皇の国務はそれらの項目に限定されるわけではなかった。帝国憲法が「大日本帝国ハ万世一系ノ天皇之ヲ統治ス」（第一条）、「天皇ハ国ノ元首ニシテ統治権ヲ総攬シ此ノ憲法ノ条規ニ依リ之ヲ行フ」（第四条）と規定するように、天皇は日本国の統治者であり、統治権を総覧する地位にあった。ところが、天皇が自らの意志によって、単独で統治権を行使する余地が無かったことは、既に述べたとおりである。それでも、帝国憲法下において、天皇の行為は国事に影響を与え得ると考えられていた。既に示したように、天皇の発言が国事に影響を与えた事例も見受けられる。これを現行憲法の文言で表現するなら、天皇は国政に関する権能を有していたことになろう。

　他方、日本国憲法では、第四条一項が「天皇は、この憲法の定める国事に関する行為のみを行ひ、国政に関する権能を有しない」と記し、第六条と第七条が天皇の国事行為を列記している。つまり、天皇の国事行為は憲法所定の十二項目に限定されることになり、しかも、天皇は国政に関する権能を有しないこととされた。単に条文を比較すれば、天皇の法的権限は、旧新憲法間で根本的に変化したものと捉えられる。

　ところが、これまで考察してきたように、日本国憲法所定の天皇の国事行為は、国政に関する権能を有するものを含むものである。しかも、憲法所定の国事行為には、内閣総理大臣の任命、憲法改正の公布、衆議院の解散、国会の召集等があり、帝国憲法が記す天皇の大権の大半は、日本国憲法に踏襲されている。この点を考慮すれば、帝国憲法における天皇と、日本国憲法における天皇は、国政に関する権能を有する点において、同様であると結論することができる。

天皇は内閣の助言と承認を拒否できるか

　これまでの分析を踏まえ、帝国憲法で検討した問題について、日本国憲法ではどのように評価できるか考察していきたい。国務大臣の「輔弼」を内閣の「助言と承認」に置き換えて検討する。具体的には、問題一が、天皇は内閣の助言と承認そのものを拒絶することができるか、問題二は、天皇は内閣の助言と承認に拘束されるかで、問題二はさらに、天皇は内閣の助言と承認を却下できるか（問題二－1）、天皇は内閣の反対を押し切って単独で国事行為を為すことができるか（問題二－2）である。

問題一は、天皇は内閣の助言と承認そのものを拒絶することはできないということで異論はないであろう。憲法第七条が「天皇は、内閣の助言と承認により、国民のために、左の国事に関する行為を行ふ」と規定する以上、天皇には内閣の助言と承認を受けない自由はなく、もしこれを拒否することがあれば、それは憲法の違反というべきである。

次に問題二－2も、天皇は内閣の反対を押し切って単独で国務に関する行為を為すことはできないということで異論はないであろう。憲法第三条が「天皇の国事に関するすべての行為には、内閣の助言と承認を必要とし、内閣が、その責任を負ふ」と規定するように、内閣の助言と承認を経ずに天皇が国事行為を行うことができる余地は、全くない。もし天皇が、内閣の反対を押し切って何らかの国事行為に及んだとしても、内閣の助言と承認は天皇の国事行為の効力要件であって、その行為が法的に有効とはなり得ない。

ところが、問題二－1の、天皇は内閣の助言と承認を却下できるかについては、難しい問題を孕んでいると思う。

通説は、これを不可とする。例えば、宮沢教授が「天皇にはそういう拒否権がないと解すべきことに、学説はほぼ一致しているとおもう[123]」と述べるように、この点に疑問を差し挟む主張は、ほぼ皆無といってよい。

では仮に拒否権はないとしても、現実に天皇が内閣の助言と承認を拒否し、国事行為を為さない場合はどうなるであろうか。国事行為のなかでも任命・召集・解散のように、その行為が効力要件となっているものについては、問題となる。

天皇が国事行為を拒否した場合について、小嶋和司博士は三つの考え方を提示している。第一は、その説得を助言者たる内閣の責任とする考え方で、説得不成功の場合は内閣の責任が問われなければならないという。しかし、この考えについては小嶋博士自ら「そのような事態の容認は他ならぬ天皇に『国政に関する権能』を容認することであり、この線に副っての解決は憲法上不可能である」と述べて否定している。

第二は、このような拒否は憲法の違反であり、天皇が主権者たる国民の『確定』した憲法を破ることはできないのであるから「天皇になんらかの責任を問うことこそその解決法ではなかろうか」という。そして、「最悪の場合には退位を考えて良いのではあるまいか」という。この考えについて博士は、それでは「国政における運営停滞は避けえない」とし、「憲法はこのような解決法のみしか予定していないのであろうか」と苦悩を滲ませて次の方法を提示している。

その第三の方法とは、第四条二項が「天皇は、法律の定めるところにより、その国事に関する行為を委任することができる」と規定していることに注目し、「はたして天皇の意思を要件とするかどうか、なお議論の余地なきものとも思われないが、たとえ必要としても、天皇の拒否をもって委任と解し、代執行者を『法律』をもって規定することは、はたして不可能であろうか。あえて問題を提出したい」と述べる(124)。

第一の方法については、博士自ら否定しているが、その理由は納得できるものではない。天皇に「国政に関する権能」が有るか否かについては、本稿で検討してきたように、多分に論争の余地がある。博士は「国政に関する権能」は無いこと(本来的儀礼説)を前提に述べているので、その立場に立たない論者に対しては説得力が無い。また、容認してもしなくても現実に天皇が助言と承認を拒否する事態が起きたなら、たとえ「容認しない」と述べたところで、意味を為さないといえる。問題を回避する方法が無い場合、それは「容認するしかない」という結論になろう。要するに、容認するか否かではなく、その問題を回避する方法が有るか無いかの問題なのではないか。回避する方法がなければ、天皇が内閣の助言と承認を拒否すると、その国事行為は法的効果を為さない、ということになるだけである。そこで次の方法について検討していきたい。

　第二の方法は、天皇に責任を負わせるという考えだった。この場合は刑事責任や民事責任を問う性質ではないため、政治責任を問うことになるであろう。つまりそれは天皇の辞任を意味する。だが、天皇がそれをも拒否した場合に、強制的に退位させることができるか否かが問題となる。天皇の退位については、崩御《ほうぎょ》を除けば憲法にも皇室典範にも規定がない。平成二十八年（二〇一六）に天皇陛下が譲位の御意向をお示しになった際も、譲位に関して何ら憲法と法律が規定していなかったため、現行法では実行不可能であるというのが内閣法制局の判断であった。昭和四十六年に内閣法制局長官が「退位の御自由がないというのが現行の憲法及び法律のたてまえであります」と答弁している[125]。そのため、政府は、平成二十九年（二〇一七）に天皇陛下一代限りの特別法を成立させて譲位を可能にした事例がある。この点に鑑みると、たとえ天皇が内閣の助言と承認を拒否したとしても、天皇自らの意思に反して強制的に退位させるのは現行法上では不可能というほかない。天皇から任命される内閣総理大臣が、その任命者である天皇を強制的に退位させることが法理論上可能であるかの問題もあるが、仮に可能であったとしても、強制退位を可能にする法律が無い限り、天皇の強制退位は全く不可能であると結論することができる。

　第三の方法は、憲法第四条二項に注目し、天皇が内閣の助言と承認を拒否したことをもって、天皇が委任したと理解し、代執行者を法律で規定して、その国事行為を代執行者が執行するという考えであった。これについては次のように反論可能である。先ず、天皇が内閣の助言と承認を拒否したことによって、なぜ天皇が国事行為を委任したことになるのか、その法的根拠が全く不明である。次に、仮に法律が整って法律上委任が可能になったとしても、天皇の意思無くして委任が成立する法理は無い。委任者本人の意思は委任の成立要件であり、意思無く委任が成立するというのは無理な主張であろう。

違法な内閣の「助言と承認」への対処

これまで、天皇が内閣の助言と承認を拒否した時の一般的な考察をしてきたが、次に、具体的な場合を考察してみたい。内閣が天皇を政治利用しようとした場合に、天皇はどう対処すべきであろうか。憲法第九九条によって天皇は「この憲法を尊重し擁護する」義務を負っているが、他方、天皇は象徴であり（第一条）、政治的に中立でなくてはならず（第四条）、天皇の政治利用は日本国憲法の原理に反するため、問題となる。

この設問について樋口陽一博士は、天皇を政治的に利用するような場合でも「天皇は、内閣が『これが憲法だ』とするところのものをうけ入れなければならず、それが、天皇にとっての憲法尊重擁護義務の内容だといわなければならない」という。同博士はその理由として、天皇に憲法の解釈権を認めることは、「国政に関する権能を有しない」（第四条一項）とした憲法の基本的選択に反するからと説く(126)。たとえ、憲法の原理を損なうことが明白であっても、天皇は内閣の助言と承認にただ従うべきなのであろうか。

先述の小嶋博士と同じように樋口博士も、「国政に関する権能を有しない」という第四条一項を絶対視している。これは本来的儀礼説の前提となってる考え方である。だが、第四条一項が他の条文の上位規範、あるいは原則であるとする根拠はどこにも見いだすことができない。「国政に関する権能を有しない」といいながら、任命・解散・公布などを天皇に求めている日本国憲法を矛盾なく読み解こうとすれば、結果的儀礼説にたどり着くことになる。結果的儀礼説に立ったならば樋口博士の主張は根拠を失うことになる。

この設問は「天皇の政治利用」であったので、違法性の部分が不明瞭だったが、では、内閣が明らかに違法な助言と承認を行った場合はどうであろうか。天皇はその内閣の行為が違法と知りつつも従わなくてはいけないか、それとも、違法な助言と承認は却下すべきなのか、これまでこの問題について、憲法学界ではほとんど論じられてこなかった。

例えば、法律の公布にあたって、内閣が行う「助言と承認」の文書に印刷の誤りがあり、両議院の決議と法律案が一致しない場合が挙げられる。また、内閣が明らかに違法な憲法改正の手続を経て、憲法改正の公布を為すように天皇に要求する場合も想定可能である。その他にも、衆議院総選挙で政権交代があったにもかかわらず、前内閣総理大臣が、内閣総理大臣任命の「助言と承認」を為さず、不法に政権の地位に止まろうとすることも、理屈の上では生じ得る。

内閣が違法な手続により不法に憲法を改正しようとした場合は、憲法体制が破壊される怖れもある。憲法第九九条は「天皇又は摂政及び国務大臣、国会議員、裁判官その他の公務員は、この憲法を尊重し擁護する義務を負ふ」と、天皇に憲法を尊重し擁護する義務を課している。もし憲法体制が破壊されることを知りつつ、天皇がやみくもに内閣の助言と承認に従ってしまったなら、天皇は第九九条が定める憲法擁護義務に違反したことにはならないか。

本当に天皇は、内閣の違法な「助言と承認」に従わなくてはいけないといえるであろうか、検討していきたい。

先ず、単純な間違いの場合について考えてみたい。法律の公布に当たって、内閣が行う「助言と承認」の文書に印刷の誤りがあり、両議院の決議と法律案が一致しない場合につき、次のような主張がある。

「天皇は〔憲法改正、法律、政令、及び条約の〕公布を拒むことができないが、法律案の印刷の誤りによって両議院の議決が部分的に一致しない場合は、明らかに違憲の法律であるから、公布することができない」[127]

違憲の法律を公布することができないのは当然であろう。違憲の法律を公布すること自体が違憲であり、それは天皇の憲法尊重義務を定める第九九条に反する。もし、天皇が上奏書類に間違いがあることを見つけたら、ただ裁可するのではなく、間違いがあることを指摘して、修正するように要求しなくてはいけない。

上奏書類とて不完全な人間が作成するものである故、誤記や不備が生じることは起こり得る。実際に、天皇が上奏書類の不備を指摘して書類が整え直された事例がある。栄典の授与は第七条七号が規定する天皇の国事行為で、毎年、春と秋の叙勲に当たり、一回に数千人の名簿や功績調書が上奏されるが、この書類の不備が次のように指摘された。

「政府関係者によると、現在の天皇陛下が以前、執務を行っていたある日、上奏書類で裁可を求められた多数の叙勲対象者について、一部の人たちの功績調書が添付されていないことに気づき、指摘されたという。これは、添付書類にも目を通されていたということでしか説明がつかないというのである。そのときは結局、内閣官房がその部分を添付し忘れていたことがわかり、すぐに宮内庁にその部分の調書を届けたという」[128]

また、平成二十六年に、天皇陛下が『昭和天皇実録』の記述に誤りがあることをご指摘になり、内容が訂正されたことがある。[129] これは国事行為ではないが、天皇の指摘により、公文書の内容が変更された事例である。

ところで、内閣が、両議院で議決された法律案を意図的に改竄して、天皇にこれを公布するよう助言と承認を為した場合はどうであろうか。天皇がこの改竄に気付いた場合は、先述のとおり、誤りを指摘すべきは当然である。しかし、天皇が修正を要求しても、内閣がその修正を拒んだ場合は問題となる。

無論、たとえ内閣が改竄した法律案が公布されたとしても、法律制定手続に重大な憲法上の瑕疵があれば、その法律は無効である。しかし、内閣の助言と承認が明らかに違法であれば、天皇はただこれに従うのではなく、違法を解消するように求めるべきではあるまいか。

法律案の改竄は現実味が乏しいとしても、諸外国で見られるように、二つの政府が並び立ち、お互いに正当性を主張して譲らないという事態は、長い目で見れば起こり得ることである し、内閣が憲法を逸脱して暴走する事態も想定できなくはない。

宮沢教授が「天皇にはそういう拒否権がないと解すべきことに、学説はほぼ一致しているとおもう」と書いたように、憲法学界では天皇は国事行為を拒否することはできないと考えている。しかし、内閣の助言と承認が違法に行われた場合などに、天皇が国事行為を拒否することは、例外的に認められる余地があるのではないか。

では、天皇が内閣から明らかに違法な助言と承認を受けた場合に、実際に国事行為を拒否したらどうなるか考えていきたい。憲法所定の天皇の国事行為は、いずれも憲法が要求する手続である。特に内閣総理大臣の任命、衆議院の解散、国会の召集、憲法改正・法律等の公布などは、天皇がその行為主体であるから、天皇が内閣の助言と承認を拒否してこれを行わなければ、当該事案は無効となる。いくら国会で首班指名を受けても、天皇が任命しなければ、内閣総理大臣の地位に就くことはできない。また法律の公布については、国会で議決されて法律が成立したとしても、天皇による公布がなければその法律は効力を持つことはない。法律の公布は、法律が有効となるための効力要件である。

それでは具体的に、憲法改正・法律等の公布について考えていきたい。憲法改正の公布の時期について、憲法は、国民の承認があれば「直ちにこれを公布する」（第九六条二項）と定めるが、憲法以外の国法形式については定めていない。ただし、普通の法律の公布期日について、国会法第六六条は「法律は、奏上の日から三十日以内にこれを公布しなければならない」と規定している。また、地方自治特別法の公布時期について、地方自治法第二六一条五項は、地方公共団体の住民投票で過半数の同意が得られたとの報告があった時、内閣総理大臣は「直ちに」その法律の公布手続をとらなければならないとしている。また、政令と条約の公布時期については法律上別段の制約はない。

このように定められた公布期間を過ぎても公布が行われない場合について、衆議院議長が公布と同等の機能を営み得る法令等の表示手続をとることも許されると解すべきとの主張もある[130]。また「国務大臣の任免について天皇の認証が与えられない限り、憲法七条により任免は効力を生じないことになるが、この場合に事実上天皇が拒否権をもつ結果になることは憲法四条に反するから、国事行為が相当な期間内に行われないときは内閣が法理上代行できるものと解する」[131]との主張もある。

これについては次のように反論可能である。前者は衆議院議長が天皇に代わって国事行為と同等の行為を行うこと、また後者は内閣が天皇に代わって国事行為を行うことを意味するようである。これは、先述の小嶋博士の第三の考えで「委任」の考えが登場したが、やはり委任者の意思なくして委任は成立し得ないので、苦し紛れに出てきたのが「代行」だったのではないかと思われる。

だが、そもそも憲法には内閣が国事行為を代行することについて規定が無い。代理には法定代理と任意代理がある。法定代理は本人の意思に基づかずに代理権が生じるが、それは法律に規定されている場合に限る。現行法上では第五条が摂政について規定しているが、皇室典範により「天皇が成年に達しないとき」（第一六条一項）もしくは、「天皇が、精神若しくは身体の重患又は重大な事故により、国事に関する行為をみずからすることができないとき」（同二項）に限定されている。しかも、摂政に就任する者は皇室典範がその順位を明記していて、いずれも天皇の親族たる皇族に限られ、そこに内閣は含まれていない。つまり、現行法上、内閣が天皇の法定代理人になることは不可能である。

また、任意代理は、本人が代理人となる者に代理権を授与することで発生する。だが、天皇が内閣の助言と承認を拒否する場合では、天皇がそのような代理権を内閣に授与することはないであろうから、これもまた想定不能である。少なくとも公布・任命・解散などは、その行為の主体は天皇とされているのであるから、天皇が実行しないからといって自動的に内閣が代行できると見るのは妥当ではない。行為主体が天皇である以上、少なくとも結果的儀礼説に立った時点で内閣が代行できる可能性は無いといえよう。

以上のことから、たとえ天皇の拒否権を認めない立場に立ったとしても、天皇が内閣の助言と承認に従わないことは、事実上あり得ることになる。内閣が明らかに違法な助言と承認を行った場合でも天皇は内閣に従うべきであるとの樋口博士の考えに立てば、いかなる場合でも天皇の拒否権は認めないということになろうか。他方、天皇は内閣の違法な助言と承認には従うべきではないとの考えに立つなら、天皇の拒否権の発動は、容認されることになろう。このように、天皇の拒否権については、十分に議論の余地があるものと考えられる。

天皇の拒否権を想定することは可能か

ところで、これまで眺めてきたような学界での主張は、天皇の拒否権の発動は、天皇の暴走であることを前提とした見解ではなかろうか。「天皇は、内閣の助言と承認に拘束され、公布を拒否することは許されない。もし、公布しない自由を認めれば、結果において天皇に裁可権または拒否権を認めることと差がなくなってしまうからである。とすると、万一、天皇が公布を拒否するようなことがあれば、憲法の想定する秩序の範囲内で、正規の公布という行為はなされえなくなるのではないかという疑問が生じる[132]」と指摘される。だが、この指摘は、天皇が暴走することのみを危惧し、政府が暴走することは何ら危惧の対象としていない。

既に示したように、明治以降の我が国の憲政史上において、政府や統帥部が暴走することはあっても、天皇が暴走した事例はない。ただあるのは、二・二六事件等に見られるように、政府や統帥部の暴走を天皇が抑止した例ばかりである。とはいえ、憲法は天皇の暴走を何ら危惧する必要はないということにはならないが、天皇の暴走よりも、政府の暴走の方が深刻な事態を生じさせることは歴史に学ぶ必要があるのではないか。

確かに、正当な理由無く天皇が国事行為を拒否するような事態は法的安定性を大きく損ねることになる。しかし、内閣が違法な助言と承認を為すような場合は、天皇はただこれに従うのではなく、飽くまでも違法を解消するよう内閣に要求すべきであるし、違法な状態が解消されない限り、内閣の助言と承認に従うべきではない。むしろ天皇は、万一内閣が法秩序を破る暴挙に出た時に、これを阻止することができる最後の砦と見ることもできよう。実質的には、内閣の暴走を食い止めることができる国家機関は「天皇」以外にないのではあるまいか。

与党が議会の議席の過半数を占めていれば、内閣不信任案が通ることはない。また、訴訟が提起されなければ内閣の行為が憲法違反であることは司法府も判断を下すことはできず、また訴訟に至っても内閣の行為の合憲性を問うこと自体が統治行為論により退けられる可能性も高い。また、たとえ統治行為とされなくとも、最高裁で決着するまで何年も要する。また、仮の救済申立て制度などもあるが、飽くまでも「仮」であり、決着まで時間を要する。従って、司法が目の前の内閣の暴走を食い止める機能を果たすことは、現実的には難しい。もちろん、国民が政治に不満を持てば、そのような内閣は次の選挙で倒すことも可能だが、国政選挙が何年も先であれば、やはり目の前の内閣の暴走に対処することはできない。であれば、実質的に内閣の暴走を阻止できるのは「天皇」以外には無いといえよう。

しかしながら、天皇が拒否権を濫用することがあれば、国民から猛烈な反感が沸き起こり、天皇の存続自体が脅かされることにもなりかねない。従って、たとえ天皇に拒否権があるとしても、それはそう簡単に行使できるものではなく、易々と濫用される虞《おそれ》は無いといえる。

他方、憲法は、天皇の暴走を防止する仕組みを備えている。第三条が、天皇の国事行為は「内閣の助言と承認を必要とし」と規定するように、天皇が内閣の助言と承認を離れて、単独で国事行為を為すことを憲法は禁止している。だから、天皇が内閣の反対を押し切って国事行為を遂行することは憲法上不可能である。このように、天皇の暴走を抑止する仕組みは、憲法はしっかりと用意しているのである。

よって、憲法所定の天皇の国事行為は、本来的に天皇がその行為の主体となるものや、権威を高めるため、もしくは手続をより厳重にするといった目的のものがあるも、天皇の拒否権発動の余地を残したことに、一定の法的意味があるのではなかろうか。究極的には、天皇の拒否権発動の可能性を残すことは、憲法保障、すなわち、国家権力による憲法を侵害する行為や憲法に違反する行為から憲法を守り、憲法による秩序を存続させ、安定させることに寄与し得るというべきではなかろうか。

ちなみに、天皇の実質的拒否権は実際に行使できる実力（権力）であることから、天皇の国政に関する権能は「本来的儀礼」ではあり得ないといえよう。

以上の理由により、天皇は原則として内閣の助言と承認に拘束され、これに従わない自由は無いが、内閣の助言と承認が違法であれば、拒否権を発動する道が残されていると解すべきである。そして、天皇の拒否権の発動が可能な要件は、天皇の憲法擁護義務を定める第九九条から見いだし、次のように考えられるのではないか。つまり、憲法秩序が破壊される明白な危険があり、他に適当な手段が無い場合に限り、必要最小限において、天皇は内閣の助言と承認を拒否することができると解すべきであろう。

従って、「国政権能説」＝「結果的儀礼説」は、原則として天皇は内閣の助言と承認によって国事行為を行い、拒否権を簡単に発動しないことで、天皇の国事行為は結果的に形式的、儀礼的となると考えなくてはならない。

ところで、現行憲法下は固より、帝国憲法下においても、天皇が拒否権を発動した事例はない。帝国憲法下の、天皇の発言が国務や統帥に影響を与えた五つの事例については、既に述べたとおり、天皇が国務大臣等の輔弼・輔翼を離れて、単独で国務・統帥を遂行した例には当たらないものだった。まして、政府と統帥部が決定して上奏された件を、天皇が却下した例は見受けられない。しかし、たとえそれが長年行使されたことのない権限だとしても、拒否権そのものが消滅することはないことを確認しておきたい。

例えば、英国の王は慣習により常に法案を裁可する権限がある。英国王が議会に対して拒否権を発動したのは、一七〇四年のアン女王の治世のことで、スコットランド民兵法の裁可を拒否した事例が最後で、以降三百年間以上、英国王が拒否権を発動したことはない。しかし、これは国王の拒否権そのものが失われたことを意味するものではない。

よって、たとえ日本で、帝国憲法と現行憲法において、一度も天皇が拒否権を発動した事例が無いとしても、それ故に拒否権そのものが失われることは無いといえる。

本質的に共通する大臣輔弼制と内閣助言制

これまで問題二－1について検討してきた。通説は、天皇は内閣の助言と承認に拘束されるとの立場を取り、天皇は国務大臣の輔弼には拘束されないとする帝国憲法下の通説とは異なる点を強調する。

しかし、既に示したとおり、帝国憲法では「認識」としては、天皇は国務大臣の進言を却下することができると考えられていたが、「実体」としては、天皇の拒否権は原則として行使することはできないものであった。そして、日本国憲法でも、天皇の拒否権は原則として行使することができないものであり、この点は旧新憲法で差異は認められない。

また、帝国憲法では天皇が国務大臣の輔弼を拒否できる場合があり、日本国憲法でも天皇が内閣の助言と承認を拒否できる場合があり得ることを示した。この点においても、旧新憲法で差異は認められない。

このように、帝国憲法における大臣輔弼制、日本国憲法における内閣助言制は、本質の部分において共通するものがあるといえる。

また、問題一の、天皇は内閣の助言と承認そのものを拒絶することはできない点と、問題二－2の天皇は内閣の反対を押し切って単独で国事行為を為すことはできない点は、いずれも帝国憲法下の通説と同じであるから、本稿で問題として提起した問題三点は、いずれも帝国憲法と日本国憲法で差異がないことを確認することができた。

これまでの検討により次のことを示すことができると思う。すなわち、帝国憲法における天皇は、国政の決定に自らの意志を反映させる余地は微塵もなく、専制君主には当たらないこと。また、建前としては、天皇は国務大臣の輔弼に拘束されないと考えられていたが、実体においては、天皇は国務大臣の輔弼に一定の拘束を受けること。また、究極的には拒否権を発動する余地はあったが、たとえ拒否権を行使しても内閣総辞職となるため、実効性が乏しかったこと、である。

他方、日本国憲法における天皇は、同様に、国策の決定に自らの意志を反させる余地はなく、原則として天皇は内閣の助言と承認に拘束されるが、憲法秩序が破壊される明白な危険があり、他に適当な手段が無い場合は、拒否権を発動することも可能である。
このことを、それぞれの憲法の文言を使って整理すると次のようになる。

【大日本帝国憲法】

天皇は統治権を総攬する。これは、天皇は行政権、立法権、司法権、統帥権など統治全般を掌握することを意味する（第四条前段）。

ただし、統治権の行使は憲法の規定に従って行われなければならない（第四条後段）。

統治権の行使は具体的には次のように行われる。

行政権は国務大臣の輔弼によって行使されなければならない（第五五条一項）。

立法権は帝国議会の協賛によって行使されなければならない（第五条）。

統帥権は統帥部長の輔翼によって行使されなければならない（第一一条、憲法慣習）。

司法権は天皇の名において行使されるが、これは裁判所が法律に基づいて行わなければならない（第五七条）。

統治権がこのように行使される以上、天皇が自らの意思によって政治を動かすことはできないため、天皇に責任が生じる余地はなく、無答責となる。「神聖ニシテ侵スヘカラス」とはそのことを指す（第三条）。

これが大日本帝国における天皇の統治である（第一条）。

【日本国憲法】

天皇は憲法が定める十二項目の国事に関する行為を行う。この十二項目の中には、行政府の長である内閣総理大臣の任命、司法府の長である最高裁判所の長たる裁判官の任命、立法府たる国会の召集、衆議院の解散、総選挙の公示、憲法・法律等の公布などが含まれる（第六条、第七条）。

天皇の国事に関するすべての行為には、内閣の助言と承認を必要とし、内閣が、その責任を負う（第三条）。

天皇は、この憲法の定める十二項目の国事に関する行為のみを行い、その他、国政に関する権能を有しない（第四条第一項）。

このように、天皇の国事に関する行為は十二項目に限定されていて、それ以外の権能はなく、国事に関する行為も必ず内閣の助言と承認によって行われるため、天皇自らの意思によって政治を動かすことはできない。

すなわち、天皇は帝国憲法と日本国憲法のいずれにおいても、国政に関する一定の権能を持っていたが、天皇以外の機関がその行使の内容を決定するので、天皇が自らの意思によって政治を動かすことはない。

これらの検討によって、帝国憲法における大臣輔弼制と、日本国憲法における内閣助言制は、いみじくも宮沢教授の言葉を借りるならば「さまでちがうものではない」ことを一応は明らかにすることができたと思う。ということは、飽くまでも建前・理念はともかく、少なくとも実体においては、帝国憲法から日本国憲法への変動で、主権者の変更はなかったと結論することができる。

■注釈

(01) 宮沢俊義『日本国憲法（全訂）』日本評論社、一九七八年、六〇頁。
(02) 宮沢・前注（01）全訂、七九―八〇頁。
(03) 芦部信喜『憲法（第六版）』（岩波書店、二〇一五年）一八頁。
(04) 美濃部達吉『逐条憲法精義』（有斐閣、一九二七年）一三七―一三八頁。
(05) 美濃部・前注（04）精義、五一二頁。
(06) 清水澄『帝国憲法大意（全部改版大増補）』（清水書店、一九三五年）一七七―一七八頁。
(07) 伊藤博文『憲法義解』（岩波文庫）（岩波書店、一九四〇年）八四頁。
(08) 佐々木惣一『日本憲法要論（第二版）』（金刺芳流堂、一九三一年）三八八頁。
(09) 美濃部達吉『憲法撮要（改訂第五版）』（有斐閣、一九三三年）二八五頁。
(10) 美濃部・前注（04）精義、二五三―二五四頁。
(11) 宮沢・前注（01）全訂、七二頁。
(12) 宮沢・前注（01）全訂、七二頁。
(13) 宮沢・前注（01）全訂、七三頁。
(14) 上杉慎吉『新稿憲法述義（第三版）』（有斐閣、一九二五年）六五九―六六一頁。
(15) 宮沢・前注（01）全訂、七四頁。
(16) 宮沢・前注（01）全訂、七五頁。
(17) 宮沢・前注（01）全訂、七二頁。
(18) 宮沢俊義『憲法入門（新版補訂）』（勁草書房、一九九三年）四七―四八頁。
(19) 寺崎英成＝マリコ・テラサキ・ミラー編『昭和天皇独白録―寺崎英成・御用掛日記』（文藝春秋、一九九一年）七一頁。
(20) 前注（19）独白録、一三六―一三七頁。
(21) 佐々木・前注（08）要論、三七九―三八〇頁。
(22) 里見岸雄『帝国憲法概論』（立命館出版部、一九四二年）六〇七―六〇八頁。
(23) その他同様の見解に以下の主張がある。穂積八束『憲法提要・下巻』（有斐閣書房、一九一〇年）五三七頁、清水澄『国法学・第一編―憲法編（改版増補第十九版）』（清水書店、一九二一年）六三七―六三八頁、田畑忍『帝国憲法条義（再版）』（日本評論社、一九三八年）二九四頁、佐藤丑次郎『逐条帝国憲法講義（第三版）』（有斐閣、一九四三年）二八一頁、大谷美隆『大日本憲法論（訂正再版）』（巌松堂書店、一九三九年）二二九頁。
(24) 稲田正次『明治憲法成立史・下巻』（有斐閣、一九六二年）五八八頁。
(25) 山崎又次郎『帝国憲法要論』（岩波書店、一九三八年）四三九頁。
(26) 松本重敏『憲法原論（訂正再版）』（巌松堂書店、一九二二年）六五三頁。
(27) 美濃部・前注（09）撮要、二八六頁。
(28) その他同様の見解に、里見・前注（22）概論、六〇八―六〇九頁、佐藤（丑）・前注（23）逐条、二八二頁、清水澄・前注（06）大意、一七八、一八二頁などがある。
(29) 美濃部・前注（09）撮要、二八六頁。
(30) 佐々木・前注（08）要論、三七〇頁。
(31) 美濃部・前注（09）撮要、二八六頁。
(32) 後藤致人『内奏―天皇と政治の近現代』（中公新書）（中央公論新社、二〇一〇年）一〇八頁。
(33) 美濃部・前注（09）撮要、二八五頁。
(34) 後藤・前注（32）内奏、一一頁。
(35) 宮沢俊義『憲法略説』（岩波書店、一九四二年）九五頁。
(36) 美濃部・前注（09）撮要、二四三頁。
(37) 前注（19）独白録、二二頁。
(38) 前注（19）独白録、二三頁。
(39) 前注（19）独白録、二五頁。
(40) 宮内庁『昭和天皇実録・第五』（東京書籍、二〇一六年）三九四頁、伊藤隆＝広瀬順晧編『牧野伸顕日記』（中央公論社、一九九〇年）三七六頁。『昭和天皇実録』は昭和四年六月二十七日の田中義一内閣総理大臣の拝謁は「奏上」と表示しているのみで、「上奏」か「内奏」かは不明である。しかし、内大臣牧野伸顕は、前日の二十六日に田中総理と面会した際のことを自らの日記に「小生は聞取りたる上、為念、陛下の御許諾を願ふ積りかと質問したるに、左にあらず、単に上聞に達するまでなりと明答せり」と記していることから、二十七日の拝謁は「内奏」であると考えられる。
(41) 侍従長鈴木貫太郎は昭和四年六月二十七日午前十時、内大臣牧野伸顕、宮内大臣一木喜徳郎らと「首相の拝謁において、張作霖爆殺事件に関する奏上がなされた場合の天皇の御対応につき」協議し、その結果を午前十一時五十分に昭和天皇に奏上している（前注（40）実録五、三九四頁）。
(42) 中尾裕次編「嶋田繁太郎大将無表題備忘録」『昭和天皇発言記録集成・上巻』（芙蓉書房出版、二〇〇三年）三三五頁。
(43) 本庄繁『本庄日記（普及版）』（原書房、一九八九年）二七五頁。
(44) 前注（19）独白録、三二頁。

(45) 参謀本部編『杉山メモ・上―大本営・政府連絡会議等筆記』（明治百年史叢書）（原書房、一九六七年）三一一頁。宮内庁『昭和天皇実録・第八』（東京書籍、二〇一六年）四七一頁。
(46) 朝日新聞社編『失はれし政治―近衛文麿公の手記』（朝日新聞社、一九四六年）一二三頁。
(47) 前注（45）実録八、五一〇頁。
(48) 木戸幸一『木戸幸一日記・下巻』（東京大学出版、一九六六年）九一七頁。
(49) 前注（19）独白録、六四頁。木戸幸一『木戸幸一日記・下巻』（東京大学出版、一九六六年）九〇五頁、前注（45）実録八、四六九―四七〇頁。
(50) 前注（45）実録八、五一一頁。木戸・前注（48）日記下、九一七頁。
(51) 前注（19）独白録、九三―九四頁。
(52) 前注（19）独白録、一二三頁。
(53) 鈴木一編『鈴木貫太郎自伝（新装）』（時事通信社、一九八五年）二九八頁。
(54) 鈴木・前注（53）自伝、二九八頁。
(55) 外務省編『終戦史録四』（北洋社、一九七七年）一三八頁。
(56) 下村海南（宏）『終戦記』（鎌倉文庫、一九四八年）一五〇―一五一頁。
(57) 外務省編『終戦史録五』（北洋社、一九七八年）四九頁、木戸・前注（48）日記下、一二二六頁。宮内庁『昭和天皇実録・第九』（東京書籍、二〇一六年）七六七―七六八頁。
(58) 迫水久常『機関銃下の首相官邸（新版）』（恒文社、一九六四年）二九四頁。
(59) 清水澄・前注（23）国法学一、六四六頁、佐々木・前注（08）要論、三八〇頁、市村光恵『帝国憲法論（改訂増補）』（有斐閣、一九一八年）六一四頁。
(60) 美濃部・前注（04）精義、五一二頁。
(61) 前注（21）（22）（23）参照。
(62) 上杉・前注（14）述義、六五九―六六〇頁。
(63) 佐々木・前注（08）要論、三八〇頁。
(64) 佐々木・前注（08）要論、三八〇頁。
(65) 美濃部・前注（09）撮要、二九六頁。
(66) 美濃部・前注（09）撮要、二九二頁。
(67) 前注（19）独白録、一三六頁。
(68) 宮沢・前注（35）略説、九五頁。
(69) 佐々木・前注（08）要論、三九六頁。
(70) 佐々木・前注（08）要論、三九七頁。
(71) 佐々木・前注（08）要論、三九九頁。
(72) 穂積・前注（23）提要下、五四四頁、上杉・前注（14）述義、六二一―六二三頁、佐々木・前注（08）要論、三九九頁、佐藤丑次郎『帝国憲法講義』（有斐閣、一九三一年）二二三頁、清水澄・前注（06）大意、一八二頁、里見・前注（22）概論、六一一頁。また拒むことができるという説は、大谷・前注（23）憲法論、二三〇頁。
(73) 佐々木・前注（08）要論、三九九頁。
(74) 佐々木・前注（08）要論、三九九頁。
(75) 清水澄・前注（06）大意、一八二頁。
(76) 宮沢・前注（35）略説、一三七頁。
(77) 佐々木・前注（08）要論、三八八頁。
(78) 佐々木・前注（08）要論、三八九頁。
(79) 佐々木・前注（08）要論、三六九頁。
(80) 上杉・前注（14）述義、六六〇頁。
(81) 副島義一『日本帝国憲法論（改訂四版）』（敬文堂書店、一九二六年）一五一頁。
(82) 宮沢・前注（01）全訂、七二頁。
(83) 里見・前注（22）概論、四一一―四一二頁。
(84) 美濃部・前注（04）精義、一一八―一二〇頁。
(85) 美濃部・前注（04）精義、一一九頁。
(86) 最二判平成元年十一月二十日民集四三巻一〇号一一六〇頁。
(87) 野中俊彦＝戸松秀典＝江橋崇＝高橋和之＝高見勝利＝浦部法穂編（芦部信喜監修）『注釈憲法・第一巻』（有斐閣、二〇〇〇年）二〇七頁〔浦部法穂執筆〕。
(88) 宮沢・前注（01）全訂、七二頁。
(89) 宮沢・前注（01）全訂、六〇頁。
(90) 宮沢・前注（01）全訂、八〇頁。
(91) 宮沢・前注（01）全訂、七四頁。
(92) 宮沢・前注（01）全訂、七二頁。
(93) 清水伸編『逐条日本国憲法審議録・第一巻』（有斐閣、一九六二年）六四三頁。
(94) 清水伸・前注（93）審議録一、六一二頁、昭和二十一年七月十三日衆議院憲法改正委員会答弁。
(95) 清水伸・前注（93）審議録一、六一八頁。
(96) 最大判昭和三十五年六月八日民集一四巻七号一二〇六頁「苫米地事件」。
(97) 田上穣治『日本国憲法原論（新版）』（青林書院、一九八五年）六六―六七頁。その他賛成意見としては、大石義雄『憲法』（勁草書房、一九五〇年）一四一頁、鈴木安蔵『日本の憲法』（政治教育協会、一九四七年）四一頁、藤田嗣雄『新憲法論―比較憲法学的考察』（大日本雄弁会講談社、一九四八年）一六〇頁、鵜飼信成「天皇」『法学協会雑誌』六七巻一号、六七頁、田畑忍『憲法学（第四版）』（評論社、一九五二年）一〇八頁。

(98) 浦部・前注（87）注釈一、二一四頁。

(99) 大石義雄『憲法概論（改訂）』（嵯峨野書院、一九六八年）二一三頁。

(100) 竹花光範『憲法学要論（補訂版）』（成文堂、一九九八年）一六六頁。

(101) 佐藤幸治＝渡辺良二＝平松毅＝百地章＝浦部法穂『憲法Ⅰ―総論・統治機構』（成文堂、一九八六年）二六七頁〔百地章執筆〕。

(102) 阿部照哉『憲法（改訂）』（青林書院、一九九一年）三五―三六頁。また田上穣治博士も同様の見解に立つ（同・前注（97）原論、六六―六七頁）。

(103) 阿部照哉＝平松毅＝和田進＝中谷実＝長尾英彦＝松井幸夫＝米沢広一＝上杉信敬＝武永淳＝吉田栄司＝間宮庄平＝永田秀樹『新憲法教室』（法律文化社、一九九七年）三九―四〇頁〔和田進執筆〕。

(104) 野中俊彦＝中村睦男＝高橋和之＝高見勝利『憲法Ⅰ（第五版）』（有斐閣、二〇一二年）一一七頁〔高橋和之執筆〕。

(105) 宮沢・前注（01）全訂、八〇頁。

(106) 宮沢・前注（01）全訂、一〇六頁。

(107) 芦部・前注（03）憲法、四九頁、阿部照哉『憲法（改訂）』（青林書院、一九九一年）三五―三六頁、一九九二年四月、一一四頁、高橋・前注（104）憲法Ⅰ、一一九頁、杉原泰雄『憲法Ⅱ』（有斐閣、一九八九年）四九七―四九八頁。

(108) 小嶋和司『憲法と政治機構』（木鐸社、一九八八年）九四頁、九六―九七頁。

(109) 樋口陽一＝佐藤幸治＝中村睦男＝浦部法穂『注釈日本国憲法・上』（青林書院新社、一九八四年）八五―九〇頁〔樋口陽一執筆〕、佐藤幸治『日本国憲法論』（成文堂、二〇一一年）五一七頁、松井茂記『日本国憲法（第三版）』（有斐閣、二〇〇七年）二六八頁、長谷部恭男『憲法（第六版）』（新世社、二〇一四年）七八頁。

(110) 野中俊彦＝戸松秀典＝江橋崇＝高橋和之＝高見勝利＝浦部法穂編（芦部信喜監修）『注釈憲法・第一巻』（有斐閣、二〇〇〇年）三〇〇頁〔芦沢斉執筆〕。

(111) 芦沢・前注（110）注釈一、三〇一頁。その他、同じ立場の主張として、例えば、以下の主張がある。清宮四郎『憲法Ⅰ―統治の機構（第三版）』（法律学全集）（有斐閣、一九七九年）一七八頁、佐藤功『憲法・上（新版）』（ポケット註解全書）（有斐閣、一九八三年）九一頁、樋口・前注（109）注釈上、一三一頁、法学協会編『註解日本国憲法・上巻一』（有斐閣、一九五三年）一七二頁、宮沢・前注（01）全訂、一三一頁。

(112) 美濃部達吉『新憲法逐条解説』（日本評論社、一九四七年）三一頁。

(113) 帝国議会審議における政府見解は、清水伸・前注（93）審議録一、七〇六頁、七〇七頁。衆議院委員会七月十三日、同七月五日、金森徳次郎国務大臣答弁。

(114) 芦沢・前注（110）注釈一、三〇一頁。

(115) 小嶋・前注（108）機構、九四頁、九九頁。

(116) 小嶋・前注（108）機構、九二―九三頁。

(117) 宮沢・前注（01）全訂、六二頁、六八頁。

(118) 小嶋・前注（108）機構、九八―九九頁。

(119) 清宮・前注（111）憲法Ⅰ、一七一頁。伊藤正己『憲法（第三版）』（弘文堂、一九九五年）四六四頁。

(120) 小嶋・前注（108）機構、九九―一〇二頁。

(121) 長谷部・前注（109）憲法、七八頁。

(122) 高橋・前注（104）憲法Ⅰ、一一九頁。

(123) 宮沢・前注（01）全訂、六六頁。その他、明記しているものとしては、例えば、覚道豊治＝榎原猛編『憲法要説』（法律文化社、一九七九年）三一頁、佐藤幸治・前注（109）憲法論、五一六頁などがある。

(124) 小嶋・前注（108）機構、一一六―一一八頁。

(125) 昭和四十六年三月十日、第六十五回衆議院内閣委員会高辻正巳内閣法制局長官答弁。『憲法答弁集（一九四七―一九九九）』（信山社、二〇〇三年）一四頁所収。

(126) 樋口陽一『近代憲法学にとっての論理と価値・戦後憲法学を考える』（日本評論社、一九九四年）一〇九頁。

(127) 田上・前注（97）原論、六八頁。

(128) 山本雅人『天皇陛下の全仕事』（講談社、二〇〇九年）九五頁。

(129) 産経新聞、平成二十六年十月二十四日付。

(130) 鵜飼信成『憲法における象徴と代表』（岩波書店、一九七七年）二〇一―二〇二頁。

(131) 田上・前注（97）原論、六七頁。

(132) 芦沢・前注（110）注釈一、二七七頁。

第三章 理念としての政治権力の変動

宮沢俊義教授は主権（国家の政治のあり方を最終的にきめる力）が天皇のものから国民のものになったというのは、「実体」としての政治権力が移動したことを指すのではなく、飽くまでもこれは「建前」「理念」の問題であると説き、旧新憲法の変動によって、天皇主権が否定され、国民主権主義が採用されたのであって、建前として、主権は天皇から国民に移ったと述べる。[01]

第二章では、宮沢教授が排除しようとした、「実体」としての政治権力の変動の有無を検討した。第三章では、旧新憲法間において、博士が主張する「建前」「理念」の上で、政治権力がどのように変動したか検討してみたい。

宮沢教授は、天皇主権と国民主権は相反するもので、両立することはできず、ポツダム宣言受諾によって国民主権主義が確立されたため、天皇主権が否定されたと説き、主権者が移動したことをもって、憲法改正の限界を踰越すると結論する。[02]

しかし、天皇主権と国民主権の相互排他性については、すでに本稿で尾高・宮沢論争を眺めてきたとおり、議論の余地が多分に残されていると思われる。ここで、尾高・宮沢論争について、さらに掘り下げて検討してみたい。

先述のとおり、尾高博士が委任の法理を持ち出して、天皇主権は国民主権と対立する概念ではなかった[03]と述べたところ、宮沢教授は「政治的権威は終局的には神に由来する」とし、帝国憲法下の国体を「神勅主権主義」「神権主義」と呼び、天皇主権と国民主権が相反すると主張した。[04] また、尾高博士も、政治的権威が神に由来する点を認めている。[05]

宮沢教授はその根拠について、先ず大日本帝国憲法は第一条に「大日本帝国は万世一系の天皇之を統治す」と定めていることを示し、「その天皇の権威はいったいどこから来るかといえば、それは神意から来ると考えられていた」とし、「天孫降臨の神勅」（天壌無窮の神勅）がその根拠であって、「天皇は神の子孫として、また自身も神として、日本を統治する、とされた」と述べている。[06]

確かに、我が国の正史である『日本書紀』には次のように書かれている。

「葦原《あしはらの》千《ち》五百《いほ》秋《あきの》瑞穂国《みづほのくに》は、是、吾《あ》が子孫《うみのこ》の王《きみ》たるべき地《つち》なり。爾皇孫《なむぢすめみま》就《ゆ》きて治《し》らせ。行矣《ゆきくませ》。宝祚《あまつひつぎ》の隆《さか》えまさむこと、天壌《あめつち》と無窮《きはまりな》けむ[07]」

これは、天孫降臨にあたり、天照大神《あまてらすおおみかみ》が瓊瓊杵尊《ににぎのみこと》に与えた神勅で、「天壌無窮の神勅」と呼ばれる。現代語に意訳すると「日本国は天照大神の子孫が治める国で、皇統の繁栄は永久に続くであろう」というような意味になろう。この神勅は宮沢教授のいう「天皇制の不変性」を述べていると指摘される。また。『日本書紀』に準じる位置付けにある『古事記』にも似たような記述がある。

『日本書紀』『古事記』によると、天照大神の孫に当たる瓊瓊杵尊が、天壌無窮の神勅を受けて、高天原《たかまのはら》（天上世界）から葦原中国《あしはらのなかつくに》（日本列島）に降臨し、その曾孫が初代天皇に即位し、その子孫が歴代の天皇の位に就いてきたという。この筋書きが「政治的権威は終局的には神に由来する」[08]、または「天皇の神性や、天皇制の不変性」[09]などの根拠とされた。宮沢教授はその上で、天皇は「神として日本を統治する、とされた」と述べた[10]。

しかし、大日本帝国憲法下の統治原理について、①天皇の地位の根拠は神意であった（皇権《おうけん》神授説）、②天皇は自ら神として日本を統治した（現人神論）、とする宮沢教授の主張に対しては、根強い疑問も呈されている。次にこの二点に関連する問題について順次論じていきたい。

a　天皇の地位の根拠

先ず①の天皇の地位の根拠は神意であったという、皇権神授説について検討したい。宮沢教授は、帝国憲法の国体は「神勅主権」「天皇主権」[11]であり、これは「天皇が、神勅にもとづいて、統治権を総攬するという原理」[12]であって、「それまでの日本の政治の根本建前は、一言でいえば、政治的権威は終局的には神に由来する」[13]ものと述べている。このような帝国憲法の根本建前が、日本国憲法の根本建前と矛盾するというのが八月革命説の骨子であるから、①の「天皇の地位の根拠は神意であった」とする皇権神授説こそ、八月革命説の屋台骨といえよう。この主張は、天皇が神の子孫であることと、そして、天照大神が孫に当たる瓊瓊杵尊に天壌無窮の神勅を下したことが天皇統治の根拠であるとする二つの点から構成される。

国民も神の子孫ではないか

第一に、天皇が神の子孫であることは『日本書紀』『古事記』（併せて「記・紀」という）に記されたとおりだが、記・紀からは、「天皇」だけでなく「国民」も神の子孫であることが読み取れる点に注目したい。

編纂方針の違いゆえに『日本書紀』よりも『古事記』のほうが、氏族の系譜について詳しく記述している。そのため、この論点については『古事記』の記述を用いることにする。ここから暫くは、憲法学から離れて、国文学の領域の考察になることをお断りしておく。

『古事記』に登場する夥しい数の氏族は、そのほとんどが、遡れば何らかの神に行き着くことになっている。先ず、天照大御神の子孫は歴代天皇と皇族だけではない点から述べていきたい。

例えば、第二代綏靖《すいぜい》天皇の兄に当たる神八井耳命《かむやいみみのみこと》は、天皇に即位することはなかったが、その子孫については緻密に記載がある。具体的には、次に列挙する氏族らの祖であると記されている。すなわち、意富臣《おおのおみ》（大和国十市《とおち》郡飫富《おお》の一族）・小子部連《ちいさこべのむらじ》（天皇の側に仕える小子部を統率した氏族）・坂合部連《さかいべのむらじ》（詳細は不明）・火君《ひのきみ》（肥後国八代《やつしろ》郡の豪族）・大分君《おおきだのきみ》（豊後国大分郡の豪族）・阿蘇君《あそのきみ》（豊後国阿蘇郡の豪族）・筑紫三家連《つくしのみやけのむらじ》（筑前国那珂《なか》郡三宅《みやけ》郷の豪族）・雀部臣《さざきべのおみ》（和泉国に居住した一族で、仁徳天皇の御名代《みなしろ》である雀部を管理した）・雀部造《さざきべのみやつこ》（和泉に居住した一族）・小長谷造《おはつせのみやつこ》（武烈天皇の御名代である小長谷部を統率した一族）・都祁直《つけのあたい》（大和国山辺《やまべ》郡都介《つけ》郷の一族）・伊余国造《いよのくにのみやつこ》（伊予国の豪族）・科野国造《しなののくにのみやつこ》（信濃国の豪族）・道奥石城国造《みちのくのいわきのくにのみやつこ》（陸奥国磐城《いわき》郡から常陸国多珂《たか》郡の豪族）・常道仲国造《ひたちのなかのくにのみやつこ》（常陸国那珂《なか》郡の豪族）・長狭国造《ながさのくにのみやつこ》（安房国長狭《ながさ》郡の豪族）・伊勢船木直《いせのふなきのあたい》（伊勢国多気郡船木の一族）・尾張丹羽臣《おわりのにわのおみ》（尾張国丹羽郡丹羽郷の豪族）・島《しま》田臣《だのおみ》（尾張国海部郡嶋田郷の豪族）である。[14]

次に、この他にも無数の氏族が、例えば、須佐之男命《すさのおのみこと》や大国主神《おおくにぬしのかみ》を始めとする、天照大御神とは別系統の神の系譜につながることが記されていている。『古事記』は、かように数百もの氏族が、遡れば神の系譜に辿り着くと記述しているのである。

それらの数多の氏族の子孫が、近現代の日本の人口に占める割合を考えれば、日本国民の大半に及ぶことになろう。両親が二人、祖父母が四人、曾祖父母が八人であるように、十世代遡れば先祖は一〇二四人、二十世代遡れば先祖は一〇〇万人を超える。かつては結婚が早く、長く見積もって一世代を二十年と見ても、二十世代は僅か四〇〇年前に過ぎない。そこからさらに二十世代遡ったとしたら、その一〇〇万人の先祖一人ひとりにさらに一〇〇万人ずつ先祖がいる計算になる。およそ一世紀のうちに外国から渡って来た者を除けば、二〇〇〇年遡っても先祖のうち一人も『古事記』が記す数百の氏族の系譜につながらない日本人は、確率論的にほとんどいないといえる。

また、そのような神の子孫として明記されていない民の起源について、『古事記』は何も記していない。しかし、イザナキとイザナミの国生みよりも前には、日本列島は存在していないのであるから、それ以前に人は存在していなかった。『古事記』における「人」の初出は、黄泉国から帰還したイザナキがイザナミと別れの言葉を交わした時のイザナミの言葉「愛《うるは》しき我《あ》がなせの命《みこと》、如《か》此《く》為《せ》ば、汝《なむち》が国の人草《ひとくさ》を、一日《ひとひ》に千《ち》頭《かしらくび》絞り殺さむ」（愛しい夫がそのようにするのであれば、あなたの国の人々を一日に一〇〇〇人絞め殺しましょう）[15]の中に見出せる。また、これとほぼ同様の逸話が『日本書紀』にも収録されている。[16]この逸話は、国文学における通説では、人に寿命が与えられた起源を示す神話として理解されている。[17]

ということは、これ以前、「人」に寿命はなかったことになる。『古事記』では、神に寿命はなく、神が落命するのは火傷か圧迫などの外傷に限られ、この原則に例外はない。他方、この記述以降、「人」には例外なく寿命がある。寿命のある神や、寿命のない人が語られることはない。『古事記』においては、神と人の決定的な違いは、寿命の有無であると結論してよい[18]。

人に寿命が与えられたこの事件以前にも、人は存在していたが、イザナキとイザナミの国生み以降に出現したと考えるほかなく、国生み以降、天地万物は八百万の神として観念されてきた。従って『日本書紀』『古事記』の世界観では、人もかつては神であり、また人は大自然の要素である神から生じた子孫であると見られている。

これまで述べてきたように、人たる民も神の子孫であるならば、天皇が神の子孫であることが、天皇の統治の根拠たり得ないことは明らかであろう。

ところで、一点だけ付言しておきたいことがある。記・紀が、天皇だけでなく民も神の子孫である旨を記しているからといって、記・紀本文には、日本民族が他民族よりも特別な存在であるといった記述はない。『旧約聖書』と異なり、特に『古事記』は、本筋に関係のない事柄は記述しない編集方針を取っている。「国土・万物を語るのも決して一般的に世界の成り立ちを語るのではない。語るところは、あくまで神々の世界と、その神につながる天皇の世界である」と指摘されるように、『古事記』には日本以外の領域や他民族については言及がない[19]。よって「日本国民は神の子であるが故に特別である」という論があったとすれば、それは記・紀とは無関係な論といわなくてはならない。

ここで国文学を離れて、再び憲法学に戻っていきたい。

天皇統治の根拠に関する学説

第二に、天照大神が、その孫である瓊瓊杵尊に天壌無窮の神勅を下したことが、天皇の統治の根拠であるという主張についても、根強い異論がある。

先ず、戦前の学説から眺めてみたい。統治原理の根拠を神話に求める見解としては、例えば、宮沢教授の主張がある。教授は「万世一系の天皇永遠にこれを統治し給ふ」ことが「わが肇《ちょうこく》国以来の統治体制の根本原理」であるとし、これは「宏遠なるわが肇国の伝統のうちにおいて発生したものであ」ると、歴史に依拠する態度を示しつつも、「諸諸の古典に伝へられる皇孫降臨の神勅以来、天照大神の神孫この国に君臨し給ひ、長へにわが国土および人民を統治し給ふべきことの原理が確立し、それがわが統治体制の不動の根柢を形成してゐる」と、その由来を神話に求めるようなことも述べている。[20] 若干曖昧な表現ではあるが、天壌無窮の神勅によって、神孫たる天皇が統治するという統治原理が確立され、それが政治体制の基礎をなすというのである。

しかし、この宮沢教授の見解は珍しい考えで、戦前の憲法学では、天皇の地位の根拠を神勅ではなく、歴史の事実に求める見解が通説となっていた。例えば、清水澄博士は、国体を「国体ハ国民ノ確信ニヨリテ定マリ国民ノ確信ハ歴史ニ基キテ生ス」と定義した上で、日本の国体について「我カ国ニ於テハ建国以来天皇ヲ以テ統治権ノ主体ナリト為ス確信深ク国民ノ間ニ在リテ未タ嘗《かつ》テ其信念ノ動揺シ若ハ動揺セントシタルコトナシ」と述べ、「国家ヲ統治スルノ権力ノ成立ハ社会的ノ事実ナリ即チ国家統治ノ権力ハ国民カ或ル自然ノ意思ヲ以テ共同生存ノ中心力ト為シ之ニ信頼シ之ニ服従シ之ニ違反スヘカラスト為スニヨリテ成立スルモノナリ」と、統治権は社会的事実であって、国民の意思に基づくというのである。(21)

これに対して、天皇の統治の根拠を歴史的事実にのみ求め、神意だけでなく民意をも排除する考えを唱えたのが美濃部達吉博士である。博士は「わが万世一系の帝位は、民意に基いたものでもなければ、又敢て超人的の神意に基いたものとしても認められぬ」とした上で、「それは一に皇祖皇宗から伝はつた歴史的成果であつて」、帝国憲法上諭に「祖宗ノ遺烈ヲ承ケ」とあるのは、その意味であると述べる。(22)

また、里見博士も、国体を「日本国家の窮極的基盤体に基く必然としての天皇統治の体法」と定義した上で、国体とは「社会的事実であり、又歴史的事実であつて、単に、人の道徳的又は哲学的観念又はそれらの所産ではない」と述べる。(23)

また、帝国憲法を発布した明治天皇も、次のような御製《ぎょせい》（天皇が詠む和歌の意）を残している。

「をりにふれて　さだめたる国のおきてはいにしへの聖《ひじり》の君のみこゑなりけり」（明治四十三年[24]）

「さだめたる国のおきて」は大日本帝国憲法を指し、また「いにしへの聖の君のみ〈御〉声」とは歴代天皇の大御心を指すと思われる。歴代天皇が継承してきたものを、国の掟として定めたのが大日本帝国憲法であると読み取ることができよう。ここからも、帝国憲法は神話に由来するのではなく、歴史に由来することを知ることができる。

維新の思想と立法者の意思

このような見解が戦前において通説とされてきたのは、帝国憲法草案の起案に関わった人たちの意思が深く関係すると思われる。ここで、維新期の思想を確認しておきたい。帝国憲法を生み出した明治維新の中心的な思想は、『王政復古の大号令』に見いだすことができる。

「諸事神武創業ノ始《はじめ》ニ原《もと》ツキ、縉紳武弁《しんしんぶべん》堂上地下《どうじょうちげ》ノ別ナク、至当《しとう》ノ公議ヲ竭《つく》シ、天下ト休戚《きゅうせき》ヲ同《おなじ》ク遊ハサルヘキ叡慮《えいりょ》ニ付《つき》、各《おのおの》勉励《べんれい》、旧来驕惰《きょうだ》ノ汚習ヲ洗ヒ、尽忠報国《じんちゅうほうこく》之誠《まこと》ヲ以《もって》奉公致スヘク候事」〔読み下しに改め、句読点を補った[25]〕

『王政復古の大号令』がいう「諸事神武創業ノ始《はじめ》ニ原《もと》ツ」いて「至当《しとう》ノ公議ヲ竭《つく》」すこと、つまり神武建国の精神に立ち返ること（復古思想）こそ、「文明開化」（開化思想）と並ぶ明治維新の目標だった。神武建国に立ち返ることは、明治維新の中心的思想の一つと考えてよい。

ここで注目したいのは、立ち返るべきは、神話の天孫降臨や天壌無窮の神勅ではなく、神武創業（神武天皇即位）であると記した点である。そして、明治維新の集大成として出来上がったのが大日本帝国憲法と教育勅語だった。そこで、帝国憲法と教育勅語が記す国の始まりについて検討したい。それぞれ次のように書かれている。

『大日本帝国憲法』発布勅語

「惟《おも》フニ、我カ祖我カ宗ハ、我カ臣民祖先ノ協力輔翼ニ倚《よ》リ、我カ帝国ヲ肇造《ちょうぞう》シ、以テ無窮《むきゅう》ニ垂《た》レタリ。此レ我カ神聖ナル祖宗ノ威徳ト、並ニ臣民ノ忠実勇武ニシテ、国ヲ愛シ公ニ殉《したが》

ヒ、以テ此ノ光輝アル国史ノ成跡《せいせき》ヲ貽《のこ》シタルナリ」（第二段から抜粋）

『教育勅語』
「朕惟《おも》フニ、我カ皇祖皇宗、国ヲ肇《はじ》ムルコト宏遠《こうえん》ニ、徳ヲ樹《た》ツルコト深厚ナリ。我カ臣民、克《よ》ク忠ニ克ク孝ニ、億兆心ヲ一ニシテ、世々厥《そ》ノ美ヲ済《な》セルハ、此レ我カ国体ノ精華ニシテ、教育ノ淵源、亦実ニ此ニ存ス」（冒頭を抜粋）

いずれも、国を始めたのは「皇祖皇宗」「我ガ祖我ガ宗」「祖宗」（いずれも「皇祖」及び「皇宗」を意味する）であることが分かる。

ここで、「皇祖」と「皇宗」の意味が問題になる。帝国憲法と教育勅語を起草した張本人で、両方の編纂の中心にいた井上毅は、「皇祖」と「皇宗」について次のように説明している。

「皇統ノ綿系ヲ論スルトキハ天照太神《あまてらすおおみかみ》ヲ皇祖とスヘキモ肇国《ちょうこく》ノ基始ヲ叙《の》ぶルニハ、皇祖トハ神武天皇ヲ称《とな》ヘ皇宗トハ歴代ノ帝王ヲ称ヘ奉ルモノトシテ解セザルヘカラズ、古典ニ拠レハ天照太神ハ『天シラス神』ニシテ『国シラス神』ニハ非《あら》ス」(26)

つまり、国の始まりを論じるに当たり、「皇祖」は「神武天皇」、「皇宗」は「歴代天皇」と考えなくてはならないという。この見解は、哲学者の井上哲次郎教授が、文部省の依頼を受けて起草した教育勅語の解説書に、「皇祖」は「天照大御神」、「皇宗」は「神武天皇」と記したところ、井上毅がこれに反論して修正を要求した文書に書かれている。この指摘は、井上の教育勅語に関する意見である。

しかし、井上毅は帝国憲法と教育勅語の両方を起草した人物であること、また、帝国憲法と教育勅語は同一の思想の上に書かれたものであることから、帝国憲法の「皇祖皇宗」と教育勅語の「皇祖皇宗」は、同義であって、「皇祖」は「神武天皇」、「皇宗」は「歴代天皇」を意味すると考えてよいであろう。なお、大日本帝国憲法も教育勅語も、天孫降臨をはじめとする神話には一切言及していない。

帝国憲法と教育勅語に神話を持ち込まない考えは、両方の起草者である井上毅によって徹底された。教育勅語の起草にあたり、井上が山県有朋首相に宛てた明治二十三年（一八九〇）六月二十日付意見書には次のように記されている。

「勅語ニハ敬天尊神《てんをうやまいかみをとうとぶ》等ノ語ヲ避けざるべからず何となれハ此等の語ハ忽《たちま》ち宗旨《しゅうし》上之争端を引起すの種子となるべし」「幽遠深微《ゆうえんしんび》なる哲学上の理論を避けざるべからず何となれば哲学

上の理論ハ必《かならず》反対之思想を引起すべし」「政事上之臭味を避ケざるべからず」「世ニあらゆる各派の宗旨の一《ひとつ》を喜はしめて他を怒らしむるの語気あるべからず(27)」

このような井上の考えについて、神道学の新田均博士は「井上は、天皇統治の根拠を形而下的なもの（「歴史」的なもの）の上に設定することによって、天皇をめぐって、宗教や哲学といった形而上学的な論争が発生したり、それに天皇や政府が巻き込まれたりすることを避けようとしたのだと考えられる(28)」と指摘している。

同様の指摘は、帝国憲法の公式解説書としての性格を持つ伊藤博文著『憲法義解《ぎげ》』にも述べられている。第一条の解説で「神祖開国以来、時に盛衰ありと雖《いえども》、世に治乱ありと雖、皇統一系宝祚《ほうそ》の隆は天地と與に窮なし」としつつも、「神祖を称へたてまつりて『始御国天皇《はつくにしらすすめらみこと》』と謂《い》へり」と記す(29)。つまり日本を開国した「神祖」は初代の天皇を指すことを明示している。

さて、帝国憲法と教育勅語がいう「皇祖」による帝国の「肇造《ちょうぞう》」「肇国」（国を始めること）は、記・紀に記されている。正史『日本書紀』は、神武天皇の即位について「辛酉年《しんゆうのとし》の春正月の庚辰《こうしん》の朔《さく》に、天皇《すめらみこと》、橿原宮《かしはらのみや》に即帝位す。是歳《ことし》を天皇元年《すめらみことのはじめのとし》とし、正妃《むかひめ》を尊びて皇后《きさき》としたまふ」と、即位の具体的な日付を記し、またその天皇を「始馭天下之天皇《はつくにしらすすめらみこと》」と名付けたと記している(30)。つまり、「クニ」を「シラス」（統治する）ことを始めた天皇、すなわち初代天皇の即位が天皇元年であり、それが国の始まりであるというのである。[31]なお、「辛酉年の春正月の庚辰の朔」は西暦でいうと紀元前六六〇年正月とされ、この年を建国の紀元とした。他方、『古事記』には具体的な日付の記述はない。

このように『日本書紀』は、日本の建国は、天孫降臨などの神話ではなく、初代天皇の即位にあるという見解に立っていて、これは『古事記』も同様である。この考えを踏襲しているのが大日本帝国憲法と教育勅語である。紀元二六〇〇年に当たる昭和十五年（一九四〇）に国家行事としての紀元二六〇〇年記念行事が催行され、「紀元二千六百年式典ノ勅語」が煥発されたことを併せて鑑みるに、この見解は、帝国憲法下における統一された公式の見解であったといって差し支えないであろう。

これまでの考察により、帝国憲法と教育勅語が用いる「皇祖」「皇宗」の語は、それぞれ「初代天皇」「歴代天皇」を意味することを、一応は明らかにすることができたと思う。次に、この定義を用いて帝国憲法が記す天皇統治の根拠について読み解いていきたい。

天皇統治の根拠に関する公式な見解

帝国憲法は、天皇の地位の根拠について、先述の発布勅語の「我カ祖我カ宗ハ、我カ臣民祖先ノ協力輔翼ニ倚《よ》リ、我カ帝国ヲ肇造《ちょうぞう》シ」（A）だけでなく、告文には「皇祖皇宗ノ遺訓ヲ明徴ニシ、典憲ヲ成立シ、条章ヲ昭示シ〔中略〕、茲《ここ》ニ皇室典範及憲法ヲ制定ス。惟《おも》フニ、此《こ》レ、皆皇祖皇宗ノ後裔ニ貽《のこ》シタマヘル統治ノ洪範ヲ紹述スルニ外ナラス…」（B）、また上諭には「国家統治ノ大権ハ、朕《ちん》カ之ヲ祖宗ニ承ケテ、之ヲ子孫ニ伝フル所ナリ」（第二段）（C）と記している。ところで、ここにいう「我カ祖我カ宗」あるいは「祖宗」というのは、「祖」は「皇祖」また「宗」は「皇宗」のことを意味するため、いずれも「皇祖皇宗」と同義である。

これらの文言を「皇祖」＝「神武天皇」、「皇宗」＝「歴代天皇」の定義を用いて読むと次のような意味になる。

（A）我が帝国を建国して育んできたのは神武天皇と歴代天皇である。

（B）神武天皇と歴代天皇の遺訓を明らかにして条文を整え、皇室典範と憲法を制定する。これらは、神武天皇と歴代天皇が後裔に残した統治の規範を述べたものにほかならない。

（C）国家統治の大権は、明治天皇が、神武天皇と歴代天皇から継承したもので、これは子孫に伝えるものである。

つまり、天皇統治の根拠は、神や神話ではなく、初代天皇から連綿と受け継がれてきた歴史の事実に由来するものと読むほかないであろう。このように、少なくとも帝国憲法は天皇の地位の根拠が神に由来するとは記しておらず、むしろ、歴史に由来すると明記しているのである。天皇の地位の根拠を歴史の事実に求める見解は、帝国憲法下における統一された公式見解であったことを確認しておきたい。

従って、天皇の統治原理の由来を神勅に求めようとする宮沢教授の見解は、帝国憲法下における統一された公式の見解と異なるものであり、飽くまでも少数意見の範疇を出るものではなかったといえる。また、天照大神が、その孫である瓊瓊杵尊に天壌無窮の神勅を下したことが、天皇の統治の根拠であるという主張は、その明確な根拠が示されたことはない。またこの見解は、神武建国の精神に立ち返るという明治維新の中心的思想に相反するだけでなく、帝国憲法と教育勅語の思想とも矛盾するものであり、帝国憲法下の憲法学においては支持されていなかった。

ところが、教科書が国定化された明治三十六年以降の修身と国史の学校教科書には、天皇が神の子孫であることが書かれている。[32]それはなぜか。国定教科書に書かれているということは、国の統一された公式見解であるはずであり、このことは、これまで天皇の地位の根拠が神意であるという主張が国の公式見解ではないと述べてきた本稿の趣旨と矛盾するようにも見える。

しかし、天皇が神の子孫であることが正史『日本書紀』に記されていることは動かしがたい事実であるとしても、だからといって、教科書は、そのことが天皇の地位の根拠であるとは記述していない。むしろ国民も神の子孫であると考えられてきたことは、既に述べたとおりである。教科書は、『日本書紀』の神話の記述を伝えようとしているのであって、天皇の地位の根拠を説明するために引用しているのではない。

ところで、天皇が天皇である根拠は歴史の事実にあるのであって、天皇が天照大神の子孫であるという理由にあるのではないと考えるにもかかわらず、八百万の神々のなかで天照大神を丁重に祭る理由は何であろうか。

それは、天皇を敬う以上、その先祖とされる神を敬うのは、むしろ当然というべきであろう。つまり、帝国憲法と教育勅語の思想によれば、天照大神を敬うから天皇を敬うのではなく、その逆の、天皇を敬うから天照大神を敬うのである。

これまでの作業により、戦前には、天皇が神の子孫であるという国民的な共通認識はありつつも、それはあくまで神話としての認識に過ぎず、少なくとも憲法学においては、天皇の地位の根拠とは考えられてこなかったこと、そして他方では、天皇の地位の根拠を歴史的事実に求める見解は、戦前の憲法学では通説とされていただけでなく、国家の公式な統一見解であったことを、一応は明らかにすることができたと思う。

「皇権神授説」とその根拠

ところが、戦後ではこの見解はほとんど支持されなくなり、替わって、帝国憲法下では天皇の地位の根拠は神勅だったという「皇権神授説」が盛んに唱えられるようになって現在に至っている。既に帝国憲法はなくなっているにもかかわらず、戦後になってから、遡ってその解釈が変更されたことになる。

戦後において、帝国憲法下の天皇統治の根拠を歴史の事実に求める見解としては、少ないながらも、例えば、次のものがある。

先ず、憲法改正を担当した金森大臣は、天皇の地位の根拠について「なぜ天皇が存在するに至つたか、何故にその権威が生まれてきたかということは、我々にはわからないのであつて、ただ現在においてほぼ判断しうるかぎりにおいて過去の歴史を知ることができるだけである」と述べている(33)。

次に、思想家で『神社新報』の主筆を担った葦津珍彦《あしづうずひこ》氏は「天皇の地位は、悠久なる万世一系の皇統連綿たる歴史的事実の中に、その根源を有する(34)」と述べ、また、美濃部博士も戦後に改めて「我が歴代の皇位の尊厳も亦《また》国民が一天万上の君として仰ぎ奉ることに其の基礎を有せるもので、若《も》し万一にも民心悉《ことごと》く離反し去つたならば、皇位の尊厳も亦随《したが》つて失はるるの外は無いであらう(35)」と、その根拠を神勅ではなく、歴史的事実に求められるとの意見を述べている。

これに対して、戦後になって、帝国憲法下の根本建前が神勅主権主義であったという主張の急先鋒となって、盛んに、かつての天皇統治の根拠が神意に由来すると説いて回ったのが、八月革命説の提唱者である宮沢教授だった。先述の戦前の著作では、「皇孫降臨の神勅以来、天照大神の神孫この国に君臨し給ひ、長へにわが国土および人民を統治し給ふべきことの原理が確立し、それがわが統治体制の不動の根拠を形成してゐる」と述べるに留まり、天皇の地位の根拠を直接明記していないが(36)、戦後の著作では、天皇の地位は「天皇の祖先たる神の意志に根拠をもつものとされた」と明記し、また、帝国憲法における根本建前を「神権主義的天皇主権の原理」「天皇が、神勅にもとづいて、統治権を総攬するという原理」と述べるようになった(37)。

しかし、宮沢教授は、天皇統治の根拠は歴史的事実であるという見解が、戦前の憲法学で通説であり、かつ国家の公式な統一見解とされていたことについては一言も触れず、なぜ天皇統治の根拠が神意であるのか、その理由を述べた形跡もない。

これまで検討してきた点を踏まえれば、少なくとも戦前の憲法学と、戦前の国家の統一見解では、宮沢教授がいうような、天皇の地位が「天皇の祖先たる神の意志に根拠をもつものとされた」事実はないことは明らかであろう。また教授のいう「天皇が、神勅にもとづいて、統治権を総攬するという原理」というのも、戦前には支持されたことのない見解であり、また戦後になってこれを支持すべき新たな理由は、宮沢教授によって提示されてはいない。

そして、戦後の憲法学界においては、帝国憲法の天皇の地位は神の意志に由来するというのが、圧倒的な通説になっているが、いずれの主張も同様の結論をただに述べるだけで、その論理的根拠を述べているものは見受けられない。

例えば、芦部信喜博士は「天皇の地位は、天皇の祖先である神の意志に基づくものとされた[38]」と述べ、高見勝利博士は「『日本書紀』の建国神話に由来する万世一系の天皇が日本を統治するものとされた[39]」と述べ、佐藤幸治博士は、帝国憲法上諭が「日本書紀に書かれた天照大神の神勅にまでさかのぼる『国体』を宣言し確認するという性格のものであった」とし、これを「神権的国体観念」と述べ[40]、高橋和之教授は「明治憲法は、主権が天皇に存し、この天皇の地位は、天皇の祖先である神（天照大神）の意思に基づくものであることを基本原理とした[41]」と述べ、松井茂記博士は「天皇が日本を統治する権利は、憲法以前に神勅によって与えられたものであった[42]」と述べ、佐藤功博士は、国体の原理を「天皇が神勅に基づいて大日本帝国を統治し、臣民はこの天皇の統治に無条件に服従する地位にあるという原理[43]」と述べ、小林直樹博士は「天皇統治の正当性イデオロギーは、窮極的には、天照大神の治しめす高天ヶ原の神話に帰する[44]」と述べている。しかし、これらの論者を含め、戦後の憲法学界では、『日本書紀』を引用する以外に、天皇の地位が神意に由来する論理的根拠を述べた論者はいない[45]。

また、辻村みよ子博士と木下智史教授は共に、帝国憲法上諭に「国家統治ノ大権ハ朕カ之ヲ祖宗ニ承ケテ之ヲ子孫ニ伝フル所ナリ」とあることをその根拠にしているが、「祖宗」の意味を、間違えて「皇祖神」と解釈してしまった結果である。既に示したように帝国憲法下の通説によると「祖宗」は正しくは「初代天皇と歴代天皇」を意味する[46]。

従って、天皇の地位が神に由来するという主張は、戦前は支持されない見解であったところ、ポツダム宣言を受諾した後に、論理的根拠もなく俄に主張されることになった見解であって、とても学問的とは言い難い主張である。

b　天皇は神か

これまで、大日本帝国憲法下の統治原理について、①天皇の地位の根拠は神意であったという、皇権神授説について検討してきた。次に、②天皇は自ら神として日本を統治したという主張について検討していきたい。

天皇の神性に関する学説

この主張は、例えば、宮沢教授が「天皇は神の子孫として、また自身も神として、日本を統治する、とされた[47]」と述べている他、戦後になって、戦前の状況を説明する際に語られてきた。近年では、松井茂記博士が「天皇は、統治権をもつ君主であると同時に、神であった」と述べている[48]。

確かに、戦前にも「天皇は神である」という主張はあった。早い時期では宗教学の加藤玄智《げんち》教授は「代々の天皇陛下は、一方から申しますれば、天神の神胤《しんいん》、即ち神の子と申すことが出来ますけれども、亦《また》他方からは陛下のことを明神《あきつかみ》とも亦現人神《あらひとがみ》とも申し上げてをるのでありまして、神より一段低い神の子ではなくして、神それ自身であるといふことであります[49]」と述べた。

しかし、戦前の憲法学においては、帝国憲法の天皇は神ではないという学説が圧倒的な通説となっていた。例えば、清水澄博士は「皇位ヲ充タサルル者ハ人ニシテ人ニハ死亡アルコトヲ免レサルカ故ニ天皇モ亦崩御セラルルコトアルヲ免レ難シ[50]」と述べている。また、佐々木惣一博士も戦前から一貫して天皇は人であると説いてきた。佐々木博士は戦後、次のように説いている。

「天皇は従来神とされていたのが、改められて、人間とされることとなつた、などと説く人が往々あるが、これは全く誤りである。憲法は、前から天皇を神などと取扱っていない、人間と取扱うている[51]」

また、葦津珍彦氏も「日本人は初めから『裕仁命《ひろひとのみこと》〔昭和天皇〕を生理的人間でない』などと思っていた者はいないのである。裕仁命が、生理的には人間であられる事は、どんなに無智な人間でも知らぬ者はない。問題は天皇と云う民族の伝統的な地位が、神聖であると云う思想にある[52]」とし、「天皇は地上にあって、高天ケ原《たかまがはら》の神を祭った御方なので、神聖ではあっても、祭りの対象として神殿で祭りをうけられる方ではない」と述べている[53]。

また、里見岸雄博士は、国法には「天皇」について二つの用法があり、一つは帝国憲法第一条に見える「万世一系不滅常住の統治者たる概念に於ての『天皇』」であるという。そしてもう一つは（旧）皇室典範第十条に見える「天皇崩スルトキハ」で用いられる「天皇」で、この「天皇」は「御精神又は玉体の御疾患その他の事故により親政し給ふこと能《かな》はざることある『天皇』である」とし、「現人天皇は、『人』にゐますが故に、聖誕あり従つて聖滅あるを免れ

ない。我が国法は、この聖誕あり又聖滅ある『現人』なる御方を『天皇』と申上げてある」と述べる。(54)

このように、戦前において、憲法学以外を専門とする学者が天皇を神ということがあっても、憲法学界では天皇を神とする意見は皆無に近く、「天皇は神ではない」との見解が通説だった。戦後になって宮沢教授が「かつて天皇は神だった」との見解を述べるも、これまでその理由が示されたことがないまま、宮沢教授のこの主張が現在では最も支持されている。

しかし、帝国憲法を起草した中心人物である井上毅が、憲法に神話や神道を持ち込まないことを徹底したことは既に述べたとおりである。そして、実際のところ、佐々木博士がいうように、憲法には天皇を神として扱った箇所はないことを改めて確認しておきたい。

では、なぜ宮沢教授は、帝国憲法に書かれていない、戦前の通説と異なった見解を理由も述べずに主張したにもかかわらず、厳しい批判を受けなかったのか。その理由は、次に『古事記』『日本書紀』と昭和天皇のいわゆる『人間宣言』を検討した上で、後に考察していきたい。

天皇に寿命が与えられた事件

では、『古事記』『日本書紀』からは天皇が神であるか否かについて、どのように読み取れるだろうか。再び憲法学を離れて国文学の考察を試みる。記・紀では、黄泉国の逸話以降、神と人の区別は歴然としていて、前者には寿命がなく、後者には寿命があって、これに例外がないことは既に指摘した。

他方、記・紀には、歴代天皇について必ず崩御の記述がある。よって、天皇は寿命があることをもって、神ではなく人であるといえる。しかし、天皇の先祖が神であることは、記・紀がともに明記しているところであり、なぜ神の子孫が寿命を持つに至ったのか、その理由を探る必要があろう。

記・紀は、神武天皇の父であるウカヤフキアエズ、その父であるヒコホホデミ、そして、その父であるニニギについては、いずれも崩御したことを記している。ところが、記・紀は、その父であるオシホミミについて崩御の記述がない。また、その親であるアマテラスとスサノオにも崩御の記述がない。つまり、記・紀は、オシホミミから前代を神、ニニギから後代を人として扱っているのである。(55) ちなみに、ニニギ・ヒコホホデミ・ウカヤフキアエズの三代は南九州を本拠地としたため「日向《ひむか》三代」と呼ばれている。

そして、記・紀は、天孫降臨で高天原から地上に降ってきたニニギに、寿命が与えられた事件について語っている。次に『古事記』の記述の粗筋を示す。

葦原中国（地上世界）に降《くだ》ってきたニニギは、美しい女神と出会い恋に落ちた。その女神は山の神の娘で、コノハナノサクヤビメという。二人の結婚に賛成した山の神は、姉のイワナガヒメと一緒に嫁入りをさせようとするが、イワナガヒメがあまりに醜かったため、ニニギは姉を追い返して、妹のサクヤビメだけを家に入れる。そのことを知った山の神は深く嘆いた。二人を送り出すに当たり、次のような願いをかけていたのだった。

「イワナガヒメを側に置いて頂ければ、天《あま》つ神御子《かみみこ》の命は、常に石のように変わらずに動きませぬように、また、サクヤビメを側に置いて頂ければ、木の花が咲くように栄えますように」

ところが、ニニギはサクヤビメを受け入れて、イワナガヒメを追い返してしまったため、山の神は「天つ神御子の命は桜のようにもろくはかないものになるでしょう」とつぶやいた。これによって、天皇たちの命は限りあるものとなり、寿命が与えられた(56)。

国文学における通説では、『古事記』のこの逸話は、天皇に寿命が与えられた起源を示す神話として理解されている(57)。また、これに類似する神話が『日本書紀』にも収録されている(58)。

それより前に、イザナミの呪いの力により人に寿命が与えられた事件があったことは既に述べたとおりだが、神であるニニギに寿命が与えられたのは、このように、イザナキの呪いとは別の原理によるものである。

ニニギに寿命が与えられたということは、ニニギは神から人に変質したことを意味する。記・紀の世界では、神は寿命を持たず、人は寿命を持つという大原則がある。この解釈に従えば、サクヤビメとイワナガヒメの物語は、神が人になる物語だったことになる。そして、この事件により、ニニギだけでなく、ニニギの子孫も代々人として生まれることになった。ゆえに、ニニギの曾孫にあたる神武天皇以降、歴代天皇は必ず人として生まれることになり、寿命が与えられている。ゆえに、天皇は人なのである。

しかし、天皇は「祭り主」であり、神が人になるに当たり、神としての性格を保ったまま、人になったと考えられてきた。それが「現人神」の意味である。つまり、現人神が神か人かと問われれば、それは間違いなく人であり、また、「人の性格を持った神」か「神の性格を持った人」かと問われれば、それは後者となる。

国文学による考察はここまでとし、再び憲法学に戻っていきたい。

昭和天皇の『人間宣言』とは何であったか

これまで、天皇が神か人かの議論を考察してきたが、次にこれに関連して、昭和天皇の『人間宣言』の意味について考察したい。いわゆる『人間宣言』は、昭和二十一年（一九四六）一月一日に発布された昭和天皇の詔書の通称である。この後半部分に、天皇が神であることを自ら否定したと解釈される箇所がある。

一般的には、天皇は昔から神であり、戦後に昭和天皇が『人間宣言』を発したことで、天皇は神から人になったと考えられている。また、憲法学においては、八月革命説を支持する立場に立てば、日本がポツダム宣言を受諾して、神権主義が廃止されて国民主権主義が成立したと理解するため、同宣言を受諾したことで、天皇は人になったと考える。そして、そのことを天皇自ら詔書として内外に示したのが昭和天皇の『人間宣言』だったと理解することになろう。

ところが、いわゆる『人間宣言』の本文には、「人間」や「宣言」の文言はいずれも用いられていない。また、『人間宣言』の名称は、後になってマスコミ等が付けたものであって、原文には見られず、公式なものではない。

同詔書の問題となる箇所を抜粋して示す。

「朕《ちん》ト爾等《なんじら》国民トノ間ノ紐帯《ちゅうたい》ハ、終始相互ノ信頼ト敬愛トニ依リテ結バレ、単ナル神話ト伝説トニ依リテ生ゼルモノニ非ズ。天皇ヲ以テ現御神《あきつみかみ》トシ、且《かつ》日本国民ヲ以テ他ノ民族ニ優越セル民族ニシテ、延《ひい》テ世界ヲ支配スベキ運命ヲ有ストノ架空ナル観念ニ基クモノニ非ズ(59)」

同日、同詔書は新聞各紙が第一面で報道した。ところが、各紙は見出しに神格については触れていないか、触れていたとしても小さな扱いに留まった。例えば、毎日新聞は「新年に詔書を賜ふ　紐帯《ちゅうたい》は信頼と敬愛、朕、国民と倶にあり」[60]という見出しを掲げ、神格については触れていない。また朝日新聞は「年頭、国運振興の詔書渙発　平和に徹し民生向上、思想の混乱を御軫念《ごしんねん》」との見出しがあり、小さな見出しに「天皇、現人神にあらず」とある。[61]

このことは、詔書の神格の件にニュース性が乏しいことを如実に示している。当時の新聞は同詔書について、「天皇が神から人になった」という重大な発表と受け止めず、むしろ、詔書の内容は、日本人にとって自然なことであり、神格については議論の対象にもならなかったのである。

同詔書は、GHQの民間情報教育局（CIE）が、天皇自ら神格性を否定する詔書を出すように日本側に要請したことに端を発する。当時、GHQは天皇を残して占領統治する方針を決めていて、そのためには、天皇から神聖さを除去する必要があると判断した。

侍従次長を務めていた木下道雄の日記に、同詔書のことが最初に記されるのは、昭和二十年十二月二十三日のことである。この日、木下は宮内次官との会話を「新年早々思い切った大詔を拝し国内の思想に光明を与うべし」と記している。[62]そして、二十五日の条には、「Mac〔マッカーサー元帥、GHQの意〕の方では内閣の手を経ることを希望せぬ様だ。これは一つには外界に洩れるのを恐れる為ならん」と記されている。(63)GHQの意向は、天皇と側近だけで進めるべきというものだった。結局、CIEが作成した原案を元に、幣原喜重郎総理が英語で書き上げ、これに日本語の翻訳が添付されたものが詔書案として宮中に届けられたのが十二月二十九日のことである。

同日、吉田外務大臣が宮中に持参した詔書案について、木下は次のように説明付きで書き残している。

「朕と我国民との間の紐帯は終始相互の信頼と愛情に依りて結はれ来たる特性を有す。此の紐帯は単なる伝説と神話に依るに非す。日本人を以て（これをMac自身はEmperorと書き改めた）神の裔なりとし他の民族に優越し世界を支配すへき運命を有すとの廔々《ろうろう》日本人の責に帰せしめられたる（これは学習院プライスの原文に首相が加入せる文句）〔傍線は原文どおり〕架空なる観念に依り（false conception）説明（predicated）せらるるものにも非す(64)」

これについて木下は、「日本人が神の裔なることを架空と云うは未だ許すべきも、Emperorを神の裔とすることを架空とすることは断じて許し難い。そこで予はむしろ進んで天皇を現御神とする事を架空なる事に改めようと思った。陛下も此の点は御賛成である」とした上で「かく改めなければ、国内の深刻なる義論を引き起こす虞れを感じたからである」[65]と書き記している。

この記述により、天皇が神の子孫であることと、天皇が現御神であることは、異なることであり、木下の考えによれば、後者は否定しても、前者は否定してはいけないものであって、もし、天皇が神の子孫であることを否定してしまったら「深刻なる義論を引き起こす」と警戒するほどの事柄だったことが分かる。

また、原案を目にした昭和天皇は、そのまま了承せず、「五箇条の御誓文」を冒頭に加えるように指示したことが分かっている[66]。木下道雄は著書で、同詔書に「五箇条の御誓文」が掲げられたのは昭和天皇の発案であり、「これは新旧を超越した不動の国是であり且つ天下の人心を一にして天地の公道を進まんとの陛下の御決意を表明せんがためである」と述べる他、この勅書について「凡そ世界の民族には、各々その民族特有の神話、伝説がある如く、わが民族にも独自の神話、伝説があるのみならず、この神話、伝説より発展した永きに亘る君民同和の歴史がある。これを尊重すべきは勿論であるが、ただ、これを振りかざして他民族に臨み、その優越を誇ることの愚を諭されたのが、この詔書の趣旨であろう」と説明している[67]。

ところで、「五箇条の御誓文」は、慶応四年（一八六八）三月十四日に明治天皇が公卿や諸侯などに示した明治政府の基本方針のことで、「広ク会議ヲ興シ万機公論ニ決スベシ」「上下心ヲ一ニシテ盛ニ経綸ヲ行フベシ」などと書かれている。[68] 昭和二十一年元日の詔書の冒頭に「五箇条の御誓文」の全文が掲げられたことは、御誓文を、戦後日本の拠り所として示すことを意図するものだった。この点について、昭和五十二年八月二十三日の記者会見で、昭和天皇が自ら次のように語っている。

「あの宣言の第一の目的は〔五箇条の〕御誓文でした。神格〔否定〕とかは二の問題でありました。当時、アメリカその他諸外国の勢力が強かったので、国民が圧倒される心配がありました。民主主義を採用されたのは、明治大帝のおぼしめしであり、それが五箇条の御誓文です。大帝が神に誓われたものであり、民主主義が輸入のものではないことを示す必要が大いにあったと思います。（はじめは）国民はだれでも知っていると思い、あんなに詳しく書く必要はないと思いました。当時の幣原喜重郎総理とも相談、首相がＧＨＱのマッカーサー最高司令官に示したら『こういう立派なものがあるとは』と感心、称賛され、全文を発表してもらいたい、との強い希望がありましたので、全文を示すことになったのです。あの詔勅〔いわゆる人間宣言〕は、日本の誇りを国民が忘れると具合が悪いと思いましたので、誇りを忘れさせないため、明治大帝の立派な考えを示すために発表しました[69]」

また、マッカーサー元帥が「五箇条の御誓文」を称賛したことは、木下侍従次長も自らの日記に書き残している。それによると、幣原総理が昭和天皇に「五箇条の御誓文」について、「マ元帥これの存在を知り、こんな結構なものがあるならと賛成した由」を伝えたという。[70]

この昭和天皇の発言と木下が記したことから、同詔書は「天皇が神から人間になることを宣言する」という趣旨ではなく、むしろ「五箇条の御誓文」の精神を拠り所とした、戦後の復興の方針を示すことが本旨だったことが分かる。マッカーサー元帥が「五箇条の御誓文」を「こんな結構なもの」と言って「非常に賞賛」したことは、御誓文の精神が、戦後日本が目指すべき民主主義の原理と矛盾するものではないことを、元帥自らが認めたことを意味する。

ところで、内閣書記官出身で、詔書に関する豊富な実務経験を持つ木下侍従次長は、元来「現御神」「明神」などは、奈良時代の宣命《せんみよう》（詔）に多く見られるもので、「現御神と大八嶋国《おおやしまのくに》しろしめす天皇《すめらみこと》」「現神と御宇《あめのした》しろしめす倭根子《やまとねこの》天皇」「明神と大八洲しろしめす倭根子天皇」などと書いた十数の宣命が現存していることを示し、これらは「神の御心を心として、天の下しろしめす天皇」という意味を持つ天皇の自称で、従って「『現御神』とは『天皇』を形容する形容詞ではなく、『しろしめす』に冠する副詞であった」と論じている。[71]

つまり、「現御神」とは、「神の御心を心として」統治に当たるのが天皇であるという文脈で用いられるものであって、あくまでも天皇の心構えを述べた言葉であるから、天皇自身が神であることを示す言葉ではない、ということになる。

実際の所、同詔書が発せられたことで、宮中の実務に何らかの変化が生じた事実はなく、宮中の祭祀が変化した事実もない。

ところで、同詔書の「架空ナル観念」は文法的に「天皇ヲ以テ現御神トシ」にかからないという主張がある。大原康男博士は「日本語の『且』には並列的意味のほかに『その上に』という添加的な意味もある」ことを指摘し、「その上に」という意味にとれば、「架空ナル観念」とされたのは、「天皇ヲ以テ現御神トシ」ということ自体ではなく、「日本国民ヲ以テ他ノ民族ニ優越セル民族ニシテ、延テ世界ヲ支配スベキ運命ヲ有ス」にかかると解釈できると述べている(72)。

ここで、改めて同詔書の神格の件の原文を分析して、同詔書の考察のまとめとしたい。問題の箇所の主語は「朕と爾等国民トノ間ノ紐帯」であり、これは「終始相互ノ信頼ト敬愛トニ依リテ結バレ」ていることに基づくというのが趣旨である。そして「朕ト爾等国民トノ間ノ紐帯」は、「神話」「伝説」から生じたものでもなく、また「天皇ヲ以テ現御神トシ、且日本国民ヲ以テ他ノ民族ニ優越セル民族ニシテ、延テ世界ヲ支配スベキ運命ヲ有ストノ架空ナル観念」に基づくものでもないという。つまり、天皇と国民の絆は相互の「信頼」と「敬愛」に基づくものであり、それ以外に基づくものではないというのが本旨である。

また、文脈から①天皇が現御神であること、②日本国民が他の民族に優越するということ、これらを振りかざして「世界ヲ支配スベキ運命ヲ有ス」と考えるべきではないと、天皇自ら戒める意味が込められていることが分かる。天皇が「現御神」でないことを宣言するような文脈になっていないことを確認しておきたい。

ここで、「架空ナル観念」が「天皇ヲ以テ現御神トシ」にかかるか否かが問題となるが、これについては学者の意見が分かれるところである。しかし、仮に「かかる」という立場に立ったところで、既に示したように「現御神」とは、飽くまでも天皇の心構えを述べた言葉であって、天皇が神であることを意味しないのであるから、同詔書が「天皇が自ら神であることを否定した」ということにはならない。天皇が「現御神」であることを、世界を支配する根拠に用いてはいけないという戒めとして理解するのが妥当な読み方と思う。

そもそも、葦津珍彦氏が「天皇は地上にあって、高天ケ原の神を祭った御方なので、神聖ではあっても、祭りの対象として神殿で祭りをうけられる方ではない[73]」と述べるように、天皇は「祭り主」（拝む存在）なのであって、「祭られる主体」（拝まれる存在）ではない。「天皇は神だった」という命題自体に疑問を呈さなくてはならないのではないか。

以上の理由により、いわゆる『人間宣言』と称される昭和二十一年元日の詔書は、「五箇条の御誓文」の精神に基づいて戦後復興を目指す方針を示すのが主目的であり、また問題となった神格の件も、天皇と国民の絆の拠り所を示すことが本旨であったのであるから、かつて天皇は神であったところ、同詔書によって、昭和天皇自ら神から人になることを宣言したのではないことを確認することができたと思う。

さて、本項では「天皇は神か」の問題に取り組んできたが、これまでの検討により、天皇が神であるかについては学説の対立があるも、戦前から一貫して、天皇が神である説が支持されて有力説や通説になったことはないこと、また『古事記』『日本書紀』の解釈においても、戦前から天皇は人であるとされてきたこと、また、昭和二十一年のいわゆる昭和天皇の『人間宣言』でも、天皇が神から人になったと解釈することは不適切であることを、明らかにすることができたと思う。

c　皇権神授説と現人神論が台頭した経緯

戦前の憲法学では天皇の地位の根拠が神意であるという見解（皇権神授説）と、天皇自身が神であるという見解（現人神論）は、支持されてこなかったが、ではなぜ、これらが肯定されるようになったのであろうか。

それは、昭和六年の満州事変以降、昭和七年の五・一五事件、昭和十年の天皇機関説事件を経て、天皇と国体に関する社会全体における考え方が大きく変化したことが原因であると思われる。すなわち、満州事変を契機に戦時体制が強化される過程において、天皇の絶対性を確認しようとする運動が、天皇機関説の排除を突破口に、「国体明徴運動」を引き起こしたことで、天皇と国体について、国の公式な見解が大きく変化することになった。

国体明徴声明

東京帝大の一木喜徳郎教授が唱えた天皇機関説は、弟子である美濃部博士によって発展され、後に佐々木博士も同一の見解に立った他、多くの憲法学者に支持されて通説となり、当時の政府もこれを支持していた。

ところが、昭和十年（一九三五）二月十九日に、貴族院本会議で菊池武夫議員が、天皇機関説は国家に対する「緩慢なる謀叛であり、明かなる叛逆になる」と述べ、美濃部を「学匪」「謀叛人」と非難した。[74]これに、軍と右翼団体が勢いづいて天皇機関説の排撃を激化させ、さらに野党政友会が岡田内閣の倒閣を目論んでこれに便乗し、その上、陸軍大臣が美濃部博士の取調べを要求したことで、結局博士の主要著書は発禁処分となった。

これを沈静化させるために岡田内閣が二度にわたる「国体明徴声明」を出したが、ここに初めて、帝国憲法第一条が定める天皇統治の根拠が「天壌無窮の神勅」である旨が公式に表明された。昭和十年八月三日の「第一次国体明徴声明」には次の一文がある。


「我が国体は天孫降臨の際下し賜へる御神勅に依り昭示せらるる所にして、万世一系の天皇国を統治し給ひ、宝祚《ほうそ》の隆は天地と倶に窮なし。されば憲法発布の御上諭に『国家統治ノ大権ハ朕カ之ヲ祖宗ニ承ケテ之ヲ子孫ニ伝フル所ナリ』と宣ひ、憲法第一条には『大日本帝国ハ万世一系ノ天皇之ヲ統治ス』と明示し給ふ」（第一次国体明徴声明）

それまで、政府は天皇統治の根拠を神勅に求める見解をとってこなかった。また、帝国憲法の起草者である井上毅と、帝国憲法起草の責任者である伊藤博文が、憲法に神話を持ち込まないことを徹底してきたことも、既に述べたとおりである。ところが、このような従来の政府の見解が「国体明徴声明」によって完全に覆されたことになろう。

内閣が「国体明徴声明」を出したことで、主権が国家にあるか天皇にあるかの論争を決着させるため、政府は「国体」を明確に定義する必要に迫られた。その結果、昭和十一年（一九三六）に当時の文部省によって編纂されたのが『国体の本義』である（公刊は昭和十二年三月）。

ここに、天壌無窮の神勅を受けて実行された「天孫降臨」が国の始まりであるという解釈が記された他、天皇は現人神であることが記された。公文書にこれらのことが記されたのは初めてのことであり、特に「現人神」の語が公文書に記されたのもこれが初めてである。

文部省編纂『国体の本義』と国定教科書

天皇が神の子孫であることは、『日本書紀』が公式に記したことであり、明治三十七年に作られた初の国定教科書にもそのことは記載されている。しかし、国の始まりは神武天皇の即位であるというのがそれまでの公式な見解だったことは既に述べた。ところが、『国体の本義』は、天皇が神の子孫であるだけでなく、天孫降臨をもって国の始まりとすることを、次のように記している。

「我が肇国は、皇祖天照大神が神勅を皇孫瓊瓊杵《ににぎ》ノ尊《みこと》に授け給うて、豊葦原《とよあしはら》の瑞穂《みずほ》の国に降臨せしめ給うたときに存する(75)」

このことは「国体明徴声明」の見解を受けたものであることは明らかであろう。これにより、国の始まりが神武天皇の即位であるというこれまでの公式な見解が覆されたことになる。

また、『国体の本義』は、天皇は「現人神《あらひとがみ》」「現御神《あきつみかみ》」であると、次のように記している。

「天皇は、皇祖皇宗の御心のまにまに我が国を統治し給ふ現御神であらせられる。この現御神（明神《あきつかみ》）或は現人神と申し奉るのは、所謂絶対神とか、全知全能の神とかいふ如き意味の神とは異なり、皇祖皇宗がその神裔《しんえい》であらせられる天皇に現れまし、天皇は皇祖皇宗と御一体であらせられ、永久に臣民・国土の生成発展の本源にましまし、限りなく尊く畏《かしこ》き御方であることを示すのである(76)」

確かに、この文書は、天皇が「現人神」「現御神」であると断言している。しかし、天皇は「神」であるとは述べていないことに注目したい。「現人神」「現御神」は「神」とは異なる。いみじくも『国体の本義』は、その違いをここで述べている。すなわち、天皇は皇祖皇宗と一体となって民のために尽くすという意味において尊い存在であると説いているのであって、そのことがここでいう「現人神」「現御神」の意味である。

そして、「現人神」「現御神」がそのような意味であることは、天皇の祖先が神から人に変化したことを語る『古事記』『日本書紀』の記述から読み解くことができる。ニニギがイワナガヒメを実家に追い返したことで、寿命が与えられ神から人になったという記・紀の物語は既に紹介したが、これにより、天皇は神としての性格を保持したまま人になったと解釈されている。これは、天皇は皇祖皇宗と一体となって民に尽くす尊い存在である、というのと同義である。従って、『国体の本義』は「天皇は神である」というこれまでに支持されない見解を唐突に述べたのではなく、むしろ「天皇は人である」ことを前提に「現人神」「現御神」と説明しているに過ぎない。そして、天皇が「現人神」「現御神」であるならば、それは天皇が「神」ではないことを意味する。

ところが、この文書により、それまでに存在していた「天皇は神である」という論調を、政府が公式に後押ししたと理解され、結局は「天皇は神である」との誤った理解を広めることになったのは事実であろう。

『国体の本義』が公刊された四カ月後の昭和十二年（一九三七）七月には盧溝橋事件が起きて、日華事変が勃発し、日本は、中国大陸で国民党軍との泥沼の全面戦争に突入することになった。そして、昭和十六年（一九四一）には対米戦争が開始された。国体明徴運動はますます盛んとなり、天皇を神として絶対視する支配的な空気が広がっていくことになる。

これまで「国体明徴声明」と『国体の本義』を眺めてきたが、国の公式な見解は教科書にも見られる。神道学の新田均博士が、教科書が国定化された明治三十七年（一九〇四）以降の「修身」と「国史」の教科書を調べた結果、「天皇についての説明の仕方に注目して年代順に見ていくと、ほぼ修身・日本史とも歩調を同じくして、記述が三段階に変化している」という。

新田博士によると、明治三十七年以降の第一段階では、天皇は天照大神の子孫であること（神孫論）、天皇の徳と臣民の忠義によって国の歴史が続いてきたこと（君臣徳義論）からなり、大正十年（一九二一）以降の第二段階は、それらに、皇室は本家で臣民は分家のようなものであって、天皇と臣民は親子のようなものであるということ（家族国家論）が加わるという。そこまでは問題がない。しかし、昭和十四年（一九三九）以降の第三段階は、それらに、天皇が現人神であるという論と、八紘一宇論が加えられたというのだ(77)。

ここで注目したいのは、「現人神」という考え方が教科書に登場したのは、昭和十四年以降であり、それ以前は、国定教科書にかかる文言は現れていない点である。教科書の記述にこのような変化が生じたのは、時期的にも、国体明徴運動の影響と見てよいであろう。

これまでの作業により、政府の公式な見解として、昭和十年の「第一次国体明徴声明」によって皇権神授説が表明され、昭和十二年の『国体の本義』によって現人神論が表明され、後者は昭和十四年以降の国定教科書に影響を与えたことを明らかにすることができたと思う。

皇権神授説から導き出された、天皇の地位と権威の根拠が神勅に基づくという神勅主権主義、そして、天皇自身が神であったという現人神論は、この時期に初めて国の公式な見解として採用された。しかし、それ以前は、いずれも国にも多数派にも支持されない見解であったことを改めて確認しておきたい。

神勅主権主義の根本規範性

明治維新からポツダム宣言受諾までは七十七年間、また帝国憲法発布からポツダム宣言受諾までは五十六年間の歳月を経ている。皇権神授説が政府の見解として表明された「第一次国体明徴声明」が昭和十年であるから、五十六年に及ぶ帝国憲法体制下において、公式に天皇統治の根拠が神勅とされたのは、最後の僅か十年間でしかない。

ところが、政治の分野や、民衆の意識においてはかかる見解の転換があったとはいえ、昭和十年の時点で帝国憲法体制は四十六年が経過していたのであるから、憲法学界では当時既に確立された根本建前があったはずである。しかも、美濃部博士の天皇機関説を学問的に否定したのは、憲法学者ではなく、政治学者の上杉慎吉であった。同説を実質的に葬ったのは政治の実力であっただけでなく、同説を否定する空気を作ったのは軍と右翼団体と、野党だった。つまり、当時の天皇機関説論争において、同説を憲法学の立場から論理的に批判した者はいなかったのである。

従って、たとえ昭和十年の「国体明徴声明」で政府見解が変更されたとはいえ、根本建前について憲法学界における学説が大転換した事実はなく、この時期に帝国憲法の根本建前が根底から変更されたと見ることはできないであろう。国体明徴運動の結果、政府見解は転換されたとはいえ、当時の憲法学界は冷静に対応し、通説を変更させてはいない。

当時の憲法学界は、天皇の地位の根拠は歴史の事実であり、歴史的に国民の意思によって支えられてきたものであるという立場を取っていたことは、先述したとおりである。ところが、「国体明徴声明」で、天皇の地位の根拠は天壌無窮の神勅であるとされたのである。これは、宮沢教授の言葉を借りれば、憲法の根本建前が転換したこと、つまり国体の変更になるであろう。まして、宮沢教授のいう憲法改正限界説に立つなら、政府が声明を出すだけで、帝国憲法の根本建前が変更されるというのは、そもそもあり得ないことである。

憲法改正限界説と憲法改正無限界説のいずれの立場に立ったとしても、政府が「国体明徴声明」で皇権神授説を公式の見解としたところで、直ちに帝国憲法の根本建前が変更したと見ることはできない。むしろ、皇権神授説自体は、憲法学界の議論を経ず、議会での議論も経ずに政府の公式見解とされたのであるから、この見解は、戦時体制を強化する過程における、政治的に表現された政府の独りよがりな見解に過ぎないと見るべきではあるまいか。

つまり、宮沢教授の説く「神勅主権主義」「神権主義」は、正当な憲法改正ないし制定手続きを経て、あるいは、憲法学の議論を経て確立された根本建前ではなく、帝国憲法発布から日本国憲法公布までの五十八年に及ぶ帝国憲法体制の最後の十年の間に、戦時内閣によって作り上げられた政府の方針に過ぎず、言うなれば学問的には相容れない誤った政府見解（いわゆる「解釈改憲」の失敗）だったというべきであろう。

無論、内閣は実務上、憲法を解釈することがある。この政府解釈の変更は、社会的事実としては成功したかもしれないが、帝国議会が機能不全に陥っている戦時中において、政府解釈だけで天皇の根拠が変更されたと見るのは早計であろう。

まして、憲法改正限界説に立つ宮沢教授が、このような不当な「解釈改憲」によって憲法の改正の限界を超えて成立した「神勅主権主義」「神権主義」を、さも帝国憲法下の「根本建前」とすること自体が、すでに矛盾しているといわざるを得ない。憲法改正限界説に立てば、政府解釈の変更によって憲法の根本建前が変更されるはずはないからである。

以上の理由により、「国体明徴声明」『国体の本義』と昭和十四年以降の国定教科書の記述を根拠に、天皇統治の根拠が神勅にあるという「神勅主権主義」や「神権主義」が、帝国憲法の根本建前であると主張することはできないとすべきである。

そして、この政府の見解は、日本がポツダム宣言を受諾したことで否定されることになる。

ということは、ポツダム宣言によって否定された「神勅主権主義」「神権主義」は、帝国憲法の根本建前などではなく、日本が戦時体制を強化するなかで創り出された、独りよがりな誤った政府見解に過ぎなかったことになろう。よって、「神勅主権主義」と「神権主義」には根本規範性はないと結論することができる。

よって、このように「神勅主権主義」「神権主義」に根本規範性がないという立場に立つなら、帝国憲法から日本国憲法への移行は、日本の根本建前が「神勅主権主義」「神権主義」から「国民主権主義」へ移行したことを意味せず、八月革命説は元より想定すること自体が不可能である。そして、ポツダム宣言によって民主主義的傾向が復活・強化されたことは、歪められていたものが、基の形に正されたと評価すべきであろう。

d　天皇の統治とは何か

これまで、旧新憲法間における、理念としての政治権力の変動を評価するに当たり、天皇の地位の根拠の問題と、天皇が神であるかの問題について検討してきた。その上で、皇権神授説と現人神論が台頭した経緯を述べて、「神勅主権主義」と「神権主義」の根本規範性について論じた。本項では、これまでの検討を踏まえた上で、理念としての政治権力の変動の総括を試みる。

ノモス主権論によって日本の神権主義と国民主権主義との対立を克服し得ると主張した尾高博士の主張に対して、宮沢教授が反論を加え、論争に発展したのが「尾高・宮沢論争」であった。そこで、尾高・宮沢論争の再評価を試みることで、宮沢教授の、帝国憲法の根本建前である「神勅主権主義」「神権主義」と、日本国憲法の根本建前である「国民主権主義」が矛盾するという主張を検討していきたい。

宮沢教授は、大日本帝国憲法から日本国憲法への変更は、「根本建前」の変更を含むものであり、両者の根本建前は「原理的にいって、まったく性格を異にするもの」であって、ポツダム宣言受諾で国民主権が採用された結果、「神勅主権主義」や「神権主義」が否定され、根本建前は変更されたと説いた(78)。これが八月革命説である。そして、教授は、根本建前の変動の問題は、「建前・理念（認識）」の問題であると説き、「実体」を論じるべきであるという金森大臣の主張を退けた(79)。ところが、既に指摘したように、宮沢教授は、ノモス主権論を主張した尾高博士との論争の中では、「建前・理念」ではなく「実体」の議論をすべきだと、それまでの主張とは矛盾することを述べている(80)。それを受けて、本章では、旧新憲法間の政治権力の変動について、「実体」と「理念」の両面から検討を重ねてきた。そして、これまでの検討結果を総括するために、再び尾高・宮沢論争に立ち返ることにする。宮沢教授のいう「神勅主権主義」と「神権主義」は、不当な解釈改憲によるものであって、根本規範性がないことは既に述べてきたが、「神勅主権主義」「神権主義」に根本規範性がなければ、それだけで八月革命説は前提を欠くことになり、成立しなくなる。そのため、八月革命説の脆弱性を多角的に検証するために、ここでは、あえて、宮沢教授の主張に則り、根本規範性があるものとして、考察していきたい。

天皇の大御心と日本民族の一般意思

尾高博士は、日本の国体は「現実の政治はすべて『常に正しい天皇の大御心』に適うものでなければならない、という理念の表現に外ならない」と述べている。その上で博士は、国民主権の原理は「『常に正しい国民の総意』を以て政治の最高の指針としなければならないという理念」で、また、天皇統治の原理は「『常に正しい天皇の大御心』を以て政治の範としなければならないという理念」とし、国民主権の原理と天皇統治の原理は「政治の理念の表現としては、根底において深く相通ずるものをもつている」のであって、両者は矛盾するものではないと主張する。[81]

尾高博士のいう「大御心」の言葉については、多少解説が必要であろう。大御心は「天皇の意思」のことであるが、これについて葦津珍彦氏が次のように解説している。

葦津氏は「大御心というのは、〔中略〕裕仁命《ひろひとのみこと》〔昭和天皇〕の後天的思慮や教養から生じて来る意思なのではない。天皇の地位が世襲的なものである以上、天皇の意思と云うものも世襲的なものでなければ意味をなさない」とし、それは「裕仁命個人の意思よりも、遙に高い所に在るのである。それは分かり易く云えば、日本民族の一般意思とでも云うべきものである。それは万世不易の民族の一般意思である。この民族の一般意思を日本人は神聖不可侵と信じているのである。それは決して、一時代一時代の変化し易い民衆の多数意思よりも、遙に高い貴いものと信じているのである。この民族の一般意思は、ただ世襲の天皇によってのみ象徴される」と述べた。また、葦津氏はここでいう「一般意思」の語は、ルソーの社会契約論から借用したと述べ、ルソーの「一般意思は常に公正で誤りないものであるが、総体意思や多数意思は、個人的利害を考慮した個人意思の総和にすぎないので、時に過ちを犯す」を引用している[82]。

そして、尾高博士の次の記述から、博士のいう「常に正しい天皇の大御心」とは、葦津氏のいう「大御心」＝「日本民族の一般意思」のことを示していると確認することができる。

「よしんば天皇親政ということが現実に行われたとしても、その天皇の現実の統治意志の上には、更に『理念としての天皇の大御心』が君臨していなければならなかつたのである。それは、天皇という具象の形に結びつけて考えられてはいても、実は、永遠に変わるべからざる法の正しさへの志念であり、『ノモスの主権』の民族的な把握の仕方に外ならなかつたといわなければならない(83)」

また、「天皇の意思」といっても、天皇自ら神の声を聞いたり、天皇自ら独りよがりに政策を打ち立てたりすることではない。この点については葦津氏が分かりやすく述べている。

「天皇は、神明の祭り主として格別の権威なのではあるが、外国の預言者や帝王のやうに必ずしも神（または天）の意思を、直接に独占的に聞き知り、その神命を下達される御方とは考へられなかった。有名な聖徳太子の古代憲法にも『大事は独り断ずべからず、衆と共に論ずべし』と銘記されてゐる。この皇室の大原則は皇室史の特徴である(84)」

このように天皇は、祭り主なのであって、神の声を告げる者ではなかった。日本の政治は古来、公論により正しい結論を導き出し、臣下に助けを求め、臣下の輔弼や輔翼によって行われることを是としたのである。天皇の政治が専制に陥らなかったのは、かような原理を大切にしてきたからであると思われる。天皇は、祈りを通じて国を束ねてきたと言い換えることもできよう。祈る存在であるが故に専制にならなかった点につき、葦津氏は次のように述べている。

「現津御神《あきつみかみ》〔天皇〕は、つねに臣民の声を聞き、その心を知り、民に総意（ヴォロンテ・ゼネラル）が統合されたときに、その最終決定者として、日本人を代表して、それを皇祖神に奉告し、祈念される唯一神聖の方であった。天皇史で独裁専決、強制命令が正義とされた思想史はない(85)」

ところで、葦津氏のいう「一般意思」「民の総意」と尾高博士のいう「国民の総意」は、いずれもルソーのいう「volonté générale」の訳語であるから、「一般意思」＝「国民の総意」と捉えてよかろう。ということは、尾高博士のいう「常に正しい天皇の大御心」と、葦津氏のいう「日本民族の一般意思」が同義であることは既に述べたとおりであるから、日本においては「一般意思」＝「国民の総意」＝「大御心」、すなわち「日本民族の一般意思」＝「日本国民の総意」＝「天皇の大御心」と結論して差し支えないであろう。

尾高博士が述べるように、もし、帝国憲法下の国体が「現実の政治はすべて『常に正しい天皇の大御心』に適うものでなければならない、という理念」であるとの見解に立つならば、それは、日本民族の一般意思に基づくものといえよう。

同様に、宮沢教授も、帝国憲法下の国体は「神勅主権主義」「神権主義」であるとし、具体的には「政治的権威は終局的には神に由来する」と述べている。「神」は宮沢教授が勝手に持ち込んだもので本来無関係だが、その神の意志を受け継いだとされるのが「天皇の大御心」であるとすれば、やはり、帝国憲法下の国体は、日本民族の一般意思に基づくものだといえる。

いみじくも、宮沢教授は、天皇主権とは「尾高教授の言葉を借りていえば、『天皇の大御心』を通して、――『国民の総意』を通してではなく――ノモスをつかもうという原理である」[86]と述べる他、「明治憲法時代は天皇主権が原理で、日本の政治のあり方を最終的にきめる力は天皇にある、とされました。しかるに、ポツダム宣言および連合国の回答は、日本の政治のあり方を最終的にきめるのは、日本国民の自由に表明された意志だ、といっています。つまり、日本の主権者は国民でなくてはならない、というのです。したがって、国民主権が、ここで日本の政治の原理になったと見なければなりません[87]」と、天皇主権と国民主権が相容れないことを主張している。しかし、先述のように「天皇の大御心」と「日本国民の総意」が同義であるという見解に立つならば、天皇主権と国民主権は、同じものを通して「ノモスをつかもうという原理である」ことになり、決して相容れないものではない。

それどころか、むしろ同じ原理に基づくものと言っても差し支えないであろう。つまり、「天皇の大御心」は「日本民族の一般意思」「日本国民の総意」に由来するということと同義であって、「天皇・国民」の「意思」は、一つのつながりをもったものであるから、たとえ「天皇に主権がある」と表現しても「国民に主権がある」と表現しても、それは同じ「意思」に基づくものであって、いずれも同じ原理に基づくものであることに変わりはない。建国から二〇〇〇年来、天皇は国民一人ひとりの幸せを祈り続け、国民は天皇を慕って国を支えてきたのが歴史の事実である。日本の国体原理は、ヒエラルキーによって構成されるピラミッド構造をする西洋式の国体原理とは根本が異なる。そもそも「主権」という言葉も西洋の法学の発想に過ぎず、日本には無かった発想であり、日本の国体原理を西洋の発想で理解するのには、構造的な困難性があるといえよう。

宮沢教授の理論との相違

さて、ここで今一度、宮沢教授のいう「神勅主権主義」「神権主義」と「国民主権主義」の違いを確認したい。教授は「それまでの日本の政治の根本建前は、一言でいえば、政治的権威は終局的には神に由来する」と述べ(88)、降伏により「天皇制そのほか憲法の定める諸制度は、すべてその終局的な根拠を国民の自由に表明された意志にもつことになった[89]」という。つまり、憲法の根本建前は、政治的権威が終局的に何に由来するかによって決まるものであって、それは、帝国憲法では「神」、また日本国憲法では「国民の自由に表明された意志」に由来するという。そして、教授は「国民主権主義という以上は、天皇の権威の根拠も、終局的には国民にあると考えなくてはならら」ず、「それまでの日本において、天皇の権威の根拠が国民にあるという根本建前が採られていたと見るのは、明らかに不当」であるから、天皇の権威の根拠を終局的に神に求める帝国憲法下の根本建前と矛盾しないと考えることは「理論的には、どうしてもむりである」と述べている[90]。

果たして「明らかに不当」「理論的には、どうしてもむり」であろうか。確かに、西洋においては「君」と「民」は対立概念であるから、君主の権威の根拠が国民にあるというのは「不当」「むり」といい得る。だが、我が国においては天皇と国民が対立関係に入ったことは有史以来一度もない。歴史的に西洋の王宮が軍事要塞であったのに対し、一〇〇〇年以上歴代天皇が居所とした京都御所には濠も石垣も櫓もなく、御所の中にはいざという時に兵が駐留する施設すらなかった。このことは、日本において天皇と国民の間で権益や利害の対立が無かったことを何よりも雄弁に物語っているといえよう。二〇〇〇年天皇が存続してきたのは、日本国民が天皇を守り続けてきたことを意味する。これ以上の権威は恐らくないのではないか。どの書物に何と書いてあるか、どれだけ偉い人が何と言ったかなどとは比較の対象にもならない。帝国憲法下の学説で、天皇の根拠は歴史の事実であるという主張が通説として支持されていたことは示したとおりである。(91) 歴史の事実とは、正にこのことを意味するのである。

国民の幸せが天皇にとって一番の喜びであったなら、天皇の意志と日本国民の総意は一致するというのは、論理的には十分にあり得ることである。そして、天皇にとっての宝が国民であり、また日本国民にとっての宝が天皇であったなら、天皇の権威の根拠が国民にあるともいい得るであろう。

従って、宮沢教授は、何の論拠も示さず、ただ「明らかに不当」「理論的には、どうしてもむりである」と主張するが、十分に議論の余地があるといえる。さらに検討を進めたい。

主権が政治的権威の由来により決まることについて、宮沢教授はその理由を述べていないが、阿部照哉教授が、その理由を付して同様の主張をしているので参考になる。阿部教授は、帝国憲法では「権力の正当性の根拠としての天皇」（第一条）と「現実の国家権力の保持者ないし行使者」（第四条）の位置付けをしていて、「これら両面から天皇は主権者たりえた」と述べた上で、「しかし、主権が国民にあるというときの主権は、それが天皇にあるというときの主権と同じものと思えない」とし、その理由として「国民主権の原理に国民の現実の権力的契機を含ませるのは困難だから」と述べ、「主権は権力の問題ではなく、権力の正当性の根拠に関する問題である」という。[92] 阿部教授のいう「権力の正当性の根拠に関する問題」とは、宮沢教授のいう政治的権威が終局的に何に由来するかの問題と同じと考えてよいであろう。

宮沢教授は、「神勅主権主義」「神権主義」と「国民主権主義」が、相反する原理に基づくものであると説明するために、政治的権威が最終的に何に由来するかを問うていたはずである。しかし、宮沢教授は、尾高博士との論争では、このような理念・建前の議論を、実体の議論にすり替えてしまった。つまり「意志は、主体を持たなくてはならない。しかも、具体的な内容をもった意志の主体は、つねに、具体的な人間でなくてはならない[93]」と述べ、ノモスの具体的な内容を決める「誰か」が「主権の主体」であるとし、その「誰か」が君主とする建前が君主主権で、それを否認する建前が国民主権であると述べている。[94]

ところが、帝国憲法下で、天皇は国の体制のあり方や国政を決定する権能を持たなかったことは、すでに論述したとおりであり、宮沢教授がいう「具体的な内容を決める『誰か』」が「天皇」でなければ、それを君主主権とすることはできないのではあるまいか。また「具体的な内容を決める」といいながら、「その『誰か』を君主とする建前」というように、「建前」を持ち出すのは矛盾でしかない。「具体的な内容を決める」のは「建前」ではないからである。天皇が「具体的な内容を決めない君主」だったら、一体どのように分類されるというのだろうか。

宮沢教授はここで、「建前」という語を用いているものの、ここで論じているのは建前ではなく、政治的実力（実体）であることは、説明する必要はないであろう。宮沢教授は、自ら、帝国憲法の根本建前は「政治的権威は終局的には神に由来する」ものと述べ[95]、また「明治憲法では、天皇主権ないし神勅主権がその根本建前であり、天皇の地位も、天皇の祖先たる神の意志に根拠をもつものとされたのに対して、日本国憲法では、国民主権がその根本建前であり、天皇の地位も、主権者たる国民の意志に、その根拠をもつとされる」[96]とも説明している。

建前の議論であれば「神に由来する」と論じることは可能だが、もし、建前を離れて実体の話をするのであれば、学問的に神に実体を求めることは困難であろうから、「神に由来する」と論じることは不能ではあるまいか。宮沢教授が述べる「神の意志」とは、具体的には「人の意志」だったはずである。神を観念するのは「人」であり、また、神の意志を確定して表示するのは「人」の行為であると考えるほかはないであろう。

帝国憲法下の憲法学の通説によれば、天皇の地位の根拠は神勅ではなく、歴史の事実であるとされてきたことは既に論述したとおりである。歴史の事実とは、すなわち、上古からの人々の意志の積み上げの結果であり、それは、具体的には人の意志にほかならない。そして、それは「日本民族の一般意思」「日本国民の総意」を意味する。もし「神の意志」を観念するなら、これこそ「神の意志」というべきであろう。

「シラス」の意味

では、建前の議論をするのであれば、政治的権威が終局的に神に由来するというのは、どのような意味を持つであろうか。次に検討を進めたい。日本における「神」が西洋における「God（神）」と全く異なることは、よく指摘されることである。日本人は天地万物に神が宿ると考えることから、日本の神は「八百万《やおよろず》の神《かみ》」と称されることがある。他方、キリスト教におけるGodは宇宙の外にいる全知全能の神である。

宮沢教授は、帝国憲法の根本建前を「神勅主権主義」「神権主義」もしくは「天皇主権」と呼び、教授の提唱する「八月革命説」が浸透したことにより、ともすれば、現代の一般的な理解では、帝国憲法の政治を専制政治と理解されることが多い。

しかし、神から「専制」を連想するのは、西洋の神の概念によるものではあるまいか。本来、日本の神は「専制」からはほど遠い存在だった。葦津氏は、日本における神は「八百万神の神謀《かむはか》りの輔翼によって、高天原を統治し給ひし神である。天孫降臨に際しては、君に対して統治を命じ給ふと共に、臣に対しても輔翼を命じ給ひし神である。かくの如き神勅による天皇の統治は、本質上、独裁専制的になることはあり得べからざることである」(97)と述べる。これについては『古事記』『日本書紀』を引用しながら説明を試みる。

記・紀は高天原における意思決定の場面を度々描写しているが、高天原の統治者である天照大神が、単独で政策を決定する場面はない。高天原では、政策を決定する必要が生じると、八百万の神が召集され、合議によって意思決定されるのを常とする。例えば『古事記』には次のように書かれている。

「高御産巣日神《たかみむすひのかみ》・天照大御神《あまてらすおほみかみ》の命《みこともち》以て、天《あめ》の安《やす》の河《かは》の河原《かはら》に八百万《やほよろづ》の神《かみ》を神集《かむつど》へ集《つど》へて、思《おもひ》金神《かねのかみ》に思《おも》はしめて、詔《のりたま》ひしく、〜」（高御産巣日神と天照大御神は天の安の河の河原に、八百万の神を集めさせ、思金神に思案させて、次のように詔《みことのり》あそばされました[98]）

記・紀が記す高天原の統治原理によると、たとえ詔を発する主体が天照大神であっても、その内容は、事前に神々に諮り、八百万の神の輔翼によって決定されたものでなくてはならない。葦津氏のいう「八百万神の神謀りの輔翼」とはこのことを意味する。

また、天照大神は、自らの意志によって高天原の統治者になったのではなく、イザナキとイザナミ（『古事記』ではイザナキ単独）の命によってその地位に就いた。『日本書紀』はイザナキとイザナミが共に相談して「何《いかに》ぞ天下《あめのした》の主者《きみたるもの》を生まざらむ」（どうして天下の主《きみ》たる者を生まないでいられようか）と言って天照大神を生むと、「自当《まさ》に早《すむやけ》く天《あめ》に送りて、授《さづ》くるに天上《あめ》の事を以ちてすべし」（当然速やかに天上に送って、天界の政事《まつりごと》を授けるべきだ）と言って、天照大神を天上に送ったと記している。[99]

また『古事記』は、イザナキが天照大御神を高天原の統治者に任命した時の言葉を次のように記している。「汝《な》が命《みこと》は、高天原《たかあまのはら》を知《し》らせ[100]」。

この「知らせ」という言葉は上代語で、「知る」の尊敬語「知らす」の命令形（「知る」〈他ラ四〉の未然形「知ら」＋尊敬の助動詞「す」の命令形「せ」）、つまり、直訳すると「お知りになりなさい」というような意味になる。高天原の統治者を任命するに当たりこの言葉が使われたということは、「知る」ことが即ち「治める」ことであるという、日本固有の統治のあり方を意味している。高天原を知ることが、高天原を統治するということなのである。つまり、天照大神は、高天原の事情を広く知ることによって、自ずと高天原を治める存在となる。統治者である天照大神は、高天原を「知らす」存在であり、この統治は、八百万の神々の輔翼により行われるというのが、高天原の統治形態であることを押さえておきたい。葦津氏のいう「高天原を統治し給ひし神」とは、このような神を指す。

ところで、記・紀に高天原の統治形態がこのようなものとして描かれたのは、記・紀編纂当時（八世紀初頭）の日本の統治形態も似たようなものであったことを物語っている。飛鳥時代には太政官が置かれ、合議制により国策が決定されていた。また、さらに遡る古墳時代（大和時代）においては、大和国は連合国家であり、合議制により重要な政治が決められていたとされる。

次に、天孫降臨にあたり、天照大神がニニギに葦原中国《あしはらのなかつくに》（地上世界）の統治を命じる場面も記・紀に記載がある。『日本書紀』が記す天壌無窮の神勅は「爾《なむち》皇孫《すめみま》就《ゆ》きて治《し》らせ[101]」と、やはり「シラス」の言葉が用いられている。天孫降臨の神勅は、『古事記』には「此の豊葦原水《とよあしはらのみづ》穂国《ほのくに》〔葦原中国〕は、汝が知らさむ国ぞと言依《ことよ》し賜ふ[102]」と、同様に「知らす」の言葉が用いられている。これは、天皇の統治の形態も、高天原における天照大神の統治の形態と同じ原理に基づいていること、もしくは基づくべきことを示すものといえよう。

従って、天皇の統治は「シラス」という統治であり、これは、天皇が国の事情を広く知ることにより、自ずと国を束ね、人心を統合するという統治を意味するもので、これは、日本固有の統治の形態といって差し支えないであろう。

「シラス」の目的は「国民の幸せ」

では、なぜ「知る」ことが「治める」ことになるのであろうか。それは、天皇とはいかなる存在であるかという問いを突き詰めていった先に見えてくるものでないかと思う。「天皇とは何か」の問いに答えるのは容易ではなく、正解が存在しているわけでもない。それでも、もしこの問いに答えるなら「天皇は祭り主である」ということになろう。古来天皇が祭り主であったことについて、葦津氏は次のように表現している。

「天皇は常に、日本人すべてのために、国安かれ、民安かれと祈って祭りにつとめられた。日本国の祭り主だと云ふことでは、初代いらい今日にいたるまで終始して変ることがない[103]」

「天皇は、その御位《みくらい》を承けられるとともに皇祖の祭り主となられる。その証として、同時に祖宗の神器を承けつがれる。そして御位に在らせられる間は、日常不断、一日として神器の御側から離れられてはならぬ、といふのが皇室の鉄則なのである。一日として『民安かれ、国安かれ』との祭りを忘れられてはならない御日常の御制《おきて》がある[104]」

この点について、憲法学でも長尾一紘教授は「端的にいえば天皇とは『祭り主』である」とし、八世紀に成立した『養老令』に明示されていることを示して「古代以来、一貫して『最高の祭り主』であった」という。そして、その性格は「上古の首長の祭祀王としての性格をいまにひくものである。日本国憲法の下においてもこの性格は不変である」と述べ、「祭り主のしごとは、国の平和と民の安心を祈願するところにある。天皇は『国平らかなれ、民安かれ』と祈願する」と説く(105)。

このように、天皇の本質の中核を為すのは、祭り主として「祈ること」であるといえよう。天皇にとって祈ることが、他の全てに優先されてきたことは、文書からも読み取ることができる。

最も参考にできる文書の一つは、第八四代順徳《じゅんとく》天皇（鎌倉時代）が自ら記した『禁秘抄《きんぴしょう》』である。この文書は、天皇の心得や天皇のあり方をはじめ、有職故実などを後代に伝えようとするもので、後代の天皇が模範としてきた、いわば「天皇の手引書」ともいえる書物である。『禁秘抄』は、「凡ソ禁中《きんちゅう》ノ作法、神事ヲ先ニシ他事ヲ後ニス。旦暮《たんぼ》敬神ノ叡慮《えいりょ》懈怠《けたい》無シ」（読み下し文にし、句読点を補った）（およそ宮中の作法は、神事を先にし他事を後にする。常に神を敬う天皇の心は、これを怠ることがない(106)）と記す。

また『日本書紀』にも同様の記述を見いだすことができる。例えば、大化元（六四五）年七月十四日の条に、第三六代孝徳《こうとく》天皇（飛鳥時代）の下問に対して、蘇我石川万侶大臣《そがのいしかわまろのおおおみ》が「先づ以ちて神祇《あまつかみくにつかみ》を祭《いは》ひ鎮め、然る後に政事《まつりごと》を議《はか》るべし」と奉答した旨が記されている(107)。天皇にとって「祈り」は何にも優先すべきものであることが分かる。

帝国憲法下においても、天皇の祭祀の重要性は次のように説明されてきた。

「天皇の諸大権中、臣下の輔弼を許さないものはこの祭祀大権のみである。〔中略〕それは現人神たる天皇と皇祖皇宗の神霊との交通を以て中核とする。即ち惟神《かんながら》の境界にほかならぬ。従って祭祀そのものは何者の輔弼も不可能且つ不必要で、天皇親しく之れを司りたまふ(108)」

天皇の祈りは代理が利かないものと考えられてきた。古来天皇が政治の最終責任者を任命してきたことと対照的である。

では、歴代天皇は何を祈ってきたのであろうか。歴代天皇が「聖帝《ひじりのみかど》」と称して模範としてきた第一六代仁徳《にんとく》天皇(大和時代)の言葉に見いだすことができよう。これは「民の竈《かまど》の賑わい」としてよく知られている逸話で、民家から煙が立っていないことを憂えた仁徳天皇は、三年間徴税を停止するように命じたという。この時に天皇が皇后に語ったとされる言葉が『日本書紀』に記されている。

「其《そ》れ、天《あめ》の君《きみ》を立つるは、是百姓《これおほみたから》の為なり。然れば君は百姓を以ちて本《もと》と為す。是《ここ》を以ちて、古《いにしえ》の聖王《ひじりのきみ》は、一人だにも飢《う》ゑ寒《こ》ゆるときには、顧みて身を責《せ》む。今し百姓貧しきは、朕《わ》が貧しきなり。百姓富めるは、朕が富めるなり。未だ百姓富みて君貧しといふこと有《あ》らず」（そもそも、天が君主を立てるのは、人民のためである。だから君主は人民をもって根本とする。かつての聖王は、一人でも飢えたなら、自らを顧みて責めたという。いま人民が貧しければ、天皇も貧しい。人民が富めば、天皇も富む。人民が富み君主が貧しいということは、未だない）(109)

つまり、天（神）は人民のために天皇を立てたというのであるから、天皇は人民のために存在していることになる。そして、天皇が最も優先すべきことは「祈ること」であるから、天皇の祈りとは、正に「民の幸せ」を祈ることにほかならない。

ところで、「民の竈の賑わい」の記述は事実ではないという主張もある。しかし、この逸話の価値は、記述が事実であったか否かではなく、このように民の幸せを祈る仁徳天皇が「聖帝《ひじりのみかど》」と称えられ、その後の歴代天皇が仁徳天皇の生き様を模範としてきた事実にこそ本当の意味があるのではないか。その意味において「民の竈の賑わい」は重要な意義があるというべきであろう。後代においても、国難に当たって、民の幸せを願う天皇の祈りには枚挙に遑《いとま》がない。

しかし、人民のために天皇があるということと、天皇は人民の幸せを祈る存在であるということは、なにも仁徳天皇が発案したものではないことを確認しておきたい。ここで確認した天皇の統治こそ「シラス」という言葉の本質であり、天孫降臨で天照大神がニニギに下した神勅に、その発端が見られるのである。

また、このような天皇の統治の目的は、大日本帝国憲法の告文にも見られる。ここには皇室典範と帝国憲法を制定した目的として「八洲民生ノ慶福ヲ増進スヘシ」と書かれている。よって、皇室典範と帝国憲法の目的は、民を幸せにすることであることが分かる。そして、このことは「シラス」という天皇の統治の目的とも合致するものである。

ところで、天皇陛下の日々の祈りの内容を知ることができる御製（天皇の詠んだ和歌）がある。

平成十六年歌会始御製　幸《さち》

「人々の幸願ひつつ国の内めぐりきたりて十五年経《へ》つ」(110)

即位来十五年、天皇陛下は「人々の幸」を願いながら国内を巡幸なさったことを、ここから知ることができる。

これまで、歴代天皇の祈りの内容を知るべく、いくつかの事例を挙げてきたが、これは数多《あまた》の史料の一部に過ぎない。およそ天皇の祈りは、民の幸せを祈るものであると結論してよいであろう。

これまでの考察により、天皇は国民のために存在し、天皇は「国民一人ひとりの幸せ」を祈る存在であって、その祈りを通じて、自ずと国を治めてきたことを示すことができたと思う。

天皇の統治と民主主義の関係

ではなぜ、祈りを通じて国を治める天皇の統治を「シラス」というのであろうか。それは、天皇が国や民のことを知らなければ祈りようがなく、天皇が広く国と民の事情を知ることが、天皇の統治の大前提となるからである。

いや、むしろ知ることによって祈りたくなるというのが根本といえるのではないか。つまり、天照大神は「知りなさい」とは命じたが「祈れ」とは命じていない。確かに、天皇が神から「祈れ」と命ぜられたから祈ったのでは、有難味も薄れるというものであろう。知れば自ずと祈りたくなるものではないか。そのように考えると、天皇は「知る」ことが義務付けられているが、「祈る」ことは自発的に行われていると考えられる。つまり、統治の本質は「知ること」にあるといえる。

古くから、天皇は「民の父母」として親しまれ、民は「天皇の赤子《せきし》」とも呼ばれてきた。そして、実際には近親で血縁関係がなくとも、あたかも親子のような愛情によってつながってきた。

帝国憲法は条文中に「人民」「国民」の文字はなく、全て「臣民」で統一されている。「臣民」の意義については様々な角度から論ぜられてきたが、里見岸雄博士は、君と民の心情的な繋がりを重視して次のように述べている。

「臣民なる語は、深く、日本の基本社会的感情を盛りあげた言葉であって、『天皇』の語と不可分離の一対を為してゐる。我々が、『天皇』を、単に、『君主』又は『皇帝』と称したのでは、どうしても、天皇に対する本来的な感情を伴ひ得ないのと同じく、天皇に対して我国人は単に国民又は人民といふだけでは、十分にその本質をいひ表し得たという感情を伴はないから、『臣民』といふのである。この感情は、日本民族の基本社会に根ざしてゐる。単なる国家学上の『国家構成員』などといふ概念とは異なるのである。〔中略〕臣民なるものは、実に、日本にのみ存在するのである[三]」

天皇にとって民が宝であることは、先述の『日本書紀』の「民の竈の賑わい」で、「百姓」

と書いて「おほみたから」（＝大御宝）と訓むところからも読み取ることができる。

父母が離れた子のことをいつも気に留めてその幸せを祈るように、歴代の天皇も常に民のことを気に留めてその幸せを祈ってきた。祈れば知りたくなり、知れば祈りたくなることは、親子の関係と、君臣の関係において、何ら変わるところがない。

天皇が民の声を重視してきたことは、第三六代孝徳《こうとく》天皇の時代に、天皇が詔《みことのり》して鐘を懸けさせ、民の意見を集めたという『日本書紀』の記述にその一端が窺える。(112)困った人は誰でも困ったことなどを上表文に書いて投書することができ、投書しても効果が現れない場合は、門の前に懸けた鐘を鳴らすことで官吏に対応を促すことができたという。このような趣旨の詔は実に多く、歴代の天皇が、国の事情を知り、民の声を聞くことを重視していたことが分かる。

また、昭和天皇も昭和四十一年（一九六六）の歌会始（御題：声）で次の御製を詠んだ。


「日日のこのわがゆく道を正さむとかくれたる人の声をもとむる(113)」

そして、このような国と民の実情を「知ること」を最も重視した結果、天皇の統治を「シラス」と表現してきた。日本において「知ること」は統治の本質であって、統治そのものであるといっても差し支えないであろう。

天皇は、国の事情を広く知り、国民の幸せを祈ることを通じて、自ずと国を治め、人心を統合する歴史的役割を果たしてきた。それが天皇の統治であると結論することができる。そのような天皇の統治を言い表す言葉が、記・紀の神勅に見える「シラス」なのである。このような天皇の統治は、日本固有のものであって、類似するものは他国に見いだすことはできない。

ここで再び、葦津氏の日本における神の議論に戻っていきたい。葦津氏がいう日本における神とは、八百万の神の輔翼によって、高天原をシラス神であり、天孫降臨に当たり、君に国をシラスように命じた神だった。同様に、天皇も、臣下の輔弼と輔翼を受けて国を統治する存在である。「シラス」の意味を把握すれば、神と天皇は、本質的には独裁専制とは相容れないものであることになる。

古《いにしえ》より天皇が臣下の輔弼と輔翼を受けて国を治めてきたことは、第三三代推古《すいこ》天皇の時代に発せられた、聖徳太子の十七条憲法にも見いだすことができよう。ここには、天皇の統治の考え方が色濃く表現されている。例えば、冒頭の「和を以《も》ちて貴《たふと》しとし、忤《さか》ふること無きを宗《むね》とせよ」は、地位や身分を越えて、人々が和らぎ睦び合うことを求めている。その他にも、礼節の大切さを説き、それは上位の者も下位の者に対して怠ってはいけないものとされ、さらには、官吏たちに民の訴えをしっかりと聞くように諭している他、「夫《そ》れ事《こと》は独断すべからず。必ず衆《しゅう》と論《あげつら》ふべし」と、重要なことは必ず議論して決めるように戒めている。(114)

神話の高天原における意思決定が合議制であったことは述べたとおりで、やはり地上世界の政治も、高天原と同様に、議論を経て意思決定をしていたことが分かる。これは、専制政治とは対極の政治といってよい。

そして、慶応四年（一八六八）に発せられた「五箇条の御誓文」に「広ク会議ヲ興シ万機公論ニ決スヘシ」とあるのも、国の政治は広く議論を経て決めるべきであるという、天皇の統治の考えを実行しようとする試みであった。

このように、政治に責任がある者が集まって議論を重ねることは、天皇が国と民の事情を知ることの一環であったと考えられる。従って、議会制民主主義が高度に進化することは、天皇の統治の原理に合致するといえる。そして、民の声と民の心を政治に反映させることは、「天皇の大御心」であるのみならず、「皇祖皇宗の遺訓」や「神勅」に適うものであり、それこそが「日本民族の一般意思」「日本国民の総意」であるといえる。よって、「シラス」という天皇の統治と、日本における民主主義は、決して相反するものではなく、今や民主主義は天皇の統治を実現するための不可欠の手段であるといっても差し支えないであろう。

天皇の統治と憲法の関係

これまで「シラス」という言葉こそ、天皇の統治の本質を表わしていることを述べてきた。大日本帝国憲法の第一条の草案に「シラス」の言葉が用いられていたことは、同条を理解するために不可欠であり、また、第一条の理解なくして、帝国憲法の根本建前を理解することはできないと思われる。

井上毅は、明治二十年（一八八七）春に、憲法草案を伊藤博文に提出した。憲法草案の第一条には次のように書かれていた。

「憲法草案　第一条　日本帝国ハ万世一系ノ天皇ノ治《しら》ス所ナリ(115)」

ところが、同年夏の修正により、「治ス」は「統治ス」に変更され、草案が確定した。当時、既に「シラス」は古語になっていて、一般的には馴染みの薄い言葉だったため、漢語の「統治」をこれに当てて、帝国憲法第一条が確定したのである。

しかし、帝国憲法を完成させる最終責任者だった伊藤博文は、帝国憲法解説書である自著

『憲法義解』に、「統治ス」は「治ス」の意味で用いていることを次のように記している。

「所謂《いわゆる》『しらす』とは即ち統治の義に外ならず。蓋《けだし》祖宗《そそう》其の天職を重んじ、君主の徳は八洲《やしま》臣民を統治するに在《あり》て一人一家に享奉するの私事に非ざることを示されたり。此れ乃《すなわち》憲法の拠《よっ》て以て其の基礎と為す所なり(116)」

憲法草案を書いた井上毅は、「我が国の憲法は欧羅巴《ヨーロッパ》の憲法の写しにあらずして即《すなわち》遠《とお》つ御《み》祖《おや》の不文憲法の今日に発達したるものなり(117)」と述べ、帝国憲法は不文憲法を成文化させたものであると明言している。

井上が書いた第一条の草案は、「日本とは何か」という問いに、彼なりに答えたものであったと思われる。井上は、二〇〇〇年に及ぶ国史の事実を探求して、天皇の統治を熟考した結果、『日本書紀』『古事記』が用いた「シラス」の言葉を、帝国憲法第一条に使用したのだった。井上は、この難しい設問に、日本とは「万世一系の天皇が治《しら》す国」であると答えたのである。

そして、この草案第一条に用いられた「治ス」の語は、帝国憲法第一条に「統治ス」の語に置き換えられたものの、先述のとおり、同義として用いられている。つまり、『日本書紀』『古事記』が記す「シラス」の概念は、天皇の統治として、帝国憲法の冒頭に確実に記されたことになる。従って、天皇が「シラス」存在であることは、帝国憲法の根本建前の前提となっているといえる。

このような帝国憲法第一条は、後に日本の敗戦を経て、日本国憲法第一条へと変遷するが、「シラス」という天皇の統治のあり方は、旧新憲法の間で、天皇の法的権能が一部変更された部分はあったが、天皇の統治そのものが変質することはなかった。天皇の統治が上手く機能しているから、天皇が日本及び日本国民統合の象徴なのであって、天皇の統治が機能していなければ、そうであるはずがなかろう。天皇の「シラス」という統治が機能した結果、天皇が象徴なのである。天皇の統治と天皇が象徴であることの関係について、葦津氏は「天皇が日本国の本来の統治者として仰がれて来たと云ふ事実と、天皇が日本国の象徴たりし事実とは、不可分の関係にある(118)」と語っている。

現憲法下においても、天皇は祭り主であり、天皇は祈る存在であり続け、天皇が国民を我が子のように慈しむ心に変化はなく、天皇は国と民のことを知ることに尽力し、その上で国民一人ひとりの幸せを願い、そのような祈りを通じて、国を治めてきた。そして、国民はそのような天皇を、実の親のように慕い、天皇の存在を支持し、今に至るのである。

ここまで、天皇の統治について検討してきたが、「天皇・国民」の意思は一つであることを一応は示すことができたと思う。尾高・宮沢論争は、日本の国体は「現実の政治はすべて『常に正しい天皇の大御心』に適うものでなければならない、という理念の表現に外なら」ず、国民主権の原理は「『常に正しい国民の総意』を以て最高の指針としなければならないという理念」であって、天皇統治の原理は「『常に正しい天皇の大御心』を以て政治の範としなければならないという理念」であるから、国民主権の原理と天皇統治の原理は「政治の理念の表現としては、根底において深く相通ずるものをもつている」のであって、両者は矛盾するものではない(119)という尾高博士の主張が妥当するといえよう。

天皇の意思が「日本民族の一般意思」「日本国民の総意」であるという立場に立つならば、宮沢教授のいう「神勅主権主義」「神権主義」は、「国民主権主義」と何ら矛盾するものではないことになる。これにより、帝国憲法から日本国憲法への改正は、理念の上でも、改正の限界とされる根本建前の変更はなかったと結論できる。

これまで、帝国憲法と日本国憲法の間にある政治権力の変動に関し、実体と理念の両面から分析してきた。

この試みは、宮沢教授の八月革命説を評価するために、教授が主張する「神権主義」「神勅主権主義」「天皇主権主義」といった帝国憲法の根本建前が、ポツダム宣言受諾によって「国民主権」に変更されたという主張を検証したものである。

用語については、あくまでも教授の定義に従って理解しようとしたところ、教授は文脈によって「主権」を実体の議論と理念の議論の両方を用いて使い分けている様子であったため、本稿ではその両方について検討した次第である。

実体の議論では、帝国憲法における天皇の権能は、一般に理解されているのと違い、内閣と統帥部の決定を却下する権能も行使し得ず、裁量の余地は極めて小さいものであった。他方、日本国憲法における天皇の権能は、一般に理解されているのと違い、国政に関する権能を含むものであった。二つの憲法に間で天皇の実体としての権能は、然程大きく変更していないこと、また教授のいう根本建前が変更したとまではいえないことを示すことができたと思う。

次に、理念の議論では、「天皇の意思」と「国民の総意」が相反するか否かを検討し、両者は根本的に同義であることを示すことができたと思う。

これまでの作業により、「国家の政治のあり方を最終的に決める力」が、天皇から国民に移ったという主張は、事実に反し、妥当性を欠くことを示すことができたと思う。

■注釈

(01) 宮沢俊義『憲法の原理』(岩波書店、一九六七年)二八五—二八六頁、三〇五—三〇六頁、三七九—三八一頁。
(02) 宮沢・前注(01)原理、三〇五—三〇六頁、三八〇—三八三頁。宮沢俊義『日本国憲法(全訂)』(日本評論社、一九七八年)四七頁。
(03) 尾高朝雄『国民主権と天皇制』(国立書院、一九四七年)九一頁。
(04) 宮沢・前注(01)原理、三八〇頁。
(05) 尾高・前注(03)主権、一五四頁。
(06) 宮沢・前注(01)原理、三八〇頁。
(07)『日本書紀』巻第二・神代下・第九段・一書第一。小島憲之=直木孝次郎=西宮一民=蔵中進=毛利正守校注訳『日本書紀一』(新編日本古典文学全集)(小学館、一九九四年)一三〇頁。
(08) 宮沢・前注(01)原理、三八〇頁。
(09) 宮沢・前注(02)全訂、四三頁。
(10) 宮沢・前注(01)原理、三八〇頁。
(11) 宮沢・前注(02)全訂、四四頁。
(12) 宮沢・前注(02)全訂、二四頁。
(13) 宮沢・前注(01)原理、三八〇頁。
(14) 竹田恒泰『現代語古事記』(学研パブリッシング、二〇一一年)一四九—一五〇頁。
(15) 山口佳紀=神野志隆光校注訳『古事記』(新編日本古典文学全集)(小学館、一九九七年)四九頁。また現代語訳は、拙著、竹田・前注(14)現代語、三四頁。
(16)『日本書紀』巻第一・神代上・第五段・一書第六。前注(07)日本書紀一、四七頁。
(17) 前注(15)古事記、四八頁。
(18) 竹田・前注(14)現代語、三五—三六頁。
(19) 前注(15)古事記、三八頁。
(20) 宮沢俊義『憲法略説』(岩波書店、一九四二年)七三頁。
(21) 清水澄『国法学・第一編憲法篇(改訂増補第九版)』(清水書店、一九二〇年)、五八、六三、二六四頁。
(22) 美濃部達吉『逐条憲法精義』(有斐閣、一九二七年)五四頁。
(23) 里見岸雄『帝国憲法概論』(立命館出版部、一九四二年)、二三一—二三二頁。その他、田畑忍『帝国憲法条義(再版)』(日本評論社、一九三八年)四六—四七頁。
(24) 宮瀬睦夫編『明治天皇御製集』(第一出版協会、一九四四年)四四頁。
(25) 宮内庁『明治天皇紀一』(吉川弘文館、一九六八年)五五八頁。
(26) 稲田正次『教育勅語成立過程の研究』(講談社、一九七一年)三四五頁。
(27) 稲田・前注(26)過程、一九六頁。
(28) 新田均『「現人神」「国家神道」という幻想』(PHP研究所、二〇〇三年)三七—三八頁。
(29) 伊藤博文『憲法義解』(岩波文庫)(岩波書店、一九四〇年)二二頁。
(30)『日本書紀』巻第三・神武天皇。前注(07)日本書紀一、二三三頁。
(31) 崇神天皇も「ハツクニシラス天皇」と呼ばれるが、『日本書紀』の崇神紀には「御肇国天皇(はつくにしらすすめらみこと)」と記されていて、ハツクニ+シラスの語形であるため、最初の国を治めたという意味であっても、必ずしも初代を意味しない。それに対して『日本書紀』に「始馭天下之天皇(はつくにしらすすめらみこと)」と記された神武天皇は、ハツ+クニシラスの語形になっていて、初代であることを意味している。
(32) 新田均『「現人神」「国家神道」という幻想』(PHP研究所、二〇〇三年)二三頁。
(33) 金森徳治郎『憲法遺言(第二版)』(学陽書房、一九六〇年)一三頁。
(34) 葦津珍彦『葦津珍彦選集・第一巻—天皇・神道・憲法』(神社新報社、一九九六年)六三四頁。
(35) 美濃部達吉『新憲法概論』(有斐閣、一九四七年)五五頁。
(36) 宮沢・前出(20)略説、七三頁。
(37) 宮沢・前注(02)全訂、七八六、二四頁。
(38) 芦部信喜『憲法(第六版)』(岩波書店、二〇一五年)一八頁。
(39) 野中俊彦=中村睦男=高橋和之=高見勝利『憲法Ⅰ(第五版)』(有斐閣、二〇一二年)四七頁〔高見勝利執筆〕。
(40) 佐藤幸治『日本国憲法論』(成文堂、二〇一一年)五八頁。
(41) 野中俊彦=戸松秀典=江橋崇=高橋和之=高見勝利=浦部法穂編(芦部信喜監修)『注釈憲法・第一巻』(有斐閣、二〇〇〇年)五頁〔高橋和之執筆〕。
(42) 松井茂記『日本国憲法(第三版)』(有斐閣、二〇〇七年)七頁。
(43) 佐藤功『日本国憲法概説(全訂第五版)』(学陽書房、一九九六年)四六頁。
(44) 小林直樹『憲法講義・上(新版)』(東京大学出版会、一九八〇年)八七頁。
(45) その他、「天皇の地位の根拠は、(中略)天皇の祖先神の意思に求められ」た(藤田尚則『日本国憲法(三改訂版)』

北樹出版、二〇一七年、四七頁）、「統治の正当性は、〔中略〕『古事記』『日本書紀』の建国神話によって基礎づけられた」（毛利透＝小泉良幸＝浅野博宣＝松本哲治『憲法Ⅰ・総論・統治（第二版）』有斐閣、二〇一七年、四三―四四頁などがあるが、いずれも結論を述べるだけで、その根拠は示していない。

(46) 辻村みよ子『憲法（第五版）』（日本評論社、二〇一六年）二二頁、木下智史＝只野雅人＝倉田原志＝大河内美紀『新・コンメンタール憲法』（日本評論社、二〇一五年）五頁〔木下智史執筆〕。

(47) 宮沢・前注（01）原理、三八〇頁。

(48) 松井・前注（42）憲法、七頁。

(49) 加藤玄智『我建国思想の本義』（目黒書店、一九一二年）五九―六〇頁（同（島薗進＝高橋原＝前川理子監修）『加藤玄智集・第三巻』（クレス出版、二〇〇四年）所収）。

(50) 清水澄『帝国憲法大意（全部改版大増補）』（清水書店、一九三五年）四九頁。

(51) 佐々木惣一『日本国憲法論（改訂）』有斐閣、一九五二年、五〇四頁。

(52) 葦津珍彦『日本の君主制』葦津珍彦の主張普及発起人会編（葦津事務所、二〇〇五年）一八一頁。

(53) 葦津・前注（34）選集一、一三四頁。

(54) 里見・前注（23）概論、三一一頁。

(55) ウカヤフキアエズは『日本書紀』では「鸕鷀草葺不合尊」、『古事記』では「鵜草葺不合命」と表記されている。同様にヒコホホデミは「彦火火出見尊」（紀）・「日子穂穂手見命」（記）、ニニギは「瓊瓊杵尊」（紀）・「邇邇芸命」（記）、オシホミミは「天忍穂耳尊」（紀）・「天忍穂耳命」（記）、アマテラスは「天照大神」（紀）・「天照大御神」（記）、スサノオは「素戔男尊」（紀）・「須佐之男命」（記）と表記される。また『日本書紀』はニニギ・ヒコホホデミ・フカヤフキアエズの三代、そして神武天皇から持統天皇までの崩御と埋葬を記述していて、『古事記』はヒコホホデミの埋葬と、神武天皇から推古天皇までの崩御・埋葬を記述している。

(56) 竹田・前注（14）現代語、一〇八―一一一頁。

(57) 前注（15）古事記、一二一頁。

(58) 『日本書紀』巻第二・神代下・第九段・一書第二。前注（07）日本書紀一、一三九―一四二頁。

(59) 官報號外、昭和二十一年一月一日「詔書」。

(60) 毎日新聞、昭和二十一年一月一日付。

(61) 朝日新聞、昭和二十一年一月一日付。

(62) 木下道雄『側近日誌』（文芸春秋、一九九〇年）八四頁。

(63) 木下・前注（62）日誌、八六頁。

(64) 木下・前注（62）日誌、八九頁。

(65) 木下・前注（62）日誌、九〇頁。

(66) 宮内庁『昭和天皇実録・第九』（東京書籍、二〇一六年）九三八頁。

(67) 木下道雄『宮中見聞録』（新小説社、一九六八年）二二三―二二四頁。

(68) 宮内庁『明治天皇紀一』（吉川弘文館、一九六八年）六四八頁。

(69) 朝日新聞、昭和五十二年八月二十四日付。昭和五十二年八月二十三日、宮内庁記者団との会見における昭和天皇の御言葉。宮内庁『昭和天皇実録・巻五四』（未公刊）一七一―一七二頁。

(70) 木下・前注（62）日誌、三四五頁。

(71) 木下・前注（67）見聞録、二二四―二二五頁。

(72) 大原康男「天皇の『人間宣言』とは何か」『諸君！』（文芸春秋、一九八六年十月）一〇二―一一三頁。

(73) 葦津・前注（34）選集一、一三四頁。

(74) 宮沢俊義『天皇機関説事件・上』（有斐閣、一九七〇年）七七、八二頁。

(75) 文部省編『国体の本義』（文部省、一九三七年）九―一〇頁。

(76) 前注（75）国体、二三―二四頁。

(77) 新田・前注（28）幻想、二二―二八頁。

(78) 宮沢・前注（01）原理、三七八―三八一頁。

(79) 宮沢・前注（01）原理、二八五―二八六頁。

(80) 宮沢・前注（01）原理、三〇五―三〇六頁。

(81) 尾高・前注（03）主権、一五五頁。

(82) 葦津珍彦『日本の君主制』葦津珍彦の主張普及発起人会編（葦津事務所、二〇〇五年）一八一―一八二頁。

(83) 尾高・前注（03）主権、一五五頁。

(84) 葦津・前注（34）選集一、一三三―一三四頁。

(85) 葦津・前注（34）選集一、一三四頁。

(86) 宮沢・前注（01）原理、三〇二頁。

(87) 宮沢俊義『憲法入門』（法学普及講座）（勁草書房、一九五〇年）一〇〇頁。

(88) 宮沢・前注（01）原理、三八〇頁。

(89) 宮沢・前注（02）全訂、五頁。

(90) 宮沢・前注（01）原理、三八〇頁。

(91) 例えば、美濃部・前注（22）精義、五四頁、里見・前注（23）概論、二三一―二三二頁。

(92) 阿部照哉『憲法（改訂）』（青林書院、一九八二年）二七頁。

(93) 宮沢・前注（01）原理、二八六頁。

(94) 宮沢・前注（01）原理、三〇五頁。
(95) 宮沢・前注（01）原理、三八〇頁。
(96) 宮沢・前注（02）全訂、四四頁。
(97) 葦津・前注（34）選集一、六四〇頁。
(98) 訓み下し文は、前注（15）古事記、九九頁。また現代語訳は、拙著、竹田・前注（14）現代語、八四頁。ところで、「高御産巣日神」は高天原で二番目に出現した神、「天の安の河」は高天原を流れる河、「思金神」は高御産巣日神の子で、思慮分別を備えた神とされる。
(99) 日本書紀、神代上、第五段、正文。前注（07）日本書紀一、三五―三七頁。
(100) 前注（15）古事記、五三頁。
(101) 『日本書紀』巻第二・神代下・第九段・一書第一。前注（07）日本書紀一、一三〇頁。
(102) 前注（15）古事記、一一五頁。
(103) 葦津・前注（34）選集一、七九頁。
(104) 葦津珍彦『みやびと覇権』（神社新報社、一九八〇年）八五頁。
(105) 長尾一紘『日本国憲法（全訂第四版）』（世界思想社、二〇一一年）二六―二七頁。
(106) 故実叢書編集部編『禁秘抄考註・拾芥抄（改訂増補）』（故実叢書）（明治図書出版、一九九三年）五頁。
(107) 日本書紀、巻第二十五、孝徳天皇紀。小島憲之＝直木孝次郎＝西宮一民＝蔵中進＝毛利正守校注訳『日本書紀三』（新編日本古典文学全集）（小学館、一九九八年）一一七頁。
(108) 里見・前注（23）概論、七〇一―七〇二頁。
(109) 日本書紀、巻第十一、仁徳天皇紀、仁徳天皇七年四月一日。小島憲之＝直木孝次郎＝西宮一民＝蔵中進＝毛利正守校注訳『日本書紀二』（新編日本古典文学全集）（小学館、一九九六年）三四―三五頁。
(110) 朝日新聞、平成十六年一月十四日付（夕刊）。
(111) 里見岸雄『帝国憲法の国体学的研究』（里見研究所出版部、一九三四年）三九三―三九四頁。
(112) 日本書紀、巻二十五、孝徳天皇紀、大化二年二月十五日。前注（107）日本書紀三、一三五―一三九頁。
(113) 宮内庁『昭和天皇実録・第十四』（東京書籍、二〇一七年）一六五頁。
(114) 前注（07）日本書紀一、五四三頁、五五〇頁。
(115) 稲田正次『明治憲法成立史・下巻』（有斐閣、一九六二年）七〇頁。甲案・乙案共に第一条は同一。
(116) 伊藤・前注（29）義解、二三頁。
(117) 井上毅「言霊」『梧陰存稿・巻二』（六合館書店、一八九五年）一三頁（井上毅伝記編纂委員会編『井上毅伝・資料編第三』国学院大学図書館、一九六九年、六四六頁所収）。
(118) 葦津・前注（34）選集一、六二七頁。
(119) 尾高・前注（03）主権、一五五頁。

第四章
連合国は国民主権主義の採用を要求したか

三段論法の構造になっている八月革命説の第二段「帝国憲法から日本国憲法への変更は改正の限界を超えるものであった」の主張に対しては、次の二つの疑問を指摘することができる。①帝国憲法から日本国憲法への改正により根本建前は変更されたのか、②ポツダム宣言は神権主義（乃至神勅主権主義）を捨てて国民主権主義を採用する要求（根本建前を変更す要求）を含んでいたか、である。

第二章と第三章では、①の問題に取り組み、帝国憲法から日本国憲法への変更で、政治権力がどのように変動したかの問題につき、「実体」と「理念」の両面から検証してきた。

次に、第四章では、②の問題について論じていきたい。宮沢教授は、根本建前の変更を含む憲法改正は本来合法的に為すことはできないが、ポツダム宣言を受諾したこと（八月革命）で、既に根本建前が変更されて国民主権主義が成立しているという理由によってのみ、はじめて帝国憲法の規定による憲法改正が「違法でないとされうる」と述べている。ということは、もし米国が帝国憲法の根本建前を変更する意図を持っていなかったなら、八月革命は成就していないのであるから、帝国憲法の改正規定に則った憲法改正は「違法である」とされなければならない。これによって、八月革命説は論理的前提を欠くことになる。

八月革命説の立場によると、帝国憲法から日本国憲法への変更は、神権主義から国民主権主義への変更があったとする。だが、果たしてポツダム宣言自体にそのような要求が含まれていただろうか。少なくとも同宣言の文面中には、天皇の地位について直接言及した個所は見受けられない。

大日本帝国憲法が日本国憲法に移行した直接の原因は「ポツダム宣言の受諾」であり、GHQから日本政府へ発せられた数々の指令の法的根拠も、全てポツダム宣言に基づいている。従って、ポツダム宣言が「神権主義をすてて、国民主権主義を採ること」（宮沢俊義）を要求する内容を含んでいたかを判断するためには、先ず、ポツダム宣言の条項を検証する必要がある。

しかし、この論点を検討するにあたり、ポツダム宣言の条項だけでなく、同宣言の成立過程における天皇の地位に関する米国での議論、同宣言をめぐって日米両国で交わされた往復のやり取り、そして、占領中の米国側の意思決定に用いられた文書類なども検討する必要があると思われる。それにより、ポツダム宣言を発した側の意図を正確に知ることができると考えるからである。

そこで、国家統治の形態や、天皇の統治に関する主な議論を時系列で確認し、米国側が、憲法改正の意図、また、神権主義をすて国民主権主義を採用させる意図を持っていたか否かを検討する作業を進めていきたい。

a　天皇の地位に関する米国の初期の見解

ポツダム宣言第一二項後段を巡る議論

早い段階で、日本に降伏条件を公式に呼びかける連合国の共同宣言を出すべきであると主張したのは、元駐日大使で知日派のグルー（J. C. Grew）国務次官だった。グルーは、共同宣言に「もしも日本国民が欲するならば無条件降伏は現皇統の廃棄を意味するものではない」と明記することで、「これにより日本の早期降伏をもたらすことが容易になるであろう」と確信し、昭和二十年（一九四五）五月二十八日に、宣言案をトルーマン（Harry S. Truman）大統領に提出した。トルーマンは四月十二日にルーズベルト大統領が急死したため、副大統領から大統領に自動的に昇進したばかりであった。

この提案に対して、トルーマン大統領を始め、スチムソン（H. L. Stimson）陸軍長官、フォレスタル（J. V. Forrestal）海軍長官、マーシャル（G. C. Marshall）参謀総長などはその趣旨に賛成したが、沖縄戦の最中にこれを発すると、日本人に対し米国の態度が軟弱であるとの印象を与える恐れがあるため、時期を検討することになった。[01] ここで、米高官が、天皇を残すことを前提に議論していることを確認しておきたい。

当時米国は、日本外務省と日本海軍の暗号を解読していたため、日本の状況をかなり詳しく把握していた。大統領を補佐する高官たちは、繰り返し次の二点を大統領に勧告していたことが分かっている。①天皇の地位が保障されない限り日本人は降伏を受け入れない、②戦後の日本の秩序を維持するために天皇が極めて重要な役割を果たすことになる。[02]

トルーマン大統領は、昭和二十年四月十六日の議会での演説で「我々の要求は、これまでも今後も『無条件降伏』である。平和の破壊者とは取引をしない」[03]と発言していた。ここでいう「無条件降伏」というのは、米国がドイツに対して行ったのと同様で、停戦交渉などを経ず、日本を完全に叩き潰すことを意味する。そして、米国民はこの方針を強く支持していた。

だが、既に述べたように、この方針ではいつまで経っても日本が降伏する望みはなかった。「アメリカ政府最高首脳のほぼ全員が、最終的に降伏をひきだすほとんど唯一の方法は条件を修正することだ、と認識していたことは明白である」[04]と指摘されるように、日本を降伏させるには、無条件降伏という従来の方針を緩和し「天皇の地位の保障」の声明を出さなければならないというのが、大統領に進言する立場にいる高官たちのほとんど一致した見解であった。特に、その声明は沖縄戦終結の際に発するのが最も効果的であると考えられていた。

その後、トルーマン大統領は同年五月、対日戦争の終結の方法について非公式で検討するように指示し、五月二十九日、スチムソン陸軍長官、フォレスタル海軍長官、マーシャル参謀総長、グルー国務次官など七名の高官が集まって議論した。この会議で、米国は将来の日本の国家統治の体制を決める意思がないこと（米国が天皇の地位を変更せしめないこと）を大統領声明で発表すべきか否か議論した結果、そのような声明を発表すべきだが「ある公にできない軍事的な理由から」今それを発表するのは適切ではないということで意見が一致したという。[05] 時期こそ延期されたものの、天皇の地位を変更しないという声明を出すことを、七人の高官が決定したことの意味は大きい。

原爆開発計画と声明との関係

スチムソン日記によると「ある公にできない軍事的な理由」とは、「S－1」のことを意味するという。「S－1」とは、科学研究開発局（OSRD）第一課（Section One）の略号で、同課は核エネルギー開発を任務としていた。つまり「S－1」とは「原子爆弾」を示す暗号であった。同会議にはマンハッタン計画（原子爆弾開発計画の暗号）の情報を開示してはいけない高官も含まれていたため、スチムソンは「ある公にできない軍事的な理由」という、奥歯に物の挟まったような言い方をしたものと思われる[06]。

トリニティー実験（初の原爆実験）が予定されていたのは七月中旬であるから、既に二カ月を切っていた。実験の成否を見極めるまで日本への声明を発表すべきではないということは、すなわち、実験までに日本が降伏してしまったら都合が悪かったということを意味する。

また、英国がポツダムで戦後処理を議論する会談を開催するよう再三求めていたが、米国は大統領が議会で多忙であるという理由で、意図的に一カ月以上会議の開催を遅らせた。ポツダム会談を七月十五日まで延期したのは、トリニティー実験までの時間を稼ぐためであったことは、六月六日に大統領がスチムソン陸軍長官に直接伝えたことである[07]。大統領にとって、トリニティー実験の成否がそれほど重大であったことが窺える。

痺れを切らしたグルー国務次官は六月十八日、沖縄戦終結の時に降伏条件を緩和する（天皇の地位を変更しない）声明を発すべきであるとトルーマン大統領に再度進言した。だが、大統領はその意見を採用せず、日本への声明をポツダム会談の議題に入れるよう、グルーに指示した[08]。

そして、宣言案が準備された。スチムソン陸軍長官が、グルーの宣言案に沿って草案を起草し、国務省、海軍省と擦り合わせした結果「天皇の地位の保障」については、最終的には次のような条項が盛り込まれることになった。

「このことは、もしそのような政府が平和を愛する諸国に、日本における侵略的軍国主義の将来の発展を不可能にさせるような平和政策を遂行する純粋な決意を確信させ得るならば、現在の皇統の下における立憲君主主義を含み得るものとする（This may include a constitutional monarchy under the present dynasty if the peace-loving nations can be convinced of the genuine determination of such a government to follow policies of peace which will render impossible the future development of aggressive militarism in Japan.）」

これがポツダム宣言の「合衆国代表団草稿（United States Delegation Working Paper）」に採用されたのである[09]。天皇の地位が存続し得ることを明記したことが、声明文中最も重要な部分であり、この一文があるが故に日本は受諾可能であると考えられた。あとはこの声明がいつ発せられるかが問題だった。

そして、米国は日本の重大な兆候を手に入れることになる。米国陸軍省が傍受した通信を大統領に報告する機密報告書がある。これは「マジック報告」と呼ばれるもので、大統領とその側近の一部に回覧され、読後に破棄される極秘文書とされていた。昭和二十年七月十三日付のマジック報告は、東郷茂徳《とうごうしげのり》外務大臣が七月十二日に、早期終戦を望む天皇の意思をソ連のモロトフ外務大臣に伝達するよう、佐藤尚武《なおたけ》駐ソ大使に伝える電報を傍受したことを報告した。(10)そしてその内容は史実と一致する。(11)天皇が終戦を望んで自ら動き出したことを米国が察知したのはこの時が初めてだった。このように米国は逐次日本の状況を正確に把握していた。

このマジック報告を受け、米高官たちは日本の降伏も近いと思ったようである。フォレスタル海軍長官は七月十三日付の日記に「日本人が戦争を終わらせたがっているという本物の証拠が初めて手に入った」と書き、(12)また海軍の太平洋戦略情報部の七月十四日付報告書は「この動きが『天皇の意向』の表れであると述べられている事実は重大な意味を持つ」と明記している。(13)

陸軍高官も同様であった。スチムソン陸軍長官は七月十六日付の日記に「日本の和平工作に関する重要な情報を受け取った」と記し、(14)またマクロイ（J. McCloy）陸軍次官補も七月十六日付の日記に「裕仁〔昭和天皇〕自身がカーリーニンとスターリンに親書を送るように求めている。やっと動き出した。あのパールハーバーのニュースを聞いた日曜日の朝から、本当に長い道のりだった！」と書き記している。(15)

そして、トルーマン大統領もこのマジック報告を目にして、七月十八日付の直筆の日記に「和平を求める日本の天皇からの電報」と書いた。(16)

スチムソン陸軍長官は、七月十六日、ポツダムに到着したばかりのトルーマン大統領に、天皇が和平を願っていることが分かったので「今こそ警告を発する時」であり、ポツダム会談の期間中に、先述の「合衆国代表団草稿」を発表すべきであると迫った[17]。無論、それは、天皇の地位が存続し得ることを付記した声明である。

そして、米国ニューメキシコ州で人類史上初の核実験であるトリニティー実験が行われたのが七月十六日午前五時三十分（現地時間）であった。七月十七日のポツダム会談が始まる直前、トルーマン大統領にトリニティー実験の成功が伝えられた。これを境にトルーマン大統領の人格が変わったといわれている。

天皇の地位の保障が削除された理由

ところが、ポツダム宣言「合衆国代表団提出案（Proposal by the United States Delegation）」では、なぜか天皇に関するこの部分が削除され、そのまま調印され、発表された[18]。

なぜ、草稿にあった天皇に関する記述が、提出案では削除されたのか、その経緯については明らかになっていない。だが、天皇存続の可否を巡っては、ポツダム宣言が出される直前まで、米国政府内で両論が対立していたことから、第一二項後段の削除は、対日強硬派のバーンズ国務長官が最後に巻き返しを図った結果であろうと思われる。

共同宣言で天皇について言及すべきではないという主張には、例えば次のようなものがあった。マックリーシュ国務次官補はバーンズ（James F. Byrnes）国務長官に提出した意見書「日本の無条件降伏の解釈について」で、第一二項後段について「ドイツに対してとつた厳格な方針と明白に矛盾する」上、天皇の制度をそのままにしておくことは「将来においても悪用される大きな危険をはらんで」いると意見を述べていた[19]。

また、統合参謀本部も第一二項後段に対する修正意見を、七月十八日付でトルーマン大統領に提出している。それによると、「連合国が現在の天皇を廃し、又は処刑して、皇室の誰か他の者を即位させることを約束したように誤解」され、もしくは「天皇制及び天皇崇拝を維持すると約束したと」誤解される可能性を指摘し、「将来の侵略行為に対する適当なる保障ある限りに於いて、日本国国民は、其の独自の政治形態を選択する自由を有す」と修正すべきと勧告した。その上で、このような表現にすることで「連合国が特定の政治形態を支持するという約束を含まないし、また連合国にとつて不適当な政府が樹立されることを防止することができ」ると述べている[20]。

また、昭和十九年（一九四四）十一月まで国務長官を務めたコーデル・ハルの回顧録によれば、バーンズ国務長官がポツダムに出発する直前、ハルは「天皇も支配階級もそのすべての特権をはく奪され他のすべての者と同様に法の前に平等な地位に置かれるべきである」と述べ、同宣言の発表をロシアが参戦するまで待つべきで、天皇に関する部分を削除すべきであると主張した。その後、ハルはポツダムにいるバーンズに電報を送り、自分の意見の詳細を伝えている。また、ハルは回顧録で、その次の日にバーンズから天皇について言及しないことに賛成であるというメッセージを受け取ったと記している。(21) この記述が正しければ、ハルら対日強硬派による大統領と国務長官への説得により、直前になって第一二項後段の削除が決まったと推測できよう。

ところで、天皇の地位を変更しない旨を通知すれば日本は降伏すると分かっていながら、米国はなぜその声明を七月中旬のポツダム会議まで延期し続け、さらにはポツダム宣言から天皇に関する条項を削除したのであろうか。

それは、原子爆弾の完成が間近に迫っていたことと密接に関係すると思われる。原子爆弾を日本に対して使用することは、昭和十九年九月十八日に行われたルーズベルト大統領とチャーチル首相の会談で合意済みであった（ハイドパーク協定）。昭和二十年四月に大統領になったトルーマンは、前大統領の決定をそのまま継承し、自らの政権では「使うとしたらどう使うか」の検討はさせたものの、日本に原子爆弾を使用すること自体の可否を公式に検討し、あるいは検討させた形跡は無い。また、大統領は就任して以来、原子爆弾の使用を回避しようとした痕跡もない。大統領は日本に原子爆弾を使用する選択肢を常に優先してきたといえる[22]。

このことに鑑みると、天皇の地位を保障する声明を出して日本が降伏してしまったら、日本に原子爆弾を使用する機会が失われるとの思惑があったのではなかったか。もしこの推論が正しければ、大統領は、原子爆弾を投下して日本を降伏させようとしたのではなく、日本が降伏する前に原子爆弾を投下しようとしていたことになろう[23]。


これまで「天皇の地位の保障」を表明することについての米政府内での議論について検討してきたが、あと二点、米政府内で統一の見解に達していたことを示したい。

第一は、原子爆弾を使用しても日本は降伏しない可能性が高いと考えられていたことである。広島への原爆投下直前の段階で、日本の六十六の都市が既に通常爆撃で破壊されていた。また東京大空襲では十万人以上の民間人が死亡している。東京大空襲からは既に三カ月以上が経過していたが、日本はそれにより降伏する気配も見せなかった。その日本が、六十七番目（広島）と六十八番目（長崎）の都市が焼き払われたとしても、急に降伏することはないというのは当然の分析であろう[24]。

さらに戦局が悪化した七月一日の時点でも、マッカーサー元帥率いる南西太平洋司令部がまとめた研究成果には「今日、天皇と軍幹部、軍全体と全国民は一つにまとまっていて、最後の勝利または死に至るまで戦い抜く覚悟である。〔中略〕兵士たちは戦場で狂信的な行動を示し、人々は必要とあらば自爆も辞さない不屈の精神で戦闘を続けている」と記述されている。[25]

また、マッカーサー元帥の軍事秘書を務めたボナー・フェラーズ准将は戦後に論文で「原爆は降伏という天皇の決定を導いておらず、また、戦争の帰趨にも何らの影響も及ぼしていなかったようだ」と述べている。[26]

そして第二は、ソ連が参戦したら日本は確実に降伏すると考えられていたことである。例えば、米国の合同諜報委員会が昭和二十年四月二十九日付で統合参謀本部に提出した意見書には「ソ連が参戦することになれば、大半の日本人は完全な敗北が避けられないと直ちに悟るだろう」と記述している。[27] また、ベルリンの加瀬公使が昭和二十年五月十四日に東京の外務省に送った電文を米国は傍受していた。ここには「もしロシアが我が国を攻撃するようなことになれば、帝国の直面している状況はまったく手に負えなくなる」とある。[28] 戦後においても、アメリカ陸軍省が行った戦略爆撃調査の報告に、原子爆弾を使用せずとも「日本がロシアの参戦をきっかけに降伏していたであろうことは、ほぼ間違いない」と記されている。[29]

このように、大統領に進言する高官たちは、①天皇の地位を保障しなければ日本は降伏しない、②原子爆弾を使用しても日本は降伏しない、③ソ連が参戦したら日本は降伏する、といった三点を共有していた。

このように、トルーマン大統領をはじめ米高官たちは、天皇の地位の保障が無ければ日本は降伏しないと分かっていた。ということは、ポツダム宣言は日本に拒否されるということを十分承知の上で、彼らはこれを発表したと考えられる。ではなぜ拒否されることを知りつつ、ポツダム宣言から天皇に関する条項を削除したのであろうか。それは、日本がポツダム宣言を受諾してしまったら原子爆弾を使用することはできなくなるが、他方日本が同宣言を拒否すれば、同宣言中に「右以外ノ日本国ノ選択ハ迅速且完全ナル壊滅アルノミトス」と述べていることから、原子爆弾を使用する口実になるからではなかったか。つまり日本が同宣言を拒否したら原子爆弾を使用可能であるから、日本が受諾できないような文面を意図的に作成したと見てよいであろう。(30)

つまり、日本にポツダム宣言を一度拒否させてから原子爆弾を使用し、その後天皇の地位を保障して日本を降伏させるシナリオがあり、ポツダム宣言は一度日本に拒否されなければならず、そのために同宣言案にあった天皇の地位を保障する文言は削除されたと考えられる。

ポツダム宣言が明記する占領解除の条件

そして、昭和二十年七月二十六日、ついにポツダム宣言が発せられた。結局、天皇の地位に関しては何ら言及が無かった。これにより、天皇についてはより曖昧になり、同宣言は日本にとってより過酷な内容になった。これを日本の国家指導者たちが見たら「天皇の地位が保障されない」ことを理由に、受諾し難いものであることは明らかだった。

実際に発表されたポツダム宣言の条項を確認したい。同宣言は第六項と第七項で日本を占領することと、その占領の目的を述べている。

六　吾等ハ無責任ナル軍国主義ガ世界ヨリ駆逐セラルルニ至ル迄ハ、平和、安全及正義ノ新秩序ガ生ジ得ザルコトヲ主張スルモノナルヲ以テ、日本国国民ヲ欺瞞シ、之ヲシテ世界征服ノ挙ニ出ヅルノ過誤ヲ犯サシメタル者ノ権力及勢力ハ、永久ニ除去セラレザルベカラズ。

七　右ノ如キ新秩序ガ建設セラレ、且日本国ノ戦争遂行能力ガ破砕セラレタルコトノ確証アルニ至ル迄ハ、連合国ノ指定スベキ日本国領域内ノ諸地点ハ、吾等ノ茲《ここ》ニ指示スル基本的目的ノ達成ヲ確保スル為、占領セラルベシ。（新字体に改め、句読点を補った、以下同じ。）

これを意訳すると、「世界から軍国主義がなくならない限り、平和・安全・正義の新秩序が成立することはないので、日本国民を騙して世界征服の暴挙に出た過ちを犯した権力者たちは、永遠に除去されなければならない。このような新秩序が成立し、日本の戦争遂行能力が失われるまで、連合国は日本を占領する」というような意味になろう。

つまり、ポツダム宣言で連合国が求める新秩序とは、①軍国主義の排除、②戦争遂行能力の喪失、③戦争犯罪人の処罰の三点により実現するものであると認められる。

次に、同宣言は第九項から第一二項にかけて、連合国が占領を解除する条件について、さらに詳細を述べている。

九　日本国軍隊ハ完全ニ武装ヲ解除セラレタル後、各自ノ家庭ニ復帰シ、平和的且生産的ノ生活ヲ営ムノ機会ヲ得シメラルベシ。

十　吾等ハ日本人ヲ民族トシテ奴隷化セントシ、又ハ国民トシテ滅亡セシメントスルノ意図ヲ有スルモノニ非ザルモ、吾等ノ捕虜ヲ虐待セル者ヲ含ム、一切ノ戦争犯罪人ニ対シテハ厳重ナル処罰ヲ加ヘラルベシ。日本国政府ハ日本国国民ノ間ニ於ケル民主主義的傾向ノ復活強化ニ対スル一切ノ障礙《しょうがい》ヲ除去スベシ。言論、宗教及思想ノ自由竝《ならび》ニ基本的人権ノ尊重ハ確立セラルベシ。

十一　日本国ハ其ノ経済ヲ支持シ且公正ナル実物賠償ノ取立ヲ可能ナラシムルガ如キ産業ヲ維持スルコトヲ許サルベシ。但シ、日本国ヲシテ戦争ノ為再軍備ヲ為スコトヲ得シムルガ如キ産業ハ此ノ限ニ在ラズ。右目的ノ為原料ノ入手（其ノ支配トハ之ヲ区別ス）ヲ許可サルベシ。

日本国ハ将来世界貿易関係ヘノ参加ヲ許サルベシ。

十二　前記諸目的ガ達成セラレ、且日本国国民ノ自由ニ表明セル意思ニ従ヒ平和的傾向ヲ有シ且責任アル政府ガ樹立セラルルニ於テハ、連合国ノ占領軍ハ、直ニ日本国ヨリ撤収セラルベシ。〔傍線は筆者〕

つまり、同宣言が示す占領軍撤収の条件は、次の六点である。①日本軍が武装解除すること、②戦争犯罪人を処罰すること、③民主主義的傾向を復活強化するための一切の障害を除去すること、④言論・宗教・思想の自由・基本的人権の尊重を確立すること、⑤戦争のための再軍備を可能にする産業が禁止されること、⑥日本国国民の自由に表明する意思に従って平和的傾向を持ち責任ある政府が樹立されること。

先述のとおり第一二項後段が削除された結果、ポツダム宣言の条項中で連合国が日本に要求する事項には、天皇の統治をはじめ、皇位継承や天皇の政治的無問責など、国体事項に関しては何ら言及がない。少なくとも、同宣言条項中には、国体や根本原理・根本建前を変更する要求を見出すことはできない。

これまで、ポツダム宣言第一二項後段を巡る議論と、その結果確定した同宣言の条項を眺めてきたことで、次の二点を確認することができる。第一に、天皇の存否を巡って米国政府内で深刻な対立があったこと。第二に、ポツダム会談直前になって対日強硬派の工作が功を奏し、条項から第一二項後段を削除することになったものの、だからといって天皇廃止の方針が定まったわけではなかったこと、である。

特に第二の点は重要である。これまでの議論の流れから分かるように、大統領と高官たちは、天皇を残すことを前提に考えていた。ただ、公表の時期によっては、日本人に対し米国の態度が軟弱であるとの印象を与える恐れがあるため、時期を検討することになり、その後「S－1」との関連で公表が延期された結果、ポツダム会談まで延期されたのは既に述べたとおりである。天皇を廃止する方針が決まっていないばかりか、むしろ天皇を存置することが前提となっていたのである。

また、同宣言は、宮沢教授が重視する根本建前については全く無関心であり、「主権」については何ら言及がないことも併せて確認しておきたい。この点について、小嶋和司博士は「ポツダム宣言の起草に主導権をもった米国と英国の国民性はプラグマチックで、タテマエ論を重視しない。そのため、同宣言が述べた戦争終結の条件は、タテマエとしての「主権」の問題を特に掲げていない」と指摘している[31]。

b　ポツダム宣言は国民主権主義採用の要求を含むか

ポツダム宣言受諾を巡る往復文書

ポツダム宣言に接した日本の政府と統帥部は、米高官が予測したとおり、同宣言受諾によって国体が護持されるかどうかに最大の関心を示した。先述のとおり、同宣言中には、天皇の制度や統治形態などについての言及が一切無かったため、国体が護持されるのか否か疑念を抱く重臣が多かった。

ポツダム宣言が発せられた二日後の七月二十八日、鈴木貫太郎内閣総理大臣は内閣記者団との会見で、ポツダム宣言について「重視する要なきものと思う」という趣旨の答弁をしたところ、「政府はこれを黙殺し、あくまで戦争に邁進する」と発言したとの記事が新聞に掲載された(32)。

当時、日本政府の対外広報を担っていた同盟通信がこの会見を伝えたところ、サンフランシスコのＡＰ通信が、これを引用するかたちで、日本政府がこの宣言を「Reject（拒絶）」したと報じた。これにより米国側は「日本はポツダム宣言を拒絶した」と理解したとされる。米国は日本が同宣言を拒絶したことをもって、予定どおり昭和二十年八月六日に広島へ原子爆弾を投下した。

そして、同九日にはソ連から対日宣戦布告を受けたことで、日本では同宣言受諾の可否が議論され、重臣同士が二手に分かれて激しくぶつかり合うことになった。議論を重ねた結果、政府と統帥部で意見の一致に至らず、議論は御前会議に持ち込まれた。

昭和二十年八月十日午前〇時三分に皇居御文庫付属室にて、昭和天皇親臨の下、最高戦争指導会議の御前会議が開かれ、ポツダム宣言の受諾の可否が議論された。会議では、ポツダム宣言受諾を主張する東郷茂徳外務大臣の案と、徹底抗戦を主張する阿南惟幾《あなみこれちか》陸軍大臣の案が対立した。従来御前会議は、事前に出席者の意見を一致させておき、一応の議論を経た後に既定の結論に持ち込み、満場一致をもって天皇の裁可を仰ぐという、いわば儀礼的な会議であった。しかし、この時は出席者が本気で議論を戦わせ、三対三に意見が分かれるという未曽有の事態が生じた。

そこで会議の議長役を担っていた鈴木総理は天皇の聖断を仰ぐことを決心し「かくなる上は誠にもって畏れ多い極みではありますが、これより私が御前に出て、思召《おぼしめし》をお伺いし、聖慮をもって、本会議の決定と致したいと存じます」と述べた。一同が沈黙して頭を垂れるなか、昭和天皇は「それでは、自分が意見をいうが、自分は外務大臣の意見に賛成する」と発言し、ポツダム宣言の受諾が決定した。[33] 御前会議で決定に至った「外務大臣案」とは、ポツダム宣言が「天皇の国法上の地位を変更する要求を含まない」ことを前提として、同宣言を受諾するというものである。

ところで、先述のとおり、帝国憲法下における確立された慣行によれば、天皇は政府と統帥部が決定した国策事項について、これを却下する権能を有さない。まして、ポツダム宣言受諾の御聖断のように、天皇が直接国策を決することは日本の憲政史上、後にも先にも例はない。

さて、御前会議の決定を受け、帝国政府は同日、連合国に対してポツダム宣言を受諾する旨を次のように打電した。

(ポツダム宣言受諾文)

「帝国政府ハ昭和二十年七月二十六日米、英、支三国首脳ニ依リ共同ニ決定発表セラレ爾後蘇聯邦政府ノ参加ヲ見タル対本邦共同宣言ニ挙ケラレタル条件中ニハ天皇ノ国家統治ノ大権(the prerogatives of His Majesty as a sovereign ruler)ヲ変更スルノ要求ヲ包含シ居ラサルコトノ了解ノ下ニ帝国政府ハ右宣言ヲ受諾ス　帝国政府ハ右ノ了解ニ誤リナク貴国政府カ其ノ旨明確ナル意思ヲ速ニ表明セラレンコトヲ切望ス(34)」

これを受けて八月十二日午前〇時四十五分（日本時間）にバーンズ国務長官から次のような回答文が出された。

（バーンズ回答文）

「降伏ノ時ヨリ　天皇及日本国政府ノ国家統治ノ権限（the authority of the Emperor and the Japanese Government to rule the state）ハ降伏条項ノ実施ノ為其ノ必要ト認ムル措置ヲ執ル連合軍最高司令官ノ制限ノ下ニ置カルルモノトス（be subject to）〔中略〕最終的ノ日本国ノ政府ノ形態（the ultimate form of Government of Japan）ハ『ポツダム』宣言ニ遵ヒ日本国国民ノ自由ニ表明スル意思ニ依リ決定セラルヘキモノトス(35)」

日本語では不明確だが、英文によると、米国側は日本側が回答を求めた「sovereign ruler」（主権者）については一言も触れることなく、「authority」（権威・権限）について述べるに留まった。このバーンズ回答を如何に捉えるかは、天皇の統治権と同宣言受諾の関係を論じる上で重要な論点となる。

バーンズ国務長官は、日本に対して強い言葉を使いつつも、同時に天皇の地位を認める意図をもってこの回答文を起草したと思われる。そのような配慮が必要だったのは、当時の米国の世論が、日本に対しては「条件付降伏」ではなくドイツと同様に「無条件降伏（完全なる破壊）」を求める声が圧倒的であり、弱腰の態度表明は政権の命取りになる危険があったからと考えられる。

この文章は実に巧妙に組み立てられている。一見、日本と交渉した印象はなく、日本に譲歩した様子もない。しかし、よく読むと、天皇は最高司令官の下に置かれるという高圧的な表現を使いつつも、それはすなわち、天皇を直ちに退位させ、あるいは天皇を廃止しないことを暗に伝えている。また「最終的ノ日本国ノ政府ノ形態」は「日本国国民ノ自由ニ表明スル意思ニ依リ決セラル」というのであるから、日本人が望めば、立憲君主国として現皇室を残すことができると読むことも可能である。

ここで疑問なのは、これまで大統領は、天皇の地位を保障する声明を出すことを頑なに拒んできた。ところが、原爆投下四日後に日本から降伏の申し入れが届くと、大した議論も経ずに、瞬時に天皇の地位を保障すると理解され得る声明を出したのはなぜであろうか。

トルーマンが大統領に就任してすぐ、大統領に助言する高官たちは、天皇の地位を保障しない限り日本が降伏することはあり得ない、と助言し続けた。またその助言も、高官たちの個人的な感情ではなく、綿密な情報分析に基づいていた。

恐らくトルーマン大統領とバーンズ国務長官にとって、最終的に日本に天皇が存続しようがしまいが、然程興味は無かったのではあるまいか。天皇条項を入れることを拒んでいた二人が、あっさりと考えを翻した理由を考えると、次の点が見えてくる。

当時米国が所有していた原子爆弾は二個であり、この二つを投下した後は、むしろ日本が降伏してくれないと都合が悪かったはずである。原子爆弾を使用しても日本が一向に降伏しなければ、原子爆弾の使用自体が国際社会から厳しく非難されることは必至であったろう。つまり、原子爆弾の投下が完了するまでは日本が降伏しないように「天皇の地位の保障」を拒み、投下が完了した後は、日本の降伏を促すために「天皇の地位の保障」を伝えたと考えられる。[36]

従って、これまで眺めてきたように、米国は、天皇を当面存続させ、その存廃について米国は関与せず、日本人自ら決定したらよいと考えていたのであって、天皇の廃止や地位の変更を意図していた事実はないと結論することができる。

さて、同回答を受けた帝国政府は、直ちに閣議を開いた。八月十日の御前会議で抗戦を主張した阿南陸軍大臣ら三大臣は、米国からの返答は天皇の地位を保障しないものとも読み取れる内容であり、国体護持が困難となれば「将来大混乱を来たし、光輝ある歴史を汚すに至る」と し、国体護持の保障がない限り「玉砕しても徹底抗戦すべし」と主張[37]し、同宣言受諾の可否を問う議論が蒸し返されることになった。しかし、八月十四日午前十一時二分に、吹上付属室で再度御前会議が召集され、二回目の御聖断により終戦が決定した。

この時の御前会議で昭和天皇は「国体問題に就《つい》て色々疑義があると云ふことであるが、私は此回答文〔バーンズ回答〕の文意を通じて先方は相当好意をもって居るものと解釈する。先方の態度に一抹の不安あると云ふのも一応は尤《もっと》もだが私はさう疑ひたくない。要は我国民全体の信念と覚悟の問題であると思ふから、此際先方の申入を受諾してよろしいと考へる、どうか皆もさう考へて貰ひたい」[38]と述べた。そして、これを受けて、総理以下全閣僚が署名して『ポツダム宣言受諾詔書』が作成された。

このように、ポツダム宣言受諾の可否を巡る議論の中心になったのが「国体の護持」であった。ここで次の二点を確認しておきたい。

第一は、東郷外務大臣は、同宣言を受諾することで国体が護持されると説き、また阿南陸軍大臣は、戦争を継続することで国体が護持されると説いたのであって、いずれの立場も「国体の護持」を終局的な目的に掲げていた点である。

第二は、「バーンズ回答文」を受けて再度議論がなされたところ、国体問題について疑義があってもこれを疑わずに、国体が護持されることを信じてポツダム宣言を受諾するという昭和天皇の意思を、全ての閣僚が納得した上で全員が詔書に署名した点である。これは次のことを示している。つまり、日本が最終的にポツダム宣言を受諾する決断を下したのは、原子爆弾でもなく、ソ連参戦でもなく、「バーンズ回答」であったという事実である。重臣たちは夫々思うところがあって侃侃諤諤の議論になったが、その議論の末「バーンズ回答」の中に見え隠れする、暗に天皇の地位を保障するように読み取れるかもしれない部分に、米国の誠実なることを期待して、これを受諾することに決したのであった。

従って、これら二点から、帝国政府が同宣言を受諾した目的は「国体を護持するため」と結論して差し支えないであろう。そしてここでいう「国体の護持」とは、外務大臣案に示されたとおり、「天皇の国法上の地位」が変更されないことを意味する。

ポツダム宣言受諾と天皇の地位の関係

ポツダム宣言が発せられた段階において、米国政府内には、天皇の地位や統治形態に根本的な変更を加える統一された見解は存在していなかったことは既に確認したとおりである。他方、当時の日本の政府と統帥部の首脳だけでなく、日本の憲法学者たちの大半も同様の見解だった。彼らはポツダム宣言を受諾しても、帝国憲法を変更しなくてよいと考えていたし、天皇の地位も変更する必要は無いと考えていた。

例えば、美濃部達吉博士は昭和二十年十月に『朝日新聞』で、「私は、いわゆる『憲法の民主主義化』を実現するためには、形式的な憲法改正は、必ずしも絶対の必要ではなく、現在の憲法の条文の下においても、議員法、貴族院令、衆議院議員選挙法、官制、地方自治制その他の法令の改正およびその運用により、これを実現することが十分可能であることを信ずるものである」「いままでの日本の政治が軍国主義的であつたのは必ずしも明治憲法のせゐではなく、その運用がわるかつたためである。従つて、その運用を改めさへすれば、憲法を改正せずとも、民主政治の樹立及び平和国家の建設は可能である」[39]と述べている。

また、宮沢俊義教授ですら憲法を変える必要はない旨を、同年十月の『毎日新聞』で、「現在のわが憲法典が元来民主的傾向と相入れぬものでないことを十分理解する必要がある」「この憲法における立憲主義の実現を妨げた障害の排除ということは、わが憲法の有する弾力性ということと関連して、憲法の条項の改正を待たずとも相当な範囲において可能だということを注意することを要する」[40]と述べている。

同教授は、間もなく八月革命説を主張し、ポツダム宣言受諾と同時に帝国憲法の根本建前が変更されたと説くが、昭和二十年十月の段階ではそれとは正反対のことを述べていたのである。ここでも主張の一貫性が見られない。

同教授の変節と歩調を合わせるように、戦後の日本の憲法学界は、ポツダム宣言と天皇の地位の関係について異なった見解が通説として支持されるようになった。すなわち、同宣言は天皇の統治権を変更する要求を含み、八月十日付「ポツダム宣言受諾文」で日本が示した「留保」が連合国によって拒否されたと考えられてきたのである。この立場に立てば、同宣言受諾と同時に天皇の統治権が変更された、もしくはこれを変更する責任を負ったことになろう。

この見解は次のように説明されてきた。例えば、宮沢教授は、同宣言第一二項と相まって、八月十二日付「バーンズ回答文」から、「これは、国民主権の原理が日本の政治体制の根本原理となったことを意味する。したがって、これと両立しない天皇主権は、当然否定されたと見るべきである」[41]という。

また、芦部信喜博士は、同宣言第一二項が、占領軍が日本から撤収する条件として「日本国国民ノ自由ニ表明セル意思ニ従ヒ平和的傾向ヲ有シ且責任アル政府ガ樹立セラルルニ於テハ」と規定することから、「ポツダム宣言（一二項）は、国民主権の原理を採用することを要求していたと解すべきである」[42]と述べている。

その他、バーンズ回答文について、「これは、国民の憲法制定権力を認めたことであり、明治憲法の基本原理である天皇主権を放棄したことを意味する。つまり、ポツダム宣言の受諾により、主権の所在が変更し、法学的意味での『革命』が行われたのである」（高見勝利[43]）、ポツダム宣言第一二項について「これは国民主権の確立を要求するものであり、ポツダム宣言の受諸により、日本の主権は天皇から国民へ移ったことになる」（長谷部恭男[44]）などと主張される。

確かに、同宣言第一二項とバーンズ回答文には、日本の示した「天皇ノ国家統治ノ大権」(the prerogatives of His Majesty as a sovereign ruler）について一言も触れていないにもかかわらず、バーンズ回答文には、「天皇及日本国政府ノ国家統治ノ権限」(the authority of the Emperor and the Japanese Government to rule the state）は連合国最高司令官の下に置かれるといった踏み込んだ見解が付されていたため、連合国は天皇の統治権や日本の統治形態を変更せしめる意図を持っていると推測することは可能である。

では、通説とされる、ポツダム宣言は根本建前を変更する要求まで含んでいるとする見解には、合理的根拠はあるだろうか。

先述の宮沢教授、芦部博士らの、同宣言第一二項やバーンズ回答文が、「国民主権原理を採用することを要求していたと解すべき」といった主張は、いずれも結論だけを述べていて、その理由を説明しているものはない。同宣言第一二項とバーンズ回答の文面だけで、憲法の根本建前を変更する要求が含まれていると解釈するのは、議論の飛躍ではなかろうか。

この点については当時にあっても「ポツダム宣言は、決して、わが国権の源泉を、君主に対するものとしての国民にあり、とすることを要求したのではない。即ち国体を変更し、又はその変更を要求したのではない」（佐々木惣一[45]）という根強い反対意見もあった。

その後も、例えば、大石眞博士は「直ちに国民主権の確立まで意味していたとみるべきかは問題であろう。というのも、ポツダム宣言第一二項やバーンズ回答にいう『日本国国民の自由に表明せる意思に従ひ』というは、むしろ占領軍が干渉しないかたちでという意味であって、国民主権の要求ではないとする解釈が成り立ちうるからである(46)」と疑問を呈している。

世界史において、民が「不要」と判断したら王朝は倒されてきた。二〇〇〇年以上日本の皇室が存続してきたのは、国民が支えてきたからにほかならない。現行憲法になってから、国民が皇室の地位を動かせるようになったのではないのであるから、米国が同宣言第一二項やバーンズ回答で、「天皇に対する国民」の意思を規定しているとするのは失当であろう。

次に、通説とされる、ポツダム宣言は根本建前を変更する要求まで含んでいるとする見解に対する疑問を述べていきたい。

「民主主義的傾向ノ復活強化」の意味

第一に、少なくとも、同宣言とバーンズ回答の文面には、憲法の根本建前の変更を直接的に要求する文言は見られない。むしろ、先に米国における天皇の存否を巡る議論で検討したのと同様に、「民主主義的傾向ノ復活強化（the **revival** and **strengthening** of democratic tendencies）」

（第十項）という文言が用いられていて、日本には民主主義的傾向が存在していることを前提とした内容になっている。

佐々木惣一博士は「立憲主義が政治の実際において十分に実現せられなかつたことは事実である」とした上で、それでも「ポツダム宣言の要求は、政治の仕方として、わが国に存していたが失われていた共主主義についてのことであつて、全然新なものを植付けようとしてのではない。さればこそ、デモクラチック傾向の復活強化という言葉でその要求を示しているのである。この要求が君主国を民主国に変更するというようなことに関係ないこと明である」と述べている[47]。

また、長尾一紘教授は、「『復活強化』という文言が明治憲法下の大正デモクラシーを念頭においたものであることは明らかである」という[48]。

両氏が言うように、帝国憲法下においても普通選挙が行われ、不十分ながらも民主主義が機能していたところ、大戦前には軍閥等が政治に関与することになり、民主主義的傾向が弱まっていたのは歴史の事実である。

佐々木博士のこの主張を裏付ける米国側の文書がある。総司令部において憲法問題の担当をしていた民政局法規課長で陸軍少佐のマイロ・E・ラウエル（Milo E. Rowell）が、帝国憲法について調査した結果得た憲法改正に関する結論と提案を記した『レポート・日本の憲法についての準備的研究と提案』（一九四五年十二月六日付）である。このレポートの「附属文章B」に次のような記述がある。

「一九二〇年代の始めに日本の政治が民主主義に向かいつつあった時期に、陸海軍大臣は現役の大将中将でなければならないという要件が、短期間廃止されたことがある〔軍部大臣現役武官制〕。軍国主義者達は、権力を掌握する過程において、このような小規模の改革をあっさりと葬ってしまった。軍国主義者達は、前述のような憲法外の諸機関、特にそのうち天皇に直接助言を与える地位にあるものを利用して、短期間に政治を完全に掌握し、下院〔衆議院〕までも支配しえたのであった[49]」

この記述から、日本にはかつて「民主主義に向かいつつあった時期」が存在することを、GHQが把握していたことを知ることができる。

その他にも、少数意見ではあるが、ポツダム宣言が国民主権の採用を要求するものであったという主張に疑問を呈する見解がある。佐藤幸治博士は佐々木博士の著作を引用して「天皇主権から国民主権への明確な変動を要求したものとまでは解することはやや無理ではないか」と述べ、「『事実の確認としての国民主権』で充足しうる要求であったと解しうるのではないか」

という[50]。「事実の確認としての国民主権」とは、小嶋和司博士が述べたことを引用する形で用いられたものである。

小嶋博士は次のように述べている。マッカーサー草案につき「これらは、国民の『主権』ではなく、『国民の意思』の『主権性』を語るにすぎない。ここで『主権性』『主権的』といわれる『主権』は、タテマエの問題でなく、現実的機能の形容にすぎない」とし、それは「フランスでいわゆる『事実の確認としての国民主権』とおなじ思考」であるという[51]。

宮沢教授が主権の所在に関しては「実体」の議論は不適切で、あくまでも「認識」(建前・理念)の問題であると主張してきたこととは繰り返し述べてきたことであるが、小嶋博士がいうように、日本国憲法の条文にある「主権」が「事実の確認としての国民主権」であるならば、宮沢教授は一体何をもって憲法の根本建前が変更したことを確認したのか、疑問である。

もっとも、この疑問については小嶋博士自身が次のようにその矛盾を指摘している。宮沢教授の八月革命説は「タテマエとしての『主権』は論者が勝手にもち出したもので、それが変更されたと考えるのも論者の勝手な断定にすぎない[52]」。

「日本国国民ノ自由ニ表明セル意思」の意味

第二に、ポツダム宣言第一二項とバーンズ回答で用いられる「日本国国民ノ自由ニ表明スル意思」という文言は、日本の政治形態は、天皇ではなく国民が決めるべきと読むのではなく、外国人（例えば米国人）ではなく日本人が決めるべきと読むべきではないかという疑問がある。

ポツダム宣言第一二項の「日本国国民ノ自由ニ表明セル意思ニ従ヒ平和的傾向ヲ有シ且責任アル政府ガ樹立セラルルニ於テハ」の部分については、昭和二十年九月二十二日付『降伏後ニ於ケル米国ノ初期ノ対日方針』の次の一文と併せて読む必要がある。これは「日本国ニ関スル米国ノ究極ノ目的」として掲げられた二項のうちの一項である。

「他国家ノ権利ヲ尊重シ国際連合憲章ノ理想ト原則ニ示サレタル米国ノ目的ヲ支持スベキ平和的且責任アル政府ヲ樹立スルコト、米国ハ斯《かか》ル政府ガ出来得ル限リ民主主義的自治ノ原則ニ合致スルコトヲ希望スルモ、自由ニ表示セラレタル国民ノ意思ニ支持セラレザル如何ナル政治形態ヲモ日本国ニ強要スルコトハ連合国ノ責任ニ非ズ(53)」

下線の部分は、「自由に表示された国民の意思に支持されない政治形態を、連合国が日本国に強要することはない」という意味にほかならず、これは大石眞博士が同宣言第一二項とバーンズ回答文の「日本国国民ノ自由ニ表明スル意思ニ依リ」の部分が「占領軍が干渉しないかたちでという意味」と述べたことに合致する。

また『降伏後ニ於ケル米国ノ初期ノ対日方針』は、戦時中に立案された占領政策の集大成の文書であり、「初期対日政策」の最終案としての性格を持つものである。内容を比較しても分かるように、同対日方針は、ポツダム宣言の諸原則を全て踏まえて書かれたもので、同対日方針と同宣言の二つは同じ原理の上に成立した文書であるといえる。

しかも、後に詳しく考察する昭和二十一年一月七日付のSWNCC二二八『日本の統治体制の改革』には、さらに踏み込んだ記述がある（SWNCCとは、国務・陸軍・海軍三省調整委員会（State-War-Navy Coordinating Committee）の略で、通常「スウィンク」といわれる）。SWNCC二二八はGHQに対して強制力を持った文書であり、ポツダム宣言に従って日本の統治体制を改革するために、GHQに具体的な方針を与えるものである。SWNCC二二八は、日本が実施すべき改革の内容を列挙し、これらについて最高司令官は日本政府当局に対し「注意を喚起しなければならない（should indicate）」としつつも、「最高司令官がさきに列挙した諸改革の実施を日本政府に命令するのは、最後の手段としての場合に限らなければならない」と明記している。また、その理由について「前期諸改革が連合国によって強要されたものであることを日本国民が知れば、日本国民が将来ともそれらを受け容れ、支持する可能性は著しくうすれるであろうから」と述べている。(54) やはり、統治体制の改革は連合国が押し付けるのではなく、日本人自ら自発的に行うべきことが基本原則とされていたのである。

米国がそのような態度を取ったのには、その他にもいくつかの理由が考えられる。すなわち、戦勝国が「最終的ノ日本国ノ政府ノ形態」（バーンズ回答文）を日本国民の意思を無視して決定することは、一国の憲法制定乃至改正に外国が介入することを意味し、これは国際法的には内政不干渉の原則に反し、また国内法的には憲法の自立性乃至自主性を損なう可能性がある。またＧＨＱが憲法改正にあたり法的連続性を確保することに神経を尖らせた理由について、米国国務省『極東委員会』は「日本の憲法学者や超国家主義者の団体が、後に至って新憲法は外部から日本国民に押しつけられたものであり、それは法律上何らの根拠なきものであり、従ってそれは無効と考えられねばならぬものであるというようなことを主張するのを防止するために必要であると信じられた」と書き記している[55]。従って、たとえ形式的であるにせよ日本の自治権を尊重することは、米国においても、これらの問題を乗り越えるために必要であると考えられたことはむしろ当然であろう。

この点については、佐々木博士は、同宣言第一二項及びバーンズ回答が「日本国国民ノ自由ニ表明スル意思」というところの「日本国国民（The Japanese people）」とは、「日本国を成す人のことであつて、君主たる天皇と国民とを分別して考え、天皇に対するものとして国民というのではない」と述べている[56]。つまり、ここで問題となっている「日本国国民」とは、天皇に対する国民ではなく、外国人に対する日本人の意味であるという。

この見解に立つなら、同宣言第一二項及びバーンズ回答は、日本の最終の政治形態は、連合国やGHQが決めてこれを押し付けるのではなく、日本人自らが決めなくてはならないと解釈することになり、主権原理を天皇主権から国民主権に変更することを要求していると理解することはできない。

この考えは、『降伏後ニ於ケル米国ノ初期ノ対日方針』とSWNCC二二八『日本の統治体制の改革』の考えと一致するものであり、妥当するといえよう。

ポツダム宣言受諾文とバーンズ回答文の法的意味

第三に、八月十日付受諾文と、八月十二日付バーンズ回答文の法的解釈に関わる問題を指摘したい。日本はポツダム宣言受諾において国民主権原理の採用を「留保」（条件付き受諾）したとする考えが通説として支持されている。しかし、受諾文は日本が国民主権原理の採用を留保したものではなく、主権原理の変更に関する「解釈宣言」をしたのではないかという疑問がある。「留保」と「解釈宣言」では法的な効果が全く異なるので、この点について検討していきたい。

留保とは、条約を締結する際に当該条約の特定の規定に関して自国についての適用を排除・変更する目的をもって行われる意思表示である。

条約の留保の事例を一つ挙げてみたい。昭和四十四年に発効した「人種差別撤廃条約」の締結に当たり、我が国は第四条（a）及び（b）に留保を付した。同項は「人種的優越又は憎悪に基づくあらゆる思想の流布」「人種差別の扇動」等につき、処罰立法措置を取ることを義務付けるものである。だが、処罰立法義務を不足なく履行することは、憲法上の問題を生じる虞があるため、日本としては憲法と抵触しない限度において、第四条の義務を履行する旨留保を付すことにした。この規定に関しては、米国及びスイスが留保を付し、また英国、フランス等が解釈宣言を行っている。

それに対して条約の解釈宣言とは、条約の特定の規定に複数の解釈が可能な場合に、自国の了解を示すか、いずれの解釈に拘束されるかを表示するために行う一方的な宣言をいう。解釈宣言は留保と異なり、条約の規定を排除しあるいは変更する効果はない。

解釈宣言の例を一つ挙げてみたい。昭和三年（一九二八）八月二十七日、パリで十五カ国間（後に九十三カ国となる）の「戦争放棄に関する条約（パリ不戦条約）」が締結された。だが、第一条に「各自ノ人民ノ名ニ於テ厳粛ニ宣言ス」と規定されていることにつき、日本国内では「人民ノ名ニ於テ」というのは天皇の大権を侵害するものであるとの批判が為された。野党の立憲民政党は内閣を攻撃する材料としてこれを利用し、また枢密院も批准拒否の態度を取るに至った。そのため政府は、「条約第一条中ノ『其ノ各自ノ人民ノ名ニ於テ』ナル字句ハ帝国憲法ノ条章ヨリ観テ日本国ニ限リ適用ナキモノト了解スル（understood）コトヲ宣言ス（declare）」との「解釈宣言」を付して、昭和四年（一九二九）六月二十七日に批准した[57]。この件は「不戦条約批准問題」と呼ばれている。

ただし、この解釈宣言は「適用がないものと了解することを宣言する」という内容であるため、実質上の留保と見る向きもあるが、形式上は解釈宣言の体裁を為しているものといえ、また日本の同宣言については加入国も「解釈宣言」として承認している。このように、留保と解釈宣言では効果が異なる。

さて、ここで本題に戻る。ポツダム宣言受諾文は、日本がポツダム宣言に留保を付したもので、この留保はバーンズ回答によって否定されたという見解がある。

例えば、野中俊彦教授は「政府は、ポツダム宣言受諾にあたって『右宣言ハ天皇ノ国家統治ノ大権ヲ変更スルノ要求ヲ包含シ居ラザルコトノ了解ノ下ニ受諾ス』という留保を付けようとしたが、連合国側には受け入れられなかった。そして無留保のまま天皇によるポツダム宣言受諾の『御聖断』が下された」と述べている[58]。同様に、高橋和之教授も「留保をつけて、連合国に対して受諾の申入れをすることになった[59]」とし、「この『了解』を肯定する返信を得られず、やむなく天皇自身による無留保の受諾の『御聖断』を仰いだのである」[60]と述べる。阪本昌成博士も「日本政府は、同宣言が国体の変更まで要求していないことを確認しようとしたものの、連合国側の拒否を受け、昭和二〇年八月一四日、これを受諾した」[61]という。その他にも、日本は留保乃至条件を付してポツダム宣言を受諾したが連合国に拒絶されたという主張は多い[62]。

このような、日本はポツダム宣言受諾にあたり、国民主権原理の採用を留保しようとして受諾文を発したが、バーンズ回答によってこれが拒絶され、留保しないまま受諾することになったという見解は、差し当たり「ポツダム宣言留保説」と名付けておきたい。

しかし、八月十日付受諾文中の「〜ノ了解ノ下ニ受諾ス（accept with the understanding that〜）」の文言に「留保」の意味は認められないのではないか。日本語と英語の両方から検証しても同じ結論に達するものと思われる。もし帝国政府が、同宣言が天皇の地位を変更せしめるものと理解した上で、同宣言を一部の留保を付して受諾する意図があったなら、明確に「留保＝reservation」を表明すれば良いはずである。日本が発した受諾文の英文には「了解（解釈）＝understanding」が用いられていて、「留保＝reservation」が用いられていないことから、日本は同宣言を留保したのではなく、解釈宣言を表明したと見るのが妥当であろう。

日本の政府と統帥部の最大の関心事とは「国体の護持」であった。そのため、同宣言の文言にはなかったものの、事重大であるがゆえに、念のため天皇の地位の変更を要求する内容を含まない点を確認する必要があり、その解釈に基づいて帝国政府は同宣言を受諾する旨を表明したのが八月十日付受諾文であったとすれば全ての辻褄が合う。ポツダム宣言に解釈宣言を付したとの見解については、差し当たり「ポツダム宣言解釈宣言説」と名付けておきたい。

ポツダム宣言解釈宣言説を補強する論拠は他にもある。先ず、ポツダム宣言受諾に当たり、政府と統帥部が同宣言に留保を付す意思があったことが認められる史料はなく、また先述のように同宣言中には主権原理や天皇の法的地位について直接言及する箇所がない点から鑑みるに、政府と統帥部が、受諾に際して留保を付したとは考えにくい。書いていないものを留保することは不可能だからである。このことは、バーンズ回答文を受けた後に再度御前会議を開催し、同宣言の受諾が最終決定を見るに至った経緯からも明らかである。

次に、先述のとおり、昭和天皇は同宣言受諾にあたって、国体問題について疑義があってもこれを疑わずに、国体が護持されることを信じてポツダム宣言を受諾するという明確な意思を表明しているだけでなく、その天皇の意思を、全ての閣僚が納得した上で全員が終戦詔書に署名しているのであるから、天皇・政府・統帥部は、もとよりポツダム宣言は主権原理を変更する要求を含まないという認識の下で、同宣言受諾の決断を下していることは明白であって、同宣言に留保を付す意図は認められない。

また、八月十五日の玉音放送で発せられたポツダム宣言受諾詔書にも「朕ハ茲《ここ》ニ国体ヲ護持シ得テ」と明記されている。戦争終結の詔書は御前会議における昭和天皇の御言葉を元に内閣が起草したものであるから、このように表記されたのは当然であろう。同様に、九月四日の第八十八帝国議会開院式における勅語にも「朕ハ終戦ニ伴フ幾多ノ艱苦《かんく》ヲ克服シ国体ノ精華ヲ発揮シテ信義ヲ世界ニ布《し》キ平和国家ヲ確立シテ人類ノ文化ニ寄与セムコトヲ冀《こいねが》ヒ」とあることも付言しておきたい[63]。

また、同宣言第十三項後段は「右以外ノ日本国ノ選択ハ迅速且完全ナル壊滅アルノミトス」と記し、連合国は帝国政府に同宣言の留保を認めていない。同宣言は条件交渉の余地を否定した最終通告であった。にもかかわらず、昭和天皇の御聖断の後に帝国政府が留保を付して同宣言を受諾したとは到底考えられない。

また、もし米国が日本の受諾文が同宣言に留保を付していると理解したなら、米国は同宣言第十三項後段を持ち出し、留保は認められない旨を日本に通知したに違いない。それが認められない以上、米国政府も帝国政府が同宣言受諾に当たり、留保を付したと理解していなかったことは明白である。

さらに、先述のとおり、米国にはポツダム宣言によって天皇の地位や統治形態に根本的な変更を加える意図は無かった。また、既に原子爆弾を投下した後となっては、日本の降伏を先延ばしする必要もなく、日本の解釈宣言に意義を唱える必要性も動機も認められない。

よって、八月十日付受諾文は、日本が解釈宣言をして受諾の意思表明をしたものであるから「ポツダム宣言解釈宣言説」が妥当し、またこれに対するバーンズ回答文は、日本の解釈宣言には一言も触れなかったため、米国はこれを黙認したと理解するほかないであろう。

従って、ポツダム宣言受諾に当たり日本側は天皇の地位の保障を求めたが、米国側がこれを却下したので天皇の地位が変更されたという八月革命説の説明は、事実に反するので、「ポツダム宣言留保説」は妥当しないといわねばならない。

第四に、米国政府内には、ポツダム宣言によって、天皇の地位や統治形態に根本的な変更を加える見解は存在していなかった。故に、日本の憲法学界で通説となっている、同宣言とバーンズ回答文は「国民主権の原理を採用することを要求していた」（芦部信喜）という見解や、同宣言受諾は「国民主権の原理が日本の政治体制の根本原理となったことを意味する」（宮沢）という見解は、日本側の意図だけでなく米国側の意図とも矛盾するものであり、妥当しない。

以上の理由により、ポツダム宣言及びバーンズ回答文が「神権主義をすてて、国民主権主義を採ること」（宮沢）を要求する内容を含んでいたかの問題については、かかる内容は含んでいないとする見解が妥当であると結論することができる。

これまでの作業により、戦時中の米国における占領方針策定の経緯を踏まえた上で、ポツダム宣言に関する、日米間の解釈の異動について、明らかにすることができたと思う。

c　憲法を改正する必要性の認識

憲法改正を要求したマッカーサー元帥

ここから先は、日米両国がそれぞれ、憲法改正の必要性を認識していたかを確認した上で、帝国憲法を改正することによって「神権主義をすてて、国民主権主義を採ること」（宮沢）を米国が意図していたか否かの問題について順次検討を進めていきたい。

米国が日本に初めて憲法改正の必要性を明確に伝えたのは、昭和二十年十月四日のことだった。東久邇宮内閣で国務大臣を務めていた近衛文麿が、ＧＨＱを訪れてマッカーサー元帥と面会した際に、憲法を改正する必要があると告げられた。通訳として同席した奥村勝蔵は次のように書き記している。

それによると、近衛が「政府の組織および議会の構成について、何かご意見なりご指示があれば、承りたい」と述べたところ、元帥は「第一に、日本の憲法は改正しなければならん。憲法を改正して、自由主義的要素を充分取り入れる必要がある」と答えたという[64]。

この時の元帥の発言は、元帥独自の判断であったか、本国から指示されたものであったかは明確ではない。この日より前に作成された文書、例えば『初期対日方針』や『初期基本的指令』などには憲法改正について直接的な言及は見られず、またこの時期に本国からは憲法改正を指示する何らの文書も発せられていない。

しかし、既に「米国における天皇の存否を巡る議論」の項で述べたように、米国は戦争中の早い段階から、天皇の存否について議論を始めていた。このことから分かるように、米国政府は、ポツダム宣言により天皇の法的地位を変更する意図は無いものの、同宣言が要求する改革は、憲法の改正を伴うと考えられていたと見てよいであろう。

従って、『初期対日方針』『初期基本的指令』などの文書は、憲法改正を当然の前提としていたのであり、元帥は、これまでに米国で積み上げられてきた対日方針一般に従って、日本に憲法改正を要求したと考えられる。

ところで、日本政府の側にはポツダム宣言によって憲法を改正する責任を負ったという認識はなかった。終戦直後の昭和二十年九月一日に召集された第八十八回帝国議会で、終戦処理を任務とする東久邇宮総理大臣が施政演説を行うも、憲法改正問題には全く触れていなかった。それ以降も、東久邇宮内閣で憲法改正が問題として取り上げられることもなく、具体的措置を講じた形跡も見られない。

このことは、マッカーサー元帥から憲法改正を求められた近衛文麿が驚愕し、帰路の車の中で、通訳の奥村に「今日はえらいことを言われたね[65]」と述べたことからも窺える。

また、当時、東久邇宮内閣の閣僚だった山崎巌によると、九月中の閣議で、非公式に憲法改正の問題が議論されたことがあったが、慎重を要す事柄であるため早急に取り上げるべきではないという意見が多数を占めていたという。また、当時の閣僚たちには、将来ＧＨＱから憲法改正を要求されることはまったく想像していなかったという[66]。

これは憲法学者も同様で、その大半は、ポツダム宣言を受諾しても憲法を改正する必要はないと考えていた。美濃部博士と宮沢教授が昭和二十年十月にそのような見解を述べたことは既に示したとおりである。

このように、ポツダム宣言の条項を履行するために、米国側は当初から憲法改正の必要があると認識していたが、日本の政府と主な憲法学者はその必要がないと認識していたことが分かる。

松本委員会による憲法改正案の起草

さて、マッカーサー元帥から憲法改正を要求された近衛文麿は、内大臣府御用掛の任命を受けて、憲法草案の作成に取り掛かった。ところが、間もなく首相になった幣原喜重郎が、松本烝治国務大臣を委員長とする憲法問題調査委員会を設置したため、二つのグループが憲法草案を起草することになった。

だが、十一月二十四日に内大臣府が廃止された上、近衛が十二月六日に戦犯の指名を受け、十六日に自宅で青酸カリ自殺を遂げたため、近衛草案は日の目を見ることがなかった。

他方、松本国務大臣は、昭和二十年の年末から「憲法改正私案」を書き、一月四日に完成させた。これを加筆修正したものが『憲法改正要綱』として昭和二十一年二月八日にGHQに提出されることが決定した。これがいわゆる「松本案」と呼ばれるものである。

ところが、正式に提出される六日前の二月一日に、毎日新聞が「憲法問題調査委員会試案」という名称で報じてしまったため、この日に松本案の内容がGHQの知るところになった。

丁度松本案が完成した頃、日本の憲法改正に対する米国政府の方針を示した文書が作成された。『日本の統治体制の改革』と題するこの文書は、SWNCC（The State-War-Navy

Cordinating Committee、国務・陸軍・海軍三省調整委員会）が昭和二十一年一月七日に承認し、一月十一日にマッカーサー元帥に「情報」として送附したもので、文書番号が二二八号だったことから、通常「SWNCC（スウィンク）二二八」と呼ばれている。[67]

SWNCC二二八によって、はじめて、日本の憲法改正に関する米国政府の直接的かつ具体的な方針が示された。間もなくGHQが憲法草案を起草するに当たり、このSWNCC二二八が最も重要な指針とされたため、同指針は、日本国憲法の内容に極めて重大な影響を与えたといえよう。SWNCC二二八の内容は後に検討することとする。

毎日新聞が伝えた松本案を目にしたマッカーサー元帥は昭和二十一年二月一日、民政局長のホイットニー准将に、松本案を拒絶する回答書を作成するように命じた。松本案は、SWNCC二二八に照らし、その基本原則が表現されているとはいえず、到底承認しえないと判断されたのだった。

GHQ民政局編『日本の政治的再編成』は、「改正草案〈松本案〉は、明治憲法の字句の最も穏やかな修正にすぎず、日本国家の基本的な性格はそのまま変わらずに残されている」と述べた上で、「意図されたところは、明治憲法の字句を自由主義化することによってSCAPの容認しうるものにし、実際の憲法は、従来どおり漠然として弾力性のある形で、支配層が適宜に適用し、解釈できるようにしておくことにあつたことは、全く明瞭である」と批判している[68]。

また『日本の政治的再編成』は、松本案の天皇の章について、次のように具体的に問題点を指摘している。

「天皇の権威および権力が、現実的にはなんら変更もされず弱められてもいないことは、重要である。ここに提案されているこのような改正は、手続に関するもののみである。天皇制度はそのまま残り、しかも、議会による立法を必要としない皇室典範に基づき依然運営される[69]」

確かに松本案は、第一条「大日本帝国ハ万世一系ノ天皇之ヲ統治ス」はそのまま残し、第三条「天皇ハ神聖ニシテ侵スヘカラス」の「神聖」を「至尊」に改めるという具合で、「字句の最も穏やかな修正」と指摘されても仕方のない内容だった。

ところが、元帥はその日から三日間ほど熟考した上で、単に理由を付して松本案を拒絶するだけでなく、基本原則を具現化した憲法草案をGHQ自ら作成することを決意した。そして、元帥は二月三日、ホイットニーに憲法草案の作成を命じた。

この時元帥は、その起草に当たって民政局に自由裁量を与えるが、草案の中に三点は入れたいと述べたという。その三点がいわゆる「マッカーサー・ノート」と称されるもので、第一項は「天皇は、国の元首の地位にある（at the head of the State)。皇位は世襲される。天皇の職務および権能は、憲法に基づき行使され、憲法に示された国民の基本的意思に応えるものとする」[70]と記されている。

GHQによる憲法改正案の起草

ところで、SWNCC二二八『日本の統治体制の改革』は「結論」において、「最高司令官は、日本政府当局に対し、日本の統治体制が次のような一般的な目的を達成するように改革させるべきことについて、注意を喚起（indicate）しなければならない」と述べた上で、具体的な項目を示し、さらに「最高司令官がさきに列挙した諸改革の実施を日本政府に命令（order）するのは、最後の手段としての場合に限らなければならない（only as a last resort)。というのは、前記諸改革が連合国によって強要された（imposed）ものであることを日本国民が知れば、日本国民が将来ともそれらを受け容れ、支持する可能性は著しくうすれるであろうからである」[71]とも述べている。

そうであるにもかかわらず、この時期にマッカーサー元帥が、SWNCC二二八が示す「注意を喚起」することに留まらず、「最後の手段」とされた「諸改革の実施を日本政府に命令する」という最も強硬な手段を取り、しかも、ただ命令するだけでなく、GHQが自ら草案を起草することを決定したのには理由があった。

この点については、モスクワ外相会議の決定により極東委員会が設置されることになった事情が影響していると指摘されている[72]。つまり、極東委員会が設置されると、元帥の権限が縮小されるだけでなく、極東委員会に加わるソ連とオーストラリアなどは、天皇の廃止を強く主張することが予測されたため、同委員会が発足する二月二十六日までに、憲法改正の既成事実を作っておく必要があったという。天皇を存続させることを心に決めていた元帥は、単に松本草案を拒絶するだけでなく、拒絶と同時にGHQ草案を提示することで、一日も早く政府案を確定させ、議会での審議を開始させる意図があったと推測される。ゆえに、わずか九日間でGHQ草案が書き上げられることになったものと思われる。

では、なぜマッカーサー元帥は、SWNCC二二八が全く想定していない、GHQが憲法草案を書き上げるという手段を取ってまで、天皇を存続させようとしたのか。その理由は、昭和二十年九月二十七日に、マッカーサー元帥が昭和天皇と対面したことが大きく影響しているのではなかろうか。元帥は当初、天皇は戦争犯罪者として起訴されないよう、命乞いをしに来るのではないかと考えていたといわれている。しかし、昭和天皇の言葉は、元帥の想像し得ないものだった。

当時、侍従長を務め、引見の準備に関わり、米国大使館まで同伴した藤田尚徳《ひさのり》は、この時の昭和天皇の御言葉を備忘録に次のように書き残している。

「敗戦に至った戦争の、いろいろの責任が追及されているが、責任はすべて私にある。文武百官は、私の任命する所だから、彼等には責任はない。私の一身は、どうなろうと構わない。私はあなたにお委せする。この上は、どうか国民が生活に困らぬよう、連合国の援助をお願いしたい(73)」

そして、引見の感想を、元帥は回顧録に次のように書き記している。

「死をともなうほどの責任、それも私の知り尽くしている諸事実に照らして、明らかに天皇に帰すべきではない責任を引き受けようとする、この勇気に満ちた態度は、私を骨のズイまでもゆり動かした。私はその瞬間、私の前にいる天皇が、個人の資格においても日本の最上の紳士であることを感じとった(74)」

マッカーサー元帥は、昭和天皇と会ったことによって皇室を存続させることを強く意識するようになったと考えられる。

また、その直後の十月二日には、マッカーサー元帥の軍事秘書官ボナー・フェラーズが、元帥宛のメモで「天皇を戦争犯罪人として裁判にかけることは不敬であるだけでなく、精神的自由の否定」となり、「政府の機構は崩壊し、大規模な暴動が避けられないであろう」と伝えたことも、あるいは少なからず影響していると思われる。(75) ちなみに、フェラーズがいう「精神的自由の否定」とは、日本国民の精神的自由のことを述べていると思われる。

これまでの作業により、米国は早い段階で日本の憲法を改正する必要性を認識していて、ポツダム宣言も憲法改正を前提にしたものであって、憲法改正は一般方針となっていたことを確認することができた。他方、日本政府は米国側から憲法改正を要求されることを予測していなかったことも確認することができた。ここから先は、憲法改正の内容を米国がどのような意図を持っていたかの検討に入りたい。憲法改正によって「神権主義をすてて、国民主権主義を採ること」(宮沢)を米国が意図していたか否かを探っていく。

d 米国は憲法改正による国民主権主義採用を意図していたか

帝国憲法を改正することによって「神権主義をすてて、国民主権主義を採ること」（宮沢）を米国が意図していたか否かの問題を検討するために、憲法改正の方針が明記されたSWNCC二二八『日本の統治体制の改革』と、マッカーサー元帥が憲法改正案に盛り込むべき点として示した「マッカーサー・ノート」、そして、この方針に従って直後にGHQが纏め上げた憲法草案を分析することにしたい。また、GHQにおいて憲法問題の担当者であった民政局法規課長のマイロ・E・ラウエル陸軍少佐が、帝国憲法について調査を実施し、憲法改正に関する結論と提案を書き記した『レポート・日本の憲法についての準備的研究と提案』もGHQの判断に大きな影響を与えたと思われるため、これも含めて分析を進めることにする。

Ⅰ　ラウエル『日本の憲法についての準備的研究と提案』

憲法改正への具体的提案

先ず、これらのなかで成立が最も早いラウエルの準備的研究から検討したい。スタンフォード大学ロー・スクールで法学博士を取得したラウエルは、その後軍政学校等で占領行政を学び、先の大戦ではフィリピン戦線に参加し、ミンダナオ島のフィリピン民政班を指揮した経験を持つ。昭和二十年十月から東京のGHQ民政局に配属され、主に帝国憲法改正の問題を担当した。

ラウエルは、昭和二十年十二月六日付『レポート・日本の憲法についての準備的研究と提案』の中で、「ここに示した結論と提案は、動かすべからざるものというわけではない」とした上で、「この文書の目的は、憲法の権威や政府の代表者と会談する際の基礎になるような一応のチェック・リストを示すことにある」と述べている[76]。

『準備的研究と提案』の本文は「統治作用の実際を分析した結果、数多くの権限の濫用があったことが判明した。過去20年間、軍国主義者達が政治を支配し、これを彼等の目的遂行に奉仕せしめることができたのは、このような権限の濫用によってである」[77]から書き始められ、「日本において民主主義的傾向（democratic tendencies）が伸長する（flourish）ためには、次のような弊風を抑止することが必要である」と述べ、九項目を指摘している。その中で、主権に関係する諸点は次のとおりである。

「天皇に助言を与える地位にあるが、国民の意思には責任を負わない憲法外の機関が、認められていること」

「軍隊の兵力、組織および予算が、天皇の直接の統制下に置かれていること」

「政府が国民の意思に対し責任を負わないこと」

「行政府が立法権を行使し得ること」
「憲法改正権が国民に与えられていないこと」

ラウエルはこれらの点を挙げた上で、その弊風をなくすための措置として憲法を改正する必要があり、その改正案はGHQの承認したものでなければならないと提案している[78]。またラウエルは、憲法に盛り込むべき諸規定の詳細を三つの付属文書に書き記している。そのうち、統治に関係のある箇所は後述する。

ところで、ラウエルは『準備的研究と提案』の「附属文書A」と「附属文書B」で、憲法改正が必要な理由について、次のように述べている。

「大日本帝国憲法は、相当な永続性をもつ政治上の文書であり、改正の可能性の最も少ないものである。この憲法は、一八八九年に発布されて以来改正されたことがない。もし憲法が、前述の〔国民の〕諸権利を天皇の明示の意思であるとして明確に保障すれば、将来、軍国主義的または極端な国家主義的グループがこれらの自由を制限することは、より困難になるであろう[79]」

「憲法は、天皇によって発布されることになるから、国民によって非常に尊重されるであろう」[80]

ラウエルは、帝国憲法がそれまで一度も改正されていないことなどから、改正の可能性の少ない永続性を持つ文書である点に注目し、日本の統治体制の改革をGHQの指令や、天皇の勅令などによって行うよりも、憲法改正によって行う方が、より法的安定性を確保することができると考えたことが窺える。憲法の「制定」でなく「改正」であった理由もここにあると思われる。また、天皇によって発布される憲法は国民に尊重されるというのも、よく当時の日本の実情を知った上での的確な指摘であろう。ラウエルは天皇を弱体化させることより、むしろ天皇を積極的に活用しようとしていたと見ることができよう。

統治体制の改革を憲法改正によって行うというラウエルの考えは、そのままSWNCC二二八『日本の統治体制の改革』に踏襲されることになる。

またラウエルは、「国民に対して応える政府」と題する「附属文書B」で、日本の統治体制について問題点を指摘した上で、具体的な提案を述べている。先ず、「一、事実」で帝国憲法の制度では「憲法の枠外で組織され、いかなる意味においても国民の意思に応えることのない、多くの統治機関、政策決定機関が存在する」とし、御前会議、内大臣、内閣、枢密院、貴

族院を列挙する。(81)

具体的には、御前会議は「成文法上の根拠を欠く機関であるが、国の最重要政策はここで決定される」とし、国民は「なんらの発言権をも有していない」と指摘する（既に内大臣は日本側により自発的に廃止されていた）。次に内閣は「法の執行の責任を負う地位にあるにもかかわらず、国民に対する関係でも、その代表者に対する関係でも、これに応えるというものではない」とし、総理大臣の選任は重臣が行う点を指摘して「内閣の組織は、憲法の定めによって規制されてはいない」と述べ、また軍部大臣現役武官制の問題を挙げ「陸軍省海軍省は、内閣の構成をコントロールし、一国の政策を決定しえた」という。また、ラウエルはここに枢密院と貴族院を挙げているが、これらについては憲法に規定があるため、「憲法の枠外で組織されたとまではいえないが、「人民またはその代表者に対して責に任ずるものではない」と指摘する。

ラウエルは、その上で「天皇ハ国ノ元首ニシテ統治権ヲ総攬」するという帝国憲法第四条の規定を挙げ、「天皇の地位が重要であるために、天皇の諮問に答える責任を負う地位にある者が、国政に大きな影響力をもつことになる。〔中略〕天皇に助言を与える地位にある人々の多くは、国民に対し責任を負わない立場にある」(82)と述べる。

このように、ラウエルは的確に帝国憲法を分析しているが、国務大臣の責任について一点誤りがある。ラウエルは、内閣は「法の執行の責任を負う地位にあるにもかかわらず、国民に対する関係でも、その代表者に対する関係でも、これに応えるというものではない」と指摘するが、これは事実に反する。

確かに、帝国憲法には国務大臣が帝国議会に責任を負う旨の記述は無い。ラウエルは文面どおりに解釈したのだと思われる。しかし、戦前の憲法学においては、国務大臣は議会に対して責任を負うとの見解が通説として支持されていた。

議会は大臣を罷免する権能を持たず、法律上の制裁を課すこともできない。しかし、例えば美濃部博士は「議会は国民に代つて政府を監視する機関であつて、議会が国務大臣の職務行為に付いて之を論難し得ることは当然」であり、「国務大臣に特別なる責任は、専ら其の議会に対する責任に在る」と述べる[83]。

また、佐々木博士は「国務大臣タル人ハ国家ニ対シテ責任ヲ有ス」という。そして問責とは、国務大臣として行った行為を批判すること及び結果を国務大臣たる人に帰属させることであるとし「帝国憲法ノ解釈上天皇及ビ帝国議会ノ両者ニ於テ之ヲ行フコトヲ得」という。そして、議会による問責については「立憲主義ヲ取ルコトヨリ生ズル当然ノ結果ナリ」、また天皇による問責については「天皇ハ統治権ノ総攬者タルノ性質上、国務大臣タル人ニ対シテ国家ノ懲戒ヲ行ヒタマフコトヲ得ルナリ」という[84]。

戦後の憲法学においても、国務大臣は天皇に対して責任を負い議会に対しては責任を負っていなかったという指摘が多く見受けられ、それが通説になっているが、これも同様の誤りである[85]。

さて、ラウエルは「占領の目的の達成のためには、民主主義的な目標を鼓吹し（strengthen democratic objectives）、国の統治機関中存続を許されるべきものは何かを決め、かつ日本人がこれまでの封建的、権威主義的傾向を修正する方向（modifying feudal and authoritarian tendenceis）に向〔か〕うように統治形態（forms of government）を変更することを支援すべきである」[86]と結論する。

バーンズ回答がいう「最終的ノ日本国ノ政府ノ形態（the ultimate form of Government of Japan）」はこのことを意味していると理解して良いであろう。

さらに「四、提案」で、「憲法の全面的改定がなされるべき」であり、三権は分立されるべきであること、「天皇に直接助言を与える地位にある機関で憲法の枠外にあるものは、すべて廃止されるべきである」こと、そして、「天皇に直接助言を与えるのは、国民に直接責任を負う地位にある若干の官吏に限られるべき」ことを述べている[87]。

そしてラウエルは、それを実現するために憲法に設けるべき条項を列挙している。その一部を次に抜粋して示す。

「憲法改正手続については、国民の代表者の同意を改正の要件とすること」
「選挙で選ばれた国会議員のみが、国政について直接天皇に助言を与える地位につきうるものとすること」
「立法部は〔中略〕、全議員が公選により選ばれなければならないこと」
「国務大臣でありまた諸種の行政機関の責任ある長である閣僚は、公選による議員であるべきであり、内閣は、議院に対して責任を負い、不信任案が可決されたときは（議院を）解散しなければならないとすること」

これで、一応は『準備的研究と提案』の概要は示すことができたと思う。

天皇存置を前提としたラウエル

さて、ラウエルの『準備的研究と提案』は、帝国憲法を改正することによって「神権主義をすてて、国民主権主義を採ること」（宮沢）を意図するものであったか、次に検討を加えていきたい。

第一に、『準備的研究と提案』は、天皇を存続させることを前提として書かれている点に注目したい。後に分析するSWNCC二二八『日本の統治体制の改革』は天皇が存続する場合と廃止する場合の両論が併記されているが、これとは対照的である。

第二に、『準備的研究と提案』全体を通じてラウエルは、民主主義的な目標を強化すること（strengthen democratic objectives）、並びに封建的・権威主義的傾向を修正すること（modifying feudal and authoritarian tendenceis）を求めている点に注目したい。もしこれまでの封建・権威主義を廃止し新たに民主主義を導入するのであれば、「modifying（修正）」と「strengthen（強化）」の語は使用しないであろう。また、ラウエルは本文で「日本において民主主義的傾向（democratic tendencies）が伸長する（flourish）ためには」という文言を用いているが、日本に民主主義的傾向が存在していなければ、これを「flourish（伸長する）」という表現は用いず、「導入する（introduce）」「採用する（adopt）」を用いなくてはならないであろう。このことは、用いている単語だけでなく、ラウエルが求めている提案の内容からも推察することができる。

そこで、第三に、ラウエルの提案の具体的内容が、天皇に助言を与える機関や人の存続を前提にしていることに注目したい。

『準備的研究と提案』本文と「付属文書B」から、ラウエルは、いくつかの政策決定機関と、天皇に助言を与える地位にいる者が、天皇に対して責任を負うものであって、国民に対して責任を負うものではなかった点を特に重視していることが窺える。ラウエルの提案は、このような、憲法の枠外にあって天皇に直接助言を与える地位にある機関や人を廃止することを要求すると同時に、国民に直接責任を負う地位にある若干の官吏のみが天皇に直接助言を与えられるようにすることを要求している。これがすなわち、ラウエルのいう「封建的・権威主義的傾向を修正すること（modifying feudal and authoritarian tendenceis）」と「民主主義的傾向（democratic tendencies）が伸長する（flourish）」ことであると思われる。

このことは、ラウエルが憲法に設けるべき条項として提案している内容を見れば明らかである。ラウエルは、憲法改正後も天皇が存続することを前提とし、また一定の機関と人が天皇に助言を継続することをも前提とした上で、天皇に助言を与える機関と人を、国民に対して責任を持つ機関と人に限定することを求めている。

そして第四に、ラウエルの提案は、統治形態（forms of government）の現実の機能の修正について述べているのみであり、この建前について何ら意見を述べていない点に注目したい。『準備的研究と提案』を見る限り、ラウエルはいかにもアメリカ人らしく、その興味は現実の機能に向けられていて、建前には全く興味がないことが分かる。ポツダム宣言も同様であったことは先述したとおりである。このことは、宮沢教授が「主権の問題は、〔中略〕『実体』の問題ではなくて、むしろ、『認識』の問題である」[88]と述べ、主権の所在の問題はあくまでも「建前」や「理念」の問題であるとしているのとは対照的である。ラウエルは「建前」や「理念」には何の興味も示さず、そもそも、主権という概念にすら興味を示していない。そして、ラウエルのこの態度は、SWNCC二二八『日本の統治体制の改革』に継承され、GHQによる憲法起草作業にも反映されることになる。

果たしてラウエルの提案は、宮沢教授がいう「神権主義をすてて、国民主権主義を採ること」を意味するだろうか。ここで考察してきた四つの検討から鑑みるに、ラウエルが求めたのは古い傾向を「修正し」、新しい傾向を「伸長する」ことであり、古い主義を「すてて」新しい主義を「採る」ことを要求していると読むことはできないであろう。宮沢教授は「神権主義をすてて、国民主権主義を採ること」を以って「根本建前」が変更されたと述べるが、少なくともラウエルの提案の具体的内容を読む限り、これを、根本建前を変更する要求と読むことはできないと結論できる。

GHQ内部文書が公開されたのは、占領が解除されてだいぶ時間が経過してからであった。そのため、宮沢教授が八月革命説を提唱した時、ラウエルの書面はまだ公開されていなかったため、教授はこれを知らずに八月革命説を述べたと考えられる。教授が先にラウエルの書面を読んでいれば、ポツダム宣言受諾によって国民主権主義を採り、帝国憲法の根本建前が変更されたと主張することはなかったかもしれない。歴史を知っている後世の人間が歴史知識を用いて先人の主張を批判するのは些か申し訳ない気がするが、教授の考えが間違っていたことをラウエル書面から知ることができるのは事実である。

ところで、「天皇の大御心」＝「日本国民の総意」であることは先述したとおりであり、天皇に対して責任を負うということは、すなわち国民に対して責任を負うということと同義であることは、ここで改めて確認しておきたい。

II　SWNCC二二八『日本の統治体制の改革』

日本の憲法に関する米国政府の最終方針

さて、ラウエルの『レポート・日本の憲法についての準備的研究と提案』が作成されてから約一カ月後の昭和二十一年一月七日、SWNCC二二八『日本の統治体制の改革』が作成された。同文書は同十一日に、マッカーサー元帥にインフォメーションとして送付された。SWNCC二二八は、日本の憲法改正に関して米国政府が最終的に決定した方針を、日本の占領管理に当たる連合国軍最高司令官に伝達したものであって、GHQを法的に拘束するものであることを確認しておきたい。

米国政府において日本の憲法に関する基本方針が決定するまで、政府内では激しい意見の対立があり、その攻防はぎりぎりまで続いた。SWNCC二二八が決定されるまでの過程は原秀成『日本国憲法制定の系譜II―戦後米国で』(89)に詳細が記されている。

次に、SWNCC二二八の本文の概略を眺めていきたい。本文は（a）から（d）まで、四つの段落で構成されている。

（a）は「最高司令官は、日本政府当局に対し、日本の統治体制が次のような一般的な目的を達成するように改革させるるべきことについて、注意を喚起しなければならない」と述べ、続けて七つの項目を列挙している。その中で、主権論議に関係のある四項目を引用する。

1　選挙権を広い範囲で認め、選挙民に対し責任を負う政府を樹立すること

2　政府の行政府の権威は、選挙民に由来するものとし、行政府は、選挙民または国民を完全に代表する立法府に対し責任を負うものとすること

3　立法府は、選挙民を完全に代表するものであり、予算のどの項目についても、これを減額し、増額し、もしくは削除し、または新項目を提案する権限を、完全な形で有するものであること

7　日本国民が、その自由意思を表明しうる方法で、憲法改正または憲法を起草し、採択すること[90]

次に（b）は「日本における最終的な政治態度〔統治形態〕（the ultimate form of government

in Japan）は、日本国民（the Japanese people）が自由に表明した意思によって決定さるべきものであるが、天皇制を現在の形態で維持することは、前述の一般的な目的に合致しないと考えられる」[91]と述べている。

その上で（c）は、日本国民が天皇は維持されるべきであると決定した時でも、（a）の項目が含まれなければならないと念をおしている。

そして（d）で「日本人（the Japanese）が、天皇制を廃止するか、あるいはより民主主義的な方向にそれを改革することを、奨励支持しなければならない。しかし、日本人が天皇制を維持すると決定したときは、最高司令官は、日本政府当局に対し」、前述の列挙したものの他「次に挙げる安全装置が必要なことについても、注意を喚起しなければならない」とし、次の六項目を掲げている。

1 国民を代表する立法府の助言と同意に基づいて選任される国務大臣が、立法府に対し連帯して責任を負う内閣を構成すること

2 内閣は、国民を代表する立法府の信任を失ったときは、辞職するか選挙民に訴えるかのいずれかをとらなければならないこと

3 天皇は、一切の重要事項につき、内閣の助言にもとづいてのみ行動するものとすること

4　天皇は〔中略〕軍事に関する権能を、全て剥奪されること
5　内閣は、天皇に助言を与え、天皇を補佐するものとすること
6　一切の皇室収入は、国庫に繰り入れられ、皇室費は、毎年の予算の中で、立法府によって承認さるべきものとすること[92]

そして、先にも引いたとおり、最後の結論部分で「最高司令官がさきに列挙した諸改革の実施を日本政府に命令（order）するのは、最後の手段としての場合に限らなければならない（only as a last resort）。というのは、前記諸改革が連合国によって強要された（imposed）ものであることを日本国民が知れば、日本国民が将来ともそれらを受け容れ、支持する可能性は著しくうすれるであろうからである[93]」と指摘している。

天皇存置の方法論を述べたＳＷＮＣＣ二二八

ＳＷＮＣＣ二二八は、日本の憲法を改正する必要を述べているだけでなく、憲法に含めるべき具体的な項目を列挙して、憲法改正の方針を明記している。そして、この文書は米国政府内で数々の議論を経て辿り着いた、米国の最終決定方針である点も見逃せない。後にＧＨＱが起草する憲法改正案は、ＳＷＮＣＣ二二八の方針に従って書かれることになるため、同文書が日

本国憲法に与えた影響は極めて大きいといえよう。

またSWNCC二二八は、天皇の制度を改革する必要性を述べて、天皇を存続させるか否かの判断は、日本人に委ねるという態度をとりつつ、天皇を残す場合にはより厳格な条件を付け加えた。ラウエルの『レポート・日本の憲法についての準備的研究と提案』が、天皇を存続させることを前提に書かれているのとは対照的である。しかし、内容を比較すると、両文書の当時の問題点に関する認識は共通点が多く、憲法に含むべき項目も共通するものが多い。両者は同じ思考に基づいて書かれているといえる。

そこで、SWNCC二二八が、帝国憲法を改正することによって「神権主義をすてて、国民主権主義を採ること」(宮沢)を意図したか、次に検討を加えていきたい。

第一に、SWNCC二二八は、実質的には天皇を存続させる方法を述べている点に注目したい。

確かに、ラウエルの『準備的研究と提案』が、天皇を存続させることを前提として書かれているのに対し、SWNCC二二八は天皇の制度を改革する必要性を述べ「天皇を廃止するか、あるいはより民主主義的な方向にそれを改革すること」を求め、天皇の存続と廃止の両論を併記している点では異なる。

しかし、SWNCC二二八は天皇を存続させる場合に、憲法に含めるべき数々の項目を列挙している点に鑑みるに、実質的には天皇を存続させる方法論が書かれているにほかならない。これらの条件を備えれば、日本人は天皇を存続させることができることを意味する。

また、ＳＷＮＣＣ二二八が天皇について存続と廃止の両論を併記したのは、いみじくもＳＷＮＣＣ二二八が「日本における最終的な政治態度〔統治形態〕(the ultimate form of government in Japan) は、日本国民 (the Japanese people) が自由に表明した意思によって決定さるべきものである」と記すことが前提になっている。この点は、バーンズ回答が「最終的ノ日本国ノ政府ノ形態 (the ultimate form of Government of Japan) ハ『ポツダム』宣言ニ遵ヒ日本国国民 (the Japanese people) ノ自由ニ表明スル意思ニ依リ決定セラルヘキモノトス」と述べることと一致するものであり、両論併記は、一般原則に従った内容であるといえる。

第二に、『ポツダム宣言』やラウエル『日本の憲法についての準備的研究と提案』などでも指摘したとおり、ＳＷＮＣＣ二二八は、文中に「〔より〕民主主義的な方向 (**along more democratic lines**) にそれ〔天皇制 (the Emperor Institution)〕を改革 (**reform**) することを、奨励支持しなければならない」「連合国最高司令官は、前記の諸改革による日本における代表民主制〔代議制〕(**representative government**) の強化 (**strengthening**) が永続することを確保するために…」と記すように、日本に「民主主義」と「代議制」が既に存在していることを前提として書かれている。

天皇の制度を民主主義的な方向に「改革（reform）」する、もしくは、代議制の「強化（strengthening）」といった文言は、いずれも日本に「民主主義」「代議制」がなければ用いることはない。まして、日本に「民主主義」がなければ「〔より〕民主主義的な方向（along more democratic lines）」というように「more」の語を使用することなどはあり得ないであろう。

第三に、SWNCC二二八は、ラウエル『準備的研究と提案』と同様に、天皇に助言を与える機関を存続させることを前提にしている。SWNCC二二八は「天皇は、一切の重要事項につき、内閣の助言にもとづいてのみ行動するものとする」とし、「内閣は、天皇に助言を与え、天皇を補佐するものとすること」とし、天皇の助言機関として内閣を想定している。

この点は、『準備的研究と提案』においてラウエルが、憲法改正後も天皇が存続することを前提とし、また一定の機関が天皇に助言を継続することを前提とした上で、天皇に助言を与える機関を、国民に対して責任を持つ機関に限定することを求めていることと同じ考えに基づいている。これが、ラウエルのいう「封建的・権威主義的傾向を修正すること（modifying feudal and authoritarian tendenceis）」と「民主主義的傾向（democratic tendencies）が伸長する（flourish）こと」だったことは、既に指摘したとおりである。

そして、第四も、ラウエル『準備的研究と提案』と同様に、SWNCC二二八は統治形態

（forms of government）の現実の機能の修正について述べているのみであり、建前について何ら意見を述べていない。やはり米国側は「実体」に興味を示し、「建前」には興味を示していなかったといえよう。

これまでの検証作業により、ＳＷＮＣＣ二二八は、天皇の存廃について両論を併記するも、実際は存続のための方法論を明記していて、その方法論はラウエル『準備的研究と提案』の方向に沿ったものであることが明らかになった。

そして、ＳＷＮＣＣ二二八は、天皇の制度を「民主主義的な方向（along more democratic lines）」に「改革（reform）」し、「代表民主制（representative government）」を「強化（strengthening）」することを目指すものであることは明白であって、日本に「新たに」民主主義や代議制を「導入」することを目指すものと読み取ることには無理がある。

宮沢教授は「神権主義をすてて、国民主権主義を採ること」を以って「根本建前」が変更されたと述べるが、ＳＷＮＣＣ二二八には、かような意味における「根本建前」を変更する要求を含んでいなかったと結論できる。繰り返すが、アメリカ人は、もとよりそのような建前に関心を示していない。

Ⅲ 「マッカーサー・ノート」

天皇存置を決定させた極秘電文

マッカーサー元帥が、ＧＨＱにおいて憲法草案を起草するようにホイットニー民政局長に伝えた昭和二十一年二月三日、元帥は民政局に自由裁量を与える一方で、草案の中に三点は入れたいと要望した。その三点がいわゆる「マッカーサー・ノート」である。この三点は、その後作成されるＧＨＱ草案に確実に反映されることになるため、民政局による起草作業を実質的に拘束したと見られる。

「マッカーサー・ノート」が民政局に提示される九日前の一月二十五日、元帥が本国のアイゼンハワー陸軍参謀総長宛てに打った次の極秘電報は、天皇の存続を決定することになったものであり、元帥が天皇を残そうとしたその意味を知ることができる資料である。

「天皇を起訴すれば、紛れもなく日本国民の間に凄まじい動乱を引き起こすことになるだろう。その影響は、いくら評価しても評価し過ぎることはない。天皇は全ての日本人の統合の象徴である。天皇を葬れば、日本国家は崩壊する。実際のところ、全ての日本人は天皇を国の元首として尊崇していて、善かれ悪しかれ、ポツダム宣言が天皇を維持することを意図していたと信じている。もし連合国の行動が彼らの歴史的な思いを裏切ったならば、そこから生じる日本国民の憎悪と憤激は、間違いなく未来永劫にわたって続くであろう。幾代にもわたる復讐のための復讐が引き起こされ、その悪循環は何世紀にもわたって途切れることなく続く恐れがある。私の考えによれば、全日本人は、消極的あるいは半ば積極的な手段により、天皇を葬ることに抵抗するであろう。彼らは武装解除されているので、訓練され装備された軍にとって特別な脅威はない。しかし、政府の全ての機構が崩壊し、文化的な活動は停止し、反体制の混沌無秩序な状態が、山岳地帯や地方でゲリラ戦を引き起こすことは想像できないことではない。思うに、近代的な民主主義の手法を導入するという希望は消え去り、引き裂かれた人々の中から共産主義路線に沿った強烈な政府が生まれるだろう。これは、現在の占領の状態とは完全に次元の異なった問題が起きることを意味する。そうなった場合、駐留軍を大幅に増員することが不可欠となる。最低百万人の軍隊が必要とされ、軍隊は永久的に駐留し続けなければならない可能性が極めて高い。そのうえ、行政を行うには、公務員を日本に送らなければならず、その必要な数は数十万人にのぼるであろう(94)」

米陸軍省は、この電報を受け取ると、直ちに国務省と会議を開き、天皇を訴追しないことを決定した。当時、米国では天皇を存続させるか否かで政府内でも意見が分かれていたが、同電報により、国策が決定されることになった。

ロバート・E・ウォード（Robert E. Ward）教授は「マッカーサーのこの回答は、たとえ米国軍部内に天皇を戦犯として裁くべきだという意向が残っていたとしても、完全にそれを押しつぶしたといってよい」と述べ、「マッカーサーは天皇制の存続と現天皇〔昭和天皇〕を皇位につけたままにしておくことを明確に打ち出し、それによって、後に米国もしくは国際連合が天皇の戦争責任を問うことを不可能、もしくは極度に困難にしたことは明白である」と分析している[95]。

天皇存置を命じたマッカーサー元帥

当初ＧＨＱは、天皇を存続させる場合と廃止する場合の二つの統治計画を持っていたが、マッカーサー元帥は昭和天皇との引見により天皇を存続させることを決意したとされる。天皇を存続させることは「マッカーサー・ノート」において初めて明確に示された。天皇の存続は元帥の強い意志によるもので、「マッカーサー・ノート」は、憲法改正案には、天皇を世襲の元首として書き残さなくてはならないということを民政局に伝えるためのものであった。このような元帥の意志を踏まえて「マッカーサー・ノート」を考察していきたい。

「マッカーサー・ノート」が示す三点のうち、第二項は戦争の放棄、そして第三項は華族制度の廃止であって、主権の問題に関係するのは第一項である。ここには次のように記されている。

「天皇は、国の元首の地位にある（at the head of the State)。皇位は世襲される。天皇の職務および権能は、憲法に基づき行使され、憲法に示された国民の基本的意思に応えるものとする[96]」

この指摘が、「神権主義をすてて、国民主権主義を採ること」（宮沢）を要求する内容を含んでいるか検討したい。

先ず、皇位が世襲であることは、帝国憲法第二条が「皇位ハ皇室典範ノ定ムル所ニ依リ皇男子孫之ヲ継承ス」と記すことと一致し、また、天皇が元首の地位にあることと、天皇の職務及び権能が憲法に基づいて行使されるべきことは、いずれも帝国憲法第四条が「天皇ハ国ノ元首ニシテ統治権ヲ総攬シ此ノ憲法ノ条規ニ依リ之ヲ行フ」と記すことと一致する。従って「マッカーサー・ノート」第一項は、民政局が憲法草案を起草するに当たり、これらの事項については帝国憲法を、むしろ踏襲すべきことを要求していると見ることができる。

すると、「マッカーサー・ノート」第一項のなかで、憲法草案に帝国憲法の明文に規定されていない点を盛り込むように求めた点は、「天皇の職務および権能は、憲法に示された国民の基本的意思に応えるものとする」の一点に限られることになろう。果たしてこの点が「神権主義をすてて、国民主権主義を採ること」(宮沢)を要求するといえるであろうか。

帝国憲法下の「神勅主義」「神権主義」について、宮沢教授は「それまでの日本の政治の根本建前は、一言でいえば、政治的権威は終局的には神に由来する」のであり、「国民主権主義という以上は、天皇の権威の根拠も、終局的には国民にあると考えなくてはなら」ず、「それまでの日本において、天皇の権威の根拠が国民にあるという根本建前が採られていたと見るのは、明らかに不当」であるから、天皇の権威の根拠を終局的に神に求める帝国憲法下の根本建前と矛盾しないと考えることは「理論的には、どうしても無理である」と述べている(97)。

確かに、天皇の地位の根拠が「神」に由来するか「国民の意思」に由来するかの違いは、原理としては全く異なるように見える。しかし、既に示したとおり、そもそも戦前の憲法学界では、天皇の地位の根拠は「歴史の事実」であるとの見解が通説として支持されていて、それが「神」に由来するという見解はほとんど支持されていなかった。このことは、「天皇は国民のためにある」という仁徳天皇の言葉に象徴される。

また、「天皇の大御心」は「日本民族の一般意思」「日本国民の総意」と一体を成すもので、「天皇・国民」の「意思」は一体であるから、帝国憲法下の国体は「日本国民の総意」に基づくもので、これは日本国憲法下の国体と同じ原理に基づくものである。また、天皇統治の本質が「シラス」であることを鑑みるに、第一項の「天皇の職務および権能は、憲法に示された国民の基本的意思に応えるものとする」の部分は、帝国憲法に見られる天皇統治の根本建前と何ら矛盾するものではない。

従って、「マッカーサー・ノート」第一項が示す「天皇の職務および権能は、憲法に示された国民の基本的意思に応えるものとする」は、帝国憲法と日本国憲法を貫く日本の国体原理そのものであり、よって、この項目が、憲法改正の限界を踰越するような、憲法の基本原理・根本建前を変更する要求を含んでいるとはいえないであろう。

「天皇の意思」か「国民の意思」か

次に、「マッカーサー・ノート」第一項の「憲法に示された国民の基本的意思」の部分に注目したい。ここでいう「憲法」は間もなく改正手続きを経て成立する新憲法を意味していることは明らかである。帝国憲法から日本国憲法への改正は、帝国憲法に定められた憲法改正手続きが踏まれる。憲法改正案は天皇の勅書を以って議会に提出され、議会での審議を経て、天皇の裁可と公布により成立するものであるから、新憲法に示されることになる「国民の基本的意思」は、すなわち「天皇の意思」そのものに相違ない。最終的に日本国憲法の内容を確定させたのは帝国議会であった。そしてそれを昭和天皇が公布するに当たって付した「上諭」には次のように書かれている。これを読めば「国民の基本的意思」と「天皇の意思」が一致することが分かるであろう。

日本国憲法　上諭

「朕は、日本国民の総意に基いて、新日本建設の礎が、定まるに至つたことを、深くよろこび、枢密顧問の諮詢及び帝国憲法第七三条による帝国議会の決議を経た帝国憲法の改正を裁可し、ここにこれを公布せしめる。（御名御璽）昭和二十一年十一月三日　内閣総理大臣以下全国務大臣副署」

昭和天皇は「深くよろこび」ながら、日本国民の総意に基いた憲法の改正を裁可したことが分かる。

従って、同項の「天皇の職務および権能は、憲法に示された国民の基本的意思に応えるものとする」というのは、天皇が歴代天皇が継承してきた「天皇の大御心」に応えるのと同義であり、帝国憲法に何ら根本的な変更を加える要求ではない。

また、「マッカーサー・ノート」第一項は、ラウエル『準備的研究と提案』、SWNCC二二八と同様に、現実の機能、すなわち実体について述べていて、建前について述べていない点も確認しておきたい。宮沢教授は、憲法改正の限界を議論するに当たり、建前の議論だけをしようとするが、米国側は、実体の議論をして、建前に興味を示していない。

この点を踏まえて、次の点を考察していきたい。「マッカーサー・ノート」第一項の、「天皇の職務および権能」は「憲法に示された国民の基本的意思に応える」の部分は、天皇に対する助言機関が国民に対して責任を負わないという問題を改善する必要を述べた、前出のラウエル『準備的研究と提案』、SWNCC二二八の記述と合致するものである。

だが、この点についても「天皇の大御心」と「日本国民の総意」は一体となったものであって、天皇に責任を負うことは、すなわち国民に責任を負うことを意味するから、建前の上では全く同じである。

しかし、米国側は建前よりも実体を重視するため、天皇の助言機関に民意が介入する余地が無いことを問題視していた。よって、間もなく新憲法が第三条で「天皇の国事に関するすべての行為には、内閣の助言と承認を必要とし、内閣が、その責任を負ふ」とされたことは、ラウエル『準備的研究と提案』、SWNCC二二八、「マッカーサー・ノート」のいずれもが求めた点であるといえよう。

これらの議論をまとめると次のようになる。先ず「マッカーサー・ノート」第一項は、①天皇が国の元首の地位にあること、②皇位は世襲されること、③天皇の職務および権能は、憲法に基づいて行使されること、④天皇の職務および権能は、憲法に示された国民の基本的意思に応えるものであること、の四点を新憲法に盛り込むことを要求している。

第一に、建前の議論では、いずれの点も帝国憲法の規定そのもの、もしくは帝国憲法の原理に沿ったものであって、何ら新しい原理や根本建前を新憲法に導入する要求ではないことが確認できた。

第二に、実体の議論では、①〜③は帝国憲法を踏襲するように求めるも、他方、④では、天皇に対する助言機関に民意のコントロールが及ぶように憲法を改革する必要を述べていることが確認できた。

この考察により、マッカーサー元帥は、天皇の原理そのものに手をつける意図はなく、まして根本建前を変更する要求をしていないのであって、「マッカーサー・ノート」は、宮沢教授のいう「神権主義をすてて、国民主権主義を採ること」を要求する内容を含んでいないことを、一応は明らかにすることができたと思う。

Ⅳ　ＧＨＱ草案

帝国憲法改正への決定的要求

ＳＷＮＣＣ二二八と「マッカーサー・ノート」に基づいてＧＨＱ民政局が起草した日本国憲法草案は、「ＧＨＱ草案」「マッカーサー草案」などと呼ばれている。これが強制力を持った形で日本政府に手交され、これを元に間もなく政府案が策定した「日本政府案」が、枢密院と帝国議会での審議を経て日本国憲法となることから、「ＧＨＱ草案」は、帝国憲法の改正に関して米国側からなされた最終的かつ決定的な要求であったといえよう。そこで、「ＧＨＱ草案」が日本に「神権主義をすてて、国民主権主義を採ること」（宮沢）を要求する内容を含んでいるか検討したい。

先ず、昭和二十一年二月二十六日の臨時閣議で配布された「外務省仮訳」から、主権の問題に関係のある箇所を抜粋して示す。

前文（抜粋）

「我等日本国人民ハ、〔中略〕茲ニ人民ノ意思ノ主権（the sovereignty of the people's will）ヲ宣言シ、国政ハ其ノ権能（the authority）ハ人民ヨリ承ケ其ノ権力（the powers）ハ人民ノ代表者ニ依リ行使セラレ而シテ其ノ利益ハ人民ニ依リ享有セラルル神聖ナル信託ナリトノ普遍的原則（the universal principle）ノ上ニ立ツ所ノ此ノ憲法ヲ制定確立ス[98]」

第一条　皇帝ハ国家ノ象徴ニシテ又人民ノ統一ノ象徴（the symbol of the state and the unity of the people）タルヘシ彼ハ其ノ地位ヲ人民ノ主権意思（the sovereign will of the people）ヨリ承ケ之ヲ他ノ如何ナル源泉ヨリモ承ケス[99]

第二条　皇位ノ継承ハ世襲ニシテ国会ノ制定スル皇室典範ニ依ルヘシ[100]

第三条　国事ニ関スル皇帝ノ一切ノ行為ニハ内閣ノ輔弼及協賛（the advice and consent）ヲ要ス而シテ内閣ハ之カ責任ヲ負フヘシ

皇帝ハ此ノ憲法ノ規定スル国家ノ機能（state functions）ヲノミ行フヘシ彼ハ政治上ノ権限（governmental powers）ヲ有セス又之ヲ把握シ又ハ賦与セラルルコト無カルヘシ

皇帝ハ其ノ機能ヲ法律ノ定ムル所ニ従ヒ委任スルコトヲ得[101]

第五条　皇帝ハ国会ノ指名スル者ヲ総理大臣ニ任命ス[102]

第六条　皇帝ハ内閣ノ輔弼及協賛ニ依リテノミ行動シ人民ニ代リテ国家ノ左ノ機能ヲ行フヘシ即

国会ノ制定スル一切ノ法律、一切ノ内閣命令、此ノ憲法ノ一切ノ改正並ニ一切ノ条約及国際規約ニ皇璽ヲ欽《ママ》〔鈐《お》〕シテ之ヲ公布ス／国会ヲ召集ス／国会ヲ解散ス／総選挙ヲ命ス／国務大臣、大使及其ノ他ノ国家ノ官吏ニシテ法律ノ規定ニ依リ其ノ任命又ハ嘱託及辞職又ハ免職カ此ノ方法ニテ公証セラルヘキモノノ任命又ハ嘱託及辞職又ハ免職ヲ公証ス／大赦、恩赦、減刑、執行猶予及復権ヲ公証ス／栄誉ヲ授与ス／外国ノ大使及公使ヲ受ク／適当ナル式典ヲ執行ス[103]

このＧＨＱ草案はＳＷＮＣＣ二二八と「マッカーサー・ノート」の延長線上にあるものであることが分かるであろう。

これまで確認してきたように、遅くとも「マッカーサー・ノート」が出されて民政局が憲法草案の起草に着手する段階において、ＧＨＱは天皇の基本原理を変更する意図を持っていなかった。そもそもＳＷＮＣＣ二二八は、日本の憲法改正に関して米国政府が最終的に決定した方針を、日本の占領管理に当たる連合国軍最高司令官に伝達したものであって、ＧＨＱを法的に拘束するものであった。従って、ＧＨＱ草案が、ＳＷＮＣＣ二二八を離れて、逸脱した憲法草案を作れる余地はないのである。そのことは、ここに示したＧＨＱ草案の各条文とＳＷＮＣＣ二二八と「マッカーサー・ノート」を比較すれば、ＧＨＱ草案はＳＷＮＣＣ二二八と「マッカーサー・ノート」を忠実に条文に書き起こしたものであると知ることができる。

SWNCC二二八を基礎とするGHQ草案

この点を踏まえてGHQ草案を読めば、例えば、前文に「人民ノ意思ノ主権ヲ宣言シ」とあっても、これはGHQが天皇の統治の原理を根本から否定し、主権原理を変更する意図があったと読むことはできないであろう。

第一条も同様で、これまでに示してきたとおり、「天皇の大御心」は「日本民族の一般意思」「日本国民の総意」と一体を成すもので、「天皇・国民」の「意思」は一体である。また天皇統治の本質は「シラス」であり、天皇は国民のために存在してきた。また、第一条は「マッカーサー・ノート」第一項の趣旨を表現したものである。

従って、前文の「人民ノ意思ノ主権ヲ宣言シ」や第一条の「其ノ地位ヲ人民ノ主権意思ヨリ承ケ」というのは、天皇がその地位を武力によって国民を支配することで保ってきたのではなく、国民の意思によって保たれてきたという我が国の歴史の事実を素直に表現したものにほかならず、帝国憲法の天皇統治の根本建前と何等矛盾するものではない。

第二条が規定する「世襲」は「マッカーサー・ノート」第一項の要望であり、また皇室典範が「国会ノ制定スル」ものと規定されたのは、GHQが、天皇の制度が民主主義の外に置かれることを嫌った結果、大日本帝国憲法から独立した地位にあった（旧）皇室典範を、新しい憲法の下に置くことにしたものである。これは、ポツダム宣言がいう「民主主義的傾向ノ復活強化」、またラウエル『準備的研究と提案』がいう「民主主義的な目標を鼓吹し」あるいは「封建的、権威主義的傾向を修正」するといったことに合致するものである。

そして、第三条、第五条、第六条は、SWNCC二二八（d）に示された諸条件を忠実に条文に書き起こしたものである。

すでに示したように、SWNCC二二八は、天皇の制度を「民主主義的な方向（along more democratic lines）」に「改革（reform）」し、「代表民主制（representative government）」を「強化（strengthening）」することを目指すものであり、日本に「新たに」民主主義や代議制を「導入」することを意図するものではなかった。また「マッカーサー・ノート」も、何ら新しい原理や建前を新憲法に導入することを意図するものではなかった。

米国の意図するところは、天皇に助言する憲法外の機関を廃止し、主に国会にその権限を移すことであった。これまで重臣らが実質的に保持していた権能を、国民（国会）に移すことがその主眼であり、天皇の権能を国民に移すことが主眼ではなかったことを確認することができた。

宮沢教授は「神権主義をすてて、国民主権主義を採ること」を以って「根本建前」が変更されたと述べるが、ＳＷＮＣＣ二二八と「マッカーサー・ノート」を忠実に条文に書き起こしたＧＨＱ草案は、かかる意味における「根本建前」を変更する要求を含んでいなかったと結論することができる。

実は日米で合意していた「天皇の地位」

これまで、ポツダム宣言の第二段の第二の疑問について検討してきたが、大方主要な論点は検討できたと思う。ここで本章の論点を整理しておきたい。

本章で検討してきた、ポツダム宣言は神権主義（乃至神勅主権主義）を捨てて国民主権主義を採用する要求（根本建前を変更する要求）を含んでいたか、の問題は、ポツダム宣言第三段（結論）の論理的前提になっているため、もしかかる要求を含んでいなければ、その一点のみで八月革命説は論理破綻することになる。

つまり、第三段は、日本がポツダム宣言を受諾した瞬間に、日本の憲法の根本建前が覆ったという主張であるから、それは米国側が根本建前を変更する意図を持っていて初めて成り立ち得るものである。そして、根本建前の変更とは「天皇の地位の変更」を意味する。これを守ることを当時は「国体の護持」と呼んでいた。

米国側の意図については、占領下においては情報が少ないため、憲法学者の間でも暗中模索を強いられたことと思う。宮沢教授などは、ポツダム宣言は「神権主義をすてて、国民主権主義を採ること」を要求する内容を含んでいたと考えた。だが、その考えが事実と異なっていたということは、今や火を見るより明らかである。戦後徐々に史料が公開され、米国が日本の暗号電文を傍受した記録や、大統領の側近の日記などから、米国政府内での意思形成過程などがだいぶ分かってきたからである。

八月革命説は、ポツダム宣言を受諾したことで、同宣言が憲法の根本建前を変更させたという立場をとる。これまで日本の憲法学界では、ポツダム宣言の文言のみから文理解釈しようとする試みはあった。しかし、同宣言は何もないところから突如湧き出てきたものではない。昭和十七年頃から日本の戦後処理については研究が重ねられてきたのであって、同宣言はその研究成果の集大成であるといえる。米国が日本の終戦処理を研究する過程を丹念に読み解けば、そこには一貫した思想と、一貫した論理を見出すことができる。それによって見えてきたものは、次のとおりである。

第一に、米国政府は、発表する時期については意見の違いがあったものの、昭和十七年から一貫して天皇の地位を変更しない立場をとっていたこと、第二に、米国政府は日本には昔から民主主義があったことは承知していて、その傾向を復活させようとはしたものの、日本に新たに民主主義を導入する意図は無かったこと、第三に、米国政府は、あくまでも「実体」の議論に終始していて、「建前」や「理念」には何の興味も示さず、そもそも、主権という概念にすら興味を示していないこと、などである。

このようなことから、米国はポツダム宣言により、天皇の地位を変更し、あるいは神権主義を廃止して新たに国民主権主義を導入するなど、帝国憲法の根本建前を変更する意図は無かったと結論することができる。

他方、日本においても同様であった。日本政府は国体を護持、すなわち天皇の地位を守るためにポツダム宣言を受諾した。そのことは、受諾文において天皇の地位が変更されないことを確認していることから明らかである。

この受諾文については、同宣言を一部留保するものだったが、それがバーンズ回答によって否定され、無留保のまま受諾したため天皇の地位は変更された、との主張がある。しかし、天皇の地位の確認は留保には該当せず、日本による解釈が米国側に黙認されたと解すべきことは既に示したとおりである。

従って、米国側が天皇の地位を変更する意図を持たなかっただけでなく、日本側も天皇の地位を変更する意図は無いと理解していたことになる。つまり、天皇の地位については、日米両国で見解に相違なく、多少権能は制限されるとしても基本的に存置することで完全に一致していたといえる。

以上の理由により、日米両国ともポツダム宣言によって天皇の地位は変更されないと考えていたのであるから、ポツダム宣言には神権主義から国民主権主義へ変更する要求は含まれておらず、この見解は日米間で完全に一致していたことが分かる。従って、ポツダム宣言の受諾によって帝国憲法の根本建前が変更されたという「八月革命」は成就していなかったと結論することができる。

宮沢教授は、根本建前の変更を含む憲法改正は本来合法的に為すことはできないが、八月革命で、既に根本建前が変更されて国民主権主義が成立しているという理由によってのみ、はじめて帝国憲法の規定による憲法改正が「違法でないとされうる」と述べている。よって、八月革命が成就していないのであるから、教授の主張に従うなら、帝国憲法の改正規定に則った憲法改正は「違法である」とされなければならない。このように、八月革命説は論理的前提を欠いている。

■注釈

(01) J. C. Grew, *Turbulent Era: A Diplomatic Record of Forty Years, 1904-1945,* Vol. 2, 1952, p.1421-1434.

(02) OSS reports, May 12, 1945 (Department of State, *Foreign Relation of the United States* [hereinafter *FRUS*]: Diplomatic Papers: The British Commonwealth The Far East, 1945, Vol. 6, p.481), OSS reports, June 4, 1945 (*FRUS*, 1945, Vol. 6, p.486); Stimson Diary, August 10, 1945; Grew, *Turbulent Era*, Vol. 2, p. 1411.

(03) The New York Times, April 17, 1945, p. 12.

(04) ガー・アルペロビッツ（鈴木俊彦＝岩本正恵＝米山裕子訳）『原爆投下決断の内幕・上』（ほるぷ出版、一九九五年）八一頁。

(05) Grew, *Turbulent Era*, Vol. 2, p. 1424.

(06) Stimson Diary, May 29, 1945.

(07) Stimson Diary, June 6, 1945.

(08) Grew, *Turbulent Era*, Vol. 2, p. 1437.

(09) 憲法調査会課事務局編『憲法制定の経過に関する小委員会報告書』（大蔵省印刷局、一九六一年）六八頁（*FRUS*: The Conference of Berlin (The Potsdam Conference) 1945, Vol. 1, pp. 897-899 No.594 ）。

(10) MAGIC, No.1205, July 13, 1945, RG 457, NA.

(11) 外務省『日本外交文書・太平洋戦争第三冊』（外務省、二〇一〇年）一八三五―一八三六頁。昭和二十年七月十二日、東郷外務大臣より在ソ連邦佐藤大使宛（電報）第八九三号（緊急、館長符号）「ソ連側に対し天皇メッセージの伝達及び近衛特使派遣申入れ方訓令」。

(12) Forrestal Diary, July 13, 1945; James Forrestal, The Forrestal Diaries, p. 74.

(13) Publication of Pacific Strategic Intelligence Section, *Russo-Japanese Relations* (July 1-12, 1945), July 14, 1945, p. 10, SRH-084, RG 457, NA.

(14) Stimson Diary, July 16, 1945.

(15) McCloy Diary, July 16, 1945.

(16) Harry S. Truman, *Off the Record*, ed. Robert H. Ferrell, 1980, p. 53.

(17) *FRUS*: The Potsdam Conference, 1945, Vol. 2, p. 1266.

(18) *FRUS*: The Potsdam Conference, 1945, Vol. 2, pp. 1275-1276. 憲資・総五五号「アメリカ合衆国外交関係文書・一九四五年ベルリン（ポツダム）会談（抄）」五四―五六頁。

(19) 憲資・総五五号「アメリカ合衆国外国関係文書・一九四五年ベルリン（ポツダム）会談（抄）」二五頁。

(20) 前注（19）憲資五五、四三―四四頁。

(21) Cordell Hull, *The Memoirs of Cordell Hull*, vol.2,p.1593-1594.

(22) 竹田恒泰『アメリカの戦争責任』（ＰＨＰ新書）（ＰＨＰ研究所、二〇一五年）一一二―一一七頁。

(23) 竹田・前注（22）戦争責任、一六七―一七三頁。

(24) 竹田・前注（22）戦争責任、一二八―一二九頁。

(25) "Answer to Japan" Booklet, pp. 22-23, Box 2, Dr. Edward P. Lilly Papers, Joint Chiefs of Staff [hereinafter JCS] Historical Section, RG218, NA.

(26) Bonner Fellers, *Hirohito's Struggle to Surrender*, Reader's Digest, July, 1947, pp. 90-95.

(27) JCS Info Memo 390, "Unconditional Surrender of Japan," April 29, 1945, "ABC 387 Japan〔15 Feb. 1945〕, Sec. 1-A,"

(28) MAGIC, No. 1149, May 18, 1945, RG 457, NA.

(29) Memorandum for Chief, Strategic Policy Section, S&P Group, OPD, Subject: Use of Atomic Bomb on Japan, April 30, 1946, Atom〔August 17, 1945〕Sec.7.

(30) 長谷川毅『暗闘―スターリン、トルーマンと日本降伏・上』（中公文庫）（中央公論新社、二〇一一年）三三一―三四三頁。

(31) 小嶋和司『憲法と政治機構』（小嶋和司憲法論集）（木鐸社、一九八八年）三〇―三四頁。

(32) 鈴木一『鈴木貫太郎自伝』（時事通信社、一九八六年）二九二頁、外務省編『終戦史録四』（北洋社、一九七七年）一九頁。

(33) 鈴木・前注（35）自伝、二九八頁。宮内庁『昭和天皇実録・第九』（東京書籍、二〇一六年）七五四―七五五頁。

(34) 前注（11）外交文書・太平洋戦争三、一九〇七―一九〇九頁。昭和二十年八月十日、東郷外務大臣より在スイス加瀬公使、在スウェーデン岡本公使宛（電報）合第六四七号（緊急）「ポツダム宣言受諾に関する申入れを米英中ソ四カ国に伝達すべく任国に依頼方訓令」、別電一・合第六四八号（緊急）、別電二・合第六四九号（緊急）。

(35) 前注（11）外交文書・太平洋戦争三、一九二五―一九二六頁。昭和二十年八月十一日、在スイス加瀬公使より東郷外務大臣宛（電報）第八七五号（緊急）「スイス政府より日本のポツダム宣言受諾に対する「バーンズ回答」の受領について」、別電・第八七六号（緊急）。

(36) 竹田・前注（22）戦争責任、二二三―二二五頁。

(37) 鈴木・前注（32）二九九頁。

(38) 下村宏（海南）『終戦記』（鎌倉文庫、一九四八年）一五一頁。

(39) 朝日新聞、昭和二十年十月二十日―二十二日付。
(40) 毎日新聞、昭和二十年十月十九日付。
(41) 宮沢俊義『日本国憲法（全訂）』（日本評論社、一九七八年）四―五頁。
(42) 芦部信喜『憲法（第六版）』（岩波書店、二〇一五年）二三頁。
(43) 野中俊彦＝中村睦男＝高橋和之＝高見勝利『憲法Ⅰ（第五版）』（有斐閣、二〇一二年）六一頁〔高見勝利執筆〕。
(44) 長谷部恭男『憲法（第六版）』（新世社、二〇一四年）四九頁。
(45) 佐々木惣一『日本国憲法論（改訂）』（有斐閣、一九五二年）九四―九五頁。
(46) 大石眞『憲法講義Ⅰ（第三版）』（有斐閣、二〇一四年）五一頁。
(47) 佐々木・前注（45）憲法論、九二頁。
(48) 長尾一紘『日本国憲法（全訂第四版）』（世界思想社、二〇一一年）九頁。
(49) 高橋賢三＝大友一郎＝田中英夫編著『日本国憲法制定の過程Ⅰ―原文と翻訳』（有斐閣、一九七二年）一五頁。
(50) 佐藤幸治＝渡辺良二＝平松毅＝百地章＝浦部法穂『憲法Ⅰ―総論・統治機構』（大学講義双書）（成文堂、一九八六年）八五頁〔佐藤幸治執筆〕、佐藤幸治『憲法（第三版）』（青林書院、一九九五年）七六頁。
(51) 小嶋・前注（31）機構、三五頁。
(52) 小嶋・前注（31）機構、四三頁。
(53) 憲資・総第三〇号、憲法調査会事務局『帝国憲法改正諸案及び関係文書・第五』一九五九年、一六頁。
(54) 前注（49）過程Ⅰ、四一五頁、四一七頁。
(55) 土屋正三訳「日本の新憲法と極東委員会」『憲資・総二号』（憲法調査会事務局、一九五六年）一六―一七頁。
(56) 佐々木・前注（45）憲法論、九四頁。
(57) 「不戦条約（戦争の放棄に関する条約）」（昭和三年八月二七日署名、パリ）、「（不戦条約）日本国政府宣言書」（昭和四年六月二十七日）（『国際条約集―二〇一七年版』（有斐閣、二〇一七年）六六七―六六八頁所収）。宣言文の英文は、外務省『日本外交文書・昭和期Ⅰ第二部第一巻』（外務省、一九八八年）三五三頁。
(58) 野中俊彦＝戸松秀典＝江橋崇＝高橋和之＝高見勝利＝浦部法穂編（芦部信喜監修）『注釈憲法・第一巻』（有斐閣、二〇〇〇年）四六頁〔野中俊彦執筆〕。
(59) 野中俊彦＝戸松秀典＝江橋崇＝高橋和之＝高見勝利＝浦部法穂編（芦部信喜監修）『注釈憲法・第一巻』（有斐閣、二〇〇〇年）一一頁〔高橋和之執筆〕。
(60) 高橋和之『立憲主義と日本国憲法（第三版）』（有斐閣、二〇一三年）四一頁。
(61) 阪本昌成『憲法理論Ⅰ（補訂第三版）』（成文堂、二〇〇〇年）二一七頁。
(62) その他に例えば、橋本公亘『日本国憲法（改訂版）』（有斐閣、一九八八年）六四頁、松井茂記『日本国憲法（第三版）』（有斐閣、二〇〇七年）一〇頁、辻村みよ子『憲法（第五版）』（日本評論社、二〇一六年）二五頁、毛利透＝小泉良幸＝淺野博宣＝松本哲治『憲法Ⅰ・総論・統治（第二版）』（有斐閣、二〇一七年）五三頁〔小泉良幸執筆〕、木下智史＝只野雅人＝倉田原志＝大河内美紀『新・コンメンタール憲法』（日本評論社、二〇一五年）六―七頁〔木下智史執筆〕、阿部照哉＝平松毅＝和田進＝中谷実＝長尾英彦＝松井幸夫＝米沢広一＝上杉信敬＝武永淳＝吉田栄司＝間宮庄平＝永田秀樹『新憲法教室』（法律文化社、一九九七年）二一頁〔平松毅執筆〕などがある。
(63) 宮内庁『昭和天皇実録・第九』（東京書籍、二〇一六年）八〇七頁。
(64) 奥村勝蔵「近衛公爵とマッカーサー元帥」『秘められた昭和史』（鹿島研究所出版会、一九六五年）二七六頁。また、外務省の外交文書にも、この時マッカーサー元帥が「憲法ハ改正ヲ要スル、改正シテ自由主義的要素ヲ十分取入レナケレバナラナイ」と述べたと記されている。「近衛国務相、マッカーサー元帥会談録」外務省外交文書、マイクロフィルム・リール番号Ａ'、〇〇九二、外交資料館蔵。
(65) 奥村・前注（64）二七九頁
(66) 前注（09）小委員会報告、一二六―一二七頁。
(67) 前注（49）過程Ⅰ、四一三頁。
(68) 前注（09）小委員会報告、二四〇頁。連合国最高司令部民政局編「日本の新憲法」『憲資・総一号』（憲法調査会事務局、一九五六年）三八頁。
(69) 前注（09）小委員会報告、二四一頁。憲資・総一号　総司令部民政局編「日本の新憲法」三九頁以下。
(70) 前注（49）過程Ⅰ、九九頁。
(71) 前注（49）過程Ⅰ、四一七頁。
(72) 佐藤達夫（佐藤功補訂）『日本国憲法成立史三』（有斐閣、一九九四年）二一〇―二一二頁、前注（09）小委員会報告、四一〇―四一二頁、高橋・前注（59）注釈一、一一七―一一八頁。
(73) 藤田尚徳『侍従長の回想』（講談社、一九六一年）一七三頁。
(74) ダグラス・マッカーサー（津島一夫訳）『マッカーサー回想記』（朝日新聞社、一九六四年）一四二頁。
(75) Fellers memorandum to commander in chief, October 2,

1945. フェラーズ文書（フーバー研究所所蔵）・box 3. 邦訳はジョン・ダワー（三浦陽一＝高杉忠明＝田代泰子訳）『敗北を抱きしめて・下（増補版）』（岩波書店、二〇〇四年）三一—三二頁。
(76) 前注（49）過程Ⅰ、五頁。
(77) 前注（49）過程Ⅰ、三頁。
(78) 前注（49）過程Ⅰ、三—四頁。
(79) 前注（49）過程Ⅰ、七頁。
(80) 前注（49）過程Ⅰ、一五頁。
(81) 前注（49）過程Ⅰ、一一頁。
(82) 前注（49）過程Ⅰ、一三頁。
(83) 美濃部達吉『逐条憲法精義』（有斐閣、一九二七年）五四四—五四五頁。
(84) 佐々木惣一『日本憲法要論（第二版）』（金刺芳流堂、一九三一年）四〇八頁。
(85) 例えば、芦部・前注（42）憲法、二〇頁、高橋・前注（59）注釈一、四八頁、伊藤正己『憲法（第三版）』（弘文堂、一九九五）四三頁など。
(86) 前注（49）過程Ⅰ、一三頁。
(87) 前注（49）過程Ⅰ、一七頁。
(88) 宮沢俊義『憲法の原理』（岩波書店、一九六七年）二八六頁。
(89) 原秀成『日本国憲法制定の系譜Ⅱ—戦後米国で』（日本評論社、二〇〇五年）三—四七八頁。
(90) 前注（49）過程Ⅰ、四一三頁
(91) 前注（49）過程Ⅰ、四一三頁、四一五頁。
(92) 前注（49）過程Ⅰ、四一五頁。
(93) 前注（49）過程Ⅰ、四一七頁。
(94) January 25, 1945, CA57235-MacArthur to WARCOS-JCS, *FRUS*, 1946, Vol. 8, p. 396. 同電報は、米軍統合参謀本部からマッカーサー元帥宛の一九四五年十一月二十九日付WARX-85811に対する回答として送られたものである。
(95) ロバート・E・ウォード「戦時中の対日占領計画—天皇の処遇と憲法改正」（坂本義和＝ロバート・E・ウォード編『日本の占領の研究』東京大学出版会、一九八七年、六六頁、六八—六九頁。
(96) 前注（49）過程Ⅰ、九九頁。
(97) 宮沢・前注（88）原理、三八〇頁。
(98) 野中俊彦＝戸松秀典＝江橋崇＝高橋和之＝高見勝利＝浦部法穂編（芦部信喜監修）『注釈憲法・第一巻』（有斐閣、二〇〇〇年）六八—六九頁。
(99) 前注（98）注釈一、一二五頁。
(100) 前注（98）注釈一、一五五頁。
(101) 前注（98）注釈一、一九一頁。
(102) 前注（98）注釈一、二四三—二四四頁。
(103) 前注（98）注釈一、二六〇—二六一頁。

エピローグ　二〇〇〇年続いた日本の君民共治

帝国憲法と日本国憲法は法的に連続している

八月革命説には多くの論点があるが、特に本書が取り組んだのは、宮沢俊義教授の三段論法のうちの第二段「帝国憲法から日本国憲法への改正は、憲法改正の限界を超えるものであった」との主張についてである。

宮沢教授は、帝国憲法から日本国憲法への変更は、神勅主権主義から国民主権主義へ移行したことを意味し、根本建前が変わったことになるから、憲法改正の限界を踰越するとし、法学的意味における革命が起きたと説明した。

ところが、教授がいう根本建前の変更は、主権が天皇から国民に移ったという意味であるも、教授自身が色々な言葉を用いて主権の変更を定義しているので、この議論は分かりにくいものになったのではあるまいか。特に「実体」と「認識（理念）」の議論では、教授は国民主権を「建前」「認識」「理念」の問題であるとし、実際に政治を動かす力ではないと説明していた。「根本建前」や「主権」の用語を自ら厳密に定義しなかったのは、「建前に過ぎない」と考えていたからかもしれない。その上、教授自身が時と場合によって「実体」と「理念」を使い分けているように見受けられ、その主張自体が既に混乱していたと思われる。

そこで本書では、第二章では実体と捉えた場合を、また第三章は理念と捉えた場合の両方について検討した。「主権とは何か」という命題は、尾高・宮沢論争の後も議論が重ねられ、多種多様な解釈が提示されたが、結局は実態と理念のいずれかであるか、未だ決着していない。本書が実体と理念の両面から検証したのもそれが原因である。

帝国憲法から日本国憲法への変更は、日本国家に極めて大きな変化をもたらしたことは事実である。しかし、戦後憲法学では、変化した部分は強調して語られたが、継承された部分については ほとんど語られてこなかった。

実体の議論においては、特に天皇の権能については様変わりしたと指摘されるが、帝国憲法の条文とその運用を知れば、帝国憲法の天皇が非政治的であることに気づく。帝国憲法は天皇について統治者、統治権の総覧者、元首、しかも神聖にして侵してはならないと規定するため、それだけ読めば絶対専制君主であるかのような印象を持つのが当然であろう。しかし、条文を細かく読み、また当時の運用を知れば、天皇が国政の内容に介入できる隙間はほとんどないことが分かる。

他方、日本国憲法の条文とその運用を知れば、天皇には国政に関する一定の権能があるだけでなく、天皇には国政に関する拒否権があると主張する余地もある。日本国憲法は天皇について「国政に関する権能を有しない」と明記してあるため、それこそ「ただの象徴」あるいは「象徴以外の何物でもない」と思われがちだが、条文を読み、運用を知ると、天皇は少ないながらも重要な国政に関する権能を担っていることが分かる。

天皇の権能に関していえば、帝国憲法はネガティブリスト、日本国憲法はポジティブリストのようなものではなかろうか。帝国憲法ではすべては天皇の手にあるといいながら、別の条文と憲法慣習によって厳しい制限が加えられている。日本国憲法では権能は無いといいながら、例外的に十二項目の国事行為が列挙され、結局は帝国憲法での天皇の権能の大半は日本国憲法に受け継がれている。その結果、帝国憲法での天皇と日本国憲法での天皇は、法的権能については、それほど大きな差は無いといえる。少なくとも両者の間には、実質的には、根本建前が変更したという程の変化は認められない。

また理念の議論においては、そもそも、宮沢教授が帝国憲法の根本建前だったとする神勅主権主義に大いなる疑問がある。教授は、従来の日本の政治の根本建前は「政治的権威は終局的には神に由来する」もので、これを「神権主義」と呼び、それは「国の政治上の権威が〔中略〕一般国民にその最終的根拠を有するという意味の国民主権主義」とは、「原理的にまったく性格を異にするものであることは、明瞭である」という[01]。

宮沢教授は主権を「国家の政治のあり方を最終的にきめる力[02]」と定義するが、いつから主権が「政治的権威」になったか不明だが、それはさておき、政治的権威が神に由来するという主張は、戦前の憲法学ではほとんど支持されていなかったことは示したとおりである。

教授はまた、天皇主権から国民主権に移ったことも挙げ、「国の政治上の権威」が天皇から国民に移ったことをもって根本建前が変わったともいう。

しかし、第三章で述べたように、帝国憲法における天皇の統治とは、「シラス」という統治であって、「天皇の大御心」は「日本国民の総意」と常に一致し、天皇主権と国民主権は同じ原理に基づくものであるから、天皇と国民を対立概念とすることは妥当ではない。

第二章と第三章で、実体と理念の両面から検証し、帝国憲法と日本国憲法の間には、根本建前の変更が無いことを示すことができたと思う。八月革命説は、帝国憲法から日本国憲法への変更が、憲法改正の限界を超えていることを論理的前提としている。根本建前の変更が無ければ憲法改正の限界を超えていないため、八月革命説はその前提を欠くことになり、論理的に否定されることになる。

続けて、第四章ではもう一つの別の論点に取り組んだ。それは、米国は「神勅主権主義」を「国民主権主義」に変更する意図を持っていたかの問題である。八月革命説は、ポツダム宣言受諾の瞬間に、憲法の改正を待つまでもなく、「神勅主権主義」を廃止して「国民主権主義」が確立されたことを論理的前提にしている。そのため、米国がかかる意図を持っていなければ、その一点で八月革命説は論理破綻することになる。

第四章では、ポツダム宣言の成立過程と、占領後の米国内でも議論を検討して、米国が天皇の地位を変更する意図を持っていなかったこと、また宮沢教授がいう「神勅主権主義」を廃止して「国民主権主義」を導入する意図も持っていなかったことを示すことができた。ポツダム宣言受諾を、法的意味における革命と見ることはできない。

このようにして、八月革命説は成立の根拠が無いこと、そして帝国憲法と日本国憲法は法的に連続していることを示すことができたと思う。よって、天皇も帝国憲法と日本国憲法を通じて連続していて、平成の御代の天皇が第二代ではなく第一二五代であるといえる。

主権の二つの原理

本書は、帝国憲法から日本国憲法への変更を、八月革命説の「法学的意味における革命」などを用いずに、飽くまでも「改正」されたものとして法学的な説明を試みるものである。しかし、ここまで八月革命説を否定するために紙面のかなり多くを費やした。ここからは、許される紙幅で、帝国憲法から日本国憲法への連続性を積極的に概念化することに努め、本書のまとめとしたい。
さて、帝国憲法から日本国憲法への変更は、帝国憲法と関連法令が定める憲法改正規定に忠実に従って行われた。この憲法改正は、法的には瑕疵無き手続きが取られたといえる。これに対して八月革命説は、帝国憲法から日本国憲法への変更は根本建前の変更であるから、憲法改正の限界を超えるものであるという。たとえ憲法の改正に限界があるとの立場に立ったとしても、その改正の内容が、改正の限界を超えていなければ問題は生じない。これに取り組んだのが第二章と第三章であった。

この問題では、旧新憲法で主権者の変更があったかどうかが焦点となる。しかし、この「主権」という言葉がなかなか厄介な言葉であって、論者によって多義的に用いられるため、議論をより難しいものにしているように思う。

主権を巡っては、一九七〇年代には新たな主権論争に発展した。主権論争については本書の「完全版」で踏み込むこととし、ここでは宮沢教授とその継承者である芦部博士の示した概念に従って考察を進めていくことにする。

主権を「国家の政治のあり方を最終的にきめる力」と定義したのは宮沢教授だった。その後、芦部博士が「国の政治のあり方を最終的に決定する力または権威[03]」と定義したが、主権は「権力」なのか「権威」なのか、決着しないまま現在に至る。

芦部博士は主権を別の言葉でも説明している。

「主権の保持者が『全国民』であるかぎりにおいて、主権は権力の正当性の究極の根拠を示す原理であるが、同時にその原理には、国民自身――実際には『有権者の総体』――が主権の最終的な行使者（具体的には憲法改正の決定権者）だという権力的契機が不可分の形で結合している(04)」

この説明によると、主権とは「権力の正当性の根拠を示す原理」と「主権の最終的な行使者が誰であるかという原理」という二つの原理が不可分の形で結合しているという。

これをさらに整理すると、「権力の正当性」とは立憲主義においては憲法自体にあるから、「権力の正当性の根拠を示す原理」とは憲法の根拠のことであるといえよう。また「主権の最終的な行使者が誰であるかという原理」とは、博士自ら具体例として憲法改正を挙げるように、憲法を改正する権限を持つのは誰であるかということを意味すると考えてよい。これをさらに別の言葉に言い換えれば、前者は「憲法を制定する原理」、後者は「憲法を改正する原理」といえる。博士によると、この二つの原理が不可分の形で結合しているのが主権ということになる。

この二つの原理について考えていきたい。先ず「憲法を制定する原理」については、八月革命説に立てば、ポツダム宣言受諾によって根本建前が変更したのであるから、憲法制定権力を行使したのは日本国民ではなく連合国（正確には米・英・華）であったということになるのではないか。ポツダム宣言を発したのは連合国なのであるから当然であろう。たとえ内容が「主権が〔日本〕国民に存する」というものであったとしても、主に米国の憲法制定権力が行使された結果であったなら、日本国憲法の正当性の根拠は米国に求められなければならないことになる。いわゆる「押し付け憲法論」とはこれを正そうとするものと思われる。「押し付け憲法論」については改めて本書「完全版」で論じることにしたい。

　他方、帝国憲法と日本国憲法は法的に連続するとの見解に立てば、日本国憲法の正当性の根拠は米国ではなく、帝国憲法ということになる。では帝国憲法の正当性の根拠は何であろうか。これも大きな問題であるから安易に述べることはできない。これについても改めて本書「完全版」で分析することにするが、ここでは片鱗だけでも述べておきたい。

　阿部照哉教授は「憲法の制定は、憲法のないところに、または既存の憲法と無関係に新たな憲法を定立することである[05]」と定義している。この定義に従うなら、憲法の制定とは、国家の無いところに国家を建てる時か、革命に限られるであろう。帝国憲法はいずれにも属さない。既に述べたように、帝国憲法の草案を書いた井上毅は「我が国の憲法は欧羅巴《ヨーロッパ》の写しにあらずして即《すなわち》遠《とお》つ御祖《みおや》の不文憲法の今日に発達したるものなり」と書き残している(06)。つまり、帝国憲法は不文憲法を成文化したものであった。明治天皇が行使したのは「憲法制定権力」ではなく「憲法成文化権」であったといわねばならない。

では、その不文憲法の正当性の根拠は何であるか。これは二〇〇〇年に及ぶ天皇と国民が紡いできた歴史の事実ということになるのではないか。つまり、帝国憲法の原理は、誰かが頭の中で「創造」したものではなく、既に日本に存在していたものを「発見」したものであった。従って、帝国憲法成立の法理も「歴史の事実」に求められ、それを担ってきたのは「天皇と国民」であったといえるのではないか。

次に、二つ目の原理である「憲法を改正する原理」について考えたい。憲法改正権は憲法に定められた権力であるから、条文を見ればよい。誰が日本国憲法における憲法改正の決定者であるかは、憲法と法律等の条文次第ということになる。

しかし、日本国憲法においてこのような権力者が「国民のみ」であると短絡的に結論することはできないのではないか。憲法改正の内容を確定するのは衆参両院と国民投票であるから、権力は国民に属するといえる。しかし、同時に国民のみでは憲法改正の内容を確定するところまでしか為せない。そこから先は天皇の領域となる。憲法改正を公布する機関として憲法は天皇を指定しているからである（第七条）。憲法改正は天皇に公布されなければその効力を持つことはない。

では、日本国憲法を改正する権限は誰が持っているのであろうか。憲法改正の内容を「確定」する権限は国民にあるが、この作用は「権力」と考えてよいであろう。それに対して、「公布」する権能は天皇にあるが、これはいわばお墨付きを与えることであるから「権威」と考えてよいであろう。日本は昔から権力と権威を分離してきたといわれるが、実質的には権力は国民、権威は天皇が担ってきた。

日本の統治原理は「君民共治」

主権の二つの原理について述べてきたが、「憲法を制定する原理」は歴史の事実に求められ、それを担ってきたのは天皇と国民であったし、「憲法を改正する原理」については国民が権力を、また天皇が権威を担ってきたと考えられる。つまり、日本の主権の担い手は「天皇と国民」といえるのではないか。

このように、権力と権威の所在が分かれていると、主権を発動するには天皇と国民の行為が一致する必要がある。欧州では歴史的に、君と民は対立関係であることが前提であったが、我が国では天皇と国民が対立関係になったことは無い。西洋や中国の君主は軍事要塞に住むのが通常だが、日本では一〇〇〇年以上歴代天皇が居所として用いた京都御所を見れば明らかなように、そこに軍事的な守りは何もない。このように、権力と権威は分離していながらも、それを担う君と民は一体となり、共通の利害を持ち続けてきた。

日本国憲法における主権者は「天皇と国民が一体となったもの」つまり「君民一体」と表現することができるのではないだろうか。そして、国民と天皇の行為が一致した時に主権が行使されると考えられる。

このように主権の担い手が「天皇と国民」であるなら、日本の統治原理は「君民共治」ということができる。この統治原理は、君と民の間に利害の対立が無いことを前提としている。その日本は、君民共治でありながらも、明治時代には制度としての民主主義を導入し発展させてきた。そして、その日本は二〇〇〇年以上国を保ってきた。現存する古代王朝は日本だけである。君民共治の統治原理がよく機能したことを物語っているといえる。

このような観点から眺めると、「主権が天皇から国民に移った」という発想が、実に日本の歴史の事実を無視した発想であるかがよく分かる。

ところが、日本の統治原理を君民共治と言い切るには、まだ解決しないといけない問題も多い。例えば、憲法前文に「日本国民は、〔中略〕ここに主権が国民に存することを宣言し、この憲法を確定する。そもそも国政は、国民の厳粛な信託によるものであつて、その権威は国民に由来し、その権力は国民の代表者がこれを行使し、その福利は国民がこれを享受する」とある部分には、権威や権力の担い手として「天皇」は表示されていない。

にもかかわらず、憲法の上諭には「朕は、日本国民の総意に基いて、新日本建設の礎が、定まるに至つたことを、深くよろこび、枢密顧問の諮詢及び帝国憲法第七十三条による帝国議会の議決を経た帝国憲法の改正を裁可し、ここにこれを公布せしめる」とも書かれている。また第一条の「天皇は、日本国の象徴であり日本国民統合の象徴であつて、この地位は、主権の存する日本国民の総意に基く」も含め、これらをどのように矛盾なく解釈するかは、大きな問題である。また、日本国憲法が民定憲法か欽定憲法かの問題も当然議論の余地があろう。

また、この論文は、八月革命説の総合的な評価を試みるものである。しかしながら、一冊の新書に収めるには長大であるため、本書では主に第二段（小前提）「帝国憲法から日本国憲法への改正は、憲法改正の限界を超えるか」の命題に取り組む部分を抜粋して収録した。そのため、第一段の「憲法改正には限界があるか」、また第三段の「ポツダム宣言受諾と同時に法学的意味における革命がおきたと考えるのは妥当か」の命題に取り組む部分は収録していない。本書を読んだ読者が、さらなる好奇心をお持ちになるなら、平成三十年春に上梓する本論文の「完全版」をお読み頂きたい。

この論文を書き上げるに当たり、十年に及ぶ長期間に亘って懇切丁寧に指導して下さった小林節先生に深く御礼を申し上げたい。また、新書の発刊に当たり、ＰＨＰ研究所の中澤直樹様、林知輝様、永田貴之様に多大なるご協力を頂いた。この場を借りて御礼申し上げたい。

平成二十九年十二月一日

竹田恒泰

■注釈

(01) 宮沢俊義『憲法の原理』（岩波書店、一九六七年）三八〇―三八一頁。

(02) 宮沢・前注(01)原理、二八五頁。

(03) 芦部信喜『憲法学Ⅰ・憲法総論』（有斐閣、一九九二年）二二一頁。

(04) 芦部・前注(03)憲法学Ⅰ、二四三頁。

(05) 阿部照哉『憲法（改訂）』（青林書院、一九九一年）二八七頁。

(06) 井上毅「言霊」『梧陰存稿・巻二』（六合館書店、一八九五年）一三頁（井上毅伝記編纂委員会編『井上毅伝・資料編第三』国学院大学図書館、一九六九年、六四六頁所収）。

PHP新書

PHP INTERFACE
https://www.php.co.jp/

竹田恒泰［たけだ・つねやす］

昭和50年（1975年）、旧皇族・竹田家に生まれる。明治天皇の玄孫に当たる。慶應義塾大学法学部法律学科卒業。専門は憲法学・史学。作家。平成18年（2006年）に著書『語られなかった皇族たちの真実』（小学館）で第15回山本七平賞を受賞。著書はほかに『旧皇族が語る天皇の日本史』『日本はなぜ世界でいちばん人気があるのか』『日本人はなぜ日本のことを知らないのか』『日本人はいつ日本が好きになったのか』『日本人が一生使える勉強法』『アメリカの戦争責任』（以上、ＰＨＰ新書）、『現代語古事記』（学研M文庫）など多数ある。

天皇は本当にただの象徴に堕ちたのか

変わらぬ皇統の重み

PHP新書 1123

二〇一八年一月五日　第一版第一刷

著者――竹田恒泰
発行者――後藤淳一
発行所――株式会社ＰＨＰ研究所
東京本部――〒135-8137 江東区豊洲5-6-52
第一制作部 ☎03-3520-9615（編集）
普及部 ☎03-3520-9630（販売）
京都本部――〒601-8411 京都市南区西九条北ノ内町11
組版――朝日メディアインターナショナル株式会社
装幀者――芦澤泰偉＋児崎雅淑
印刷所
製本所――図書印刷株式会社

ISBN978-4-569-83728-4

ＰＨＰ新書刊行にあたって

「繁栄を通じて平和と幸福を」（PEACE and HAPPINESS through PROSPERITY）の願いのもと、ＰＨＰ研究所が創設されて今年で五十周年を迎えます。その歩みは、日本人が先の戦争を乗り越え、並々ならぬ努力を続けて、今日の繁栄を築き上げてきた軌跡に重なります。

しかし、平和で豊かな生活を手にした現在、多くの日本人は、自分が何のために生きているのか、どのように生きていきたいのかを、見失いつつあるように思われます。そして、その間にも、日本国内や世界のみならず地球規模での大きな変化が日々生起し、解決すべき問題となって私たちのもとに押し寄せてきます。

このような時代に人生の確かな価値を見出し、生きる喜びに満ちあふれた社会を実現するために、いま何が求められているのでしょうか。それは、先達が培ってきた知恵を紡ぎ直すこと、その上で自分たち一人一人がおかれた現実と進むべき未来について丹念に考えていくこと以外にはありません。

その営みは、単なる知識に終わらない深い思索へ、そしてよく生きるための哲学への旅でもあります。弊所が創設五十周年を迎えましたのを機に、ＰＨＰ新書を創刊し、この新たな旅を読者と共に歩んでいきたいと思っています。多くの読者の共感と支援を心よりお願いいたします。

一九九六年十月

ＰＨＰ研究所